기출이 답이다

FINANCIAL ACCOUNTING TECHNICIAN

FAT 2급
기출문제해설 + 핵심요약집

10회

시대에듀

2025 시대에듀 기출이답이다
FAT 2급 기출문제해설 10회 + 핵심요약집

Always with you

사람의 인연은 길에서 우연하게 만나거나 함께 살아가는 것만을 의미하지는 않습니다.
책을 펴내는 출판사와 그 책을 읽는 독자의 만남도 소중한 인연입니다.
시대에듀는 항상 독자의 마음을 헤아리기 위해 노력하고 있습니다. 늘 독자와 함께하겠습니다.

머리말 PREFACE

AT자격시험은 한국공인회계사회에서 주관하는 국가공인 회계·세무 실무 자격을 평가하는 시험으로, 실제 기업에서 사용하는 실무프로그램인 더존 Smart A를 통해 회계 및 세무 처리 능력을 인증하는 자격시험입니다.

실제로 거의 모든 세무나 회계 관련 업무가 실무프로그램을 통해 이루어지고 있으므로, 실무중심의 AT자격 취득을 통해 취업에 한 걸음 더 다가가시길 바라는 마음으로 집필하였습니다.

본서는 최신 기출문제 10회분으로 구성되어 있습니다. 자세한 해설과 핵심 요약집을 수록하여 시험에 충분히 대비할 수 있게 하였고, 더존 Smart A 프로그램 화면을 통한 직관적인 풀이를 통해 실무 학습에 도움이 되도록 하였습니다.

실무이론이나 실무수행 부분의 학습도 중요하지만 무엇보다도 기출문제가 가장 중요합니다. 기출문제를 반복하여 꼼꼼히 풀면 출제유형이나 풀이방식 등을 익힐 수 있으며, 출제되었던 유형의 문제가 다시 출제되는 경우가 많기 때문에 자격취득에 보다 가까워질 수 있습니다. 반복된 학습을 통해 기출문제를 완전한 내 것으로 만들어 합격의 기쁨을 누리시길 바랍니다.

세무회계연구소

AT 자격시험 안내 INFORMATION

◉ 검정기준

구 분	내 용
FAT 2급	회계기본 순환과정을 이해하고 증빙관리 및 상거래 활동에서 발생하는 회계정보의 활용 능력을 평가
FAT 1급	재무회계의 기본과정을 이해하고 전자세금계산서 관리 및 부가가치세 신고를 수행할 수 있으며, 기업에서 발생하는 재고관리 및 매출원가정보 관리 능력을 평가
TAT 2급	재무회계와 부가가치세 부속 서류 작성 수행능력 및 소득세 원천징수와 연말정산 등의 세무정보 분석능력을 평가
TAT 1급	재무회계와 업종별 세무정보관리의 수행 능력을 종합적으로 평가

◉ 시험정보

시험구분	국가공인 민간자격
합격기준	100점 만점 중 70점 이상
응시자격	제한 없음
시험시간	FAT 60분, TAT 90분
시험 응시료	등급별 39,000원
시험 준비물	신분증, PC(혹은 노트북), 휴대폰, A4백지 1장, 필기구 1개, 사칙연산용 계산기(윈도우 계산기 포함) ※ 비대면 시험 전환으로 준비물 확인 중요

※ 한국공인회계사회 AT자격시험 홈페이지(at.kicpa.or.kr)에서 정확한 정보를 확인하실 수 있습니다.

◉ 등급별 평가범위

구 성		평가범위
FAT 2급	이론(30%)	회계원리
	실무(70%)	기초정보관리, 일반거래입력, 전표수정, 결산, 회계정보분석
FAT 1급	이론(30%)	회계원리, 부가가치세
	실무(70%)	기초정보관리, 거래자료입력, 부가가치세관리, 결산, 회계정보분석
TAT 2급	이론(30%)	재무회계, 부가가치세, 소득세(근로소득원천징수)
	실무(70%)	거래자료입력, 부가가치세관리, 결산, 원천징수
TAT 1급	이론(30%)	재무회계, 부가가치세, 소득세(원천징수), 법인세
	실무(70%)	거래자료입력, 부가가치세관리, 결산, 원천징수, 법인조정

구성과 특징 STRUCTURES

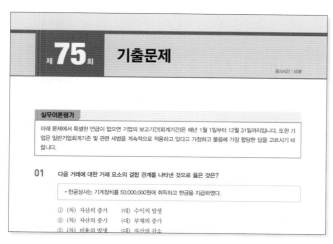

최신 기출문제 10회분

최신 출제경향이 반영된 기출문제 10회분과 핵심요약집을 함께 제공하는 도서입니다. 동일한 유형의 문제가 반복되어 출제되는 시험이오니 핵심요약집과 함께 반복하여 학습하면서 자주 틀리는 유형을 체크하여 시험을 대비하시기 바랍니다.

핵심요약집 제공

기출문제 해설과 연계하여 핵심요약집을 수록하였습니다. 해설과 관련된 이론 뿐만 아니라 시험에 나올 수 있는 주요 핵심이론과 실무 프로그램에서 사용할 수 있는 팁도 함께 수록하였으므로 시험에 완벽히 대비하시기를 바랍니다.

한눈에 보는 해설

자세한 해설, 관련 핵심이론의 위치와 실제 프로그램 화면을 수록하여 한눈에 확인할 수 있도록 하였습니다. 복잡하게 찾을 필요 없이 모든 내용을 직관적으로 확인할 수 있으므로 문제 푸는 시간을 단축하는데 도움이 되시기를 바랍니다.

시험 진행순서 PROCESS

◉ 사전테스트

1. 테스트 초대 메일 링크 접속

- 수신할 이메일 정보 미리 입력 : [AT홈페이지] ▶ [마이페이지] ▶ [나의 정보관리] ▶ [회원정보 수정]
  ※ 초대 메일을 통해 사전테스트 및 본테스트를 해야하므로 중요
- 크롬브라우저를 실행하여 메일 링크 접속

2. 더존 프로그램&수험용 데이터 파일 설치 및 사전점검

- 더존 교육용 프로그램 Smart A(최신버전)과 등급별 수험용 데이터 설치파일을 순서대로 설치
  ※ 미리 설치하지 않고 시험시작 후 설치하여 소요되는 시간은 추가시간 미부여

3. 화상기기 화면 공유 및 웹캠 연결

- PC를 이용하는 경우 웹캠 이용, 내장된 카메라가 있는 노트북의 경우 웹캠 불필요
  ※ 노트북의 경우 내장된 카메라가 있어도 오류 생기는 경우가 가끔 있으므로 주의

4. 신분증 제출 및 휴대폰 연결

- 신분증은 주민등록증, 운전면허증, 내국인 여권, 외국인 등록증, 기타 신분증 가능
- 시험시작 전에 휴대폰은 [화면켜짐상태유지], [화면잠금해제], [방해금지모드]를 설정
- 전원이 OFF 되지 않도록 충전선을 연결
- 휴대폰 카메라는 수험자의 양손, 얼굴 측면, 책상 위, 모니터가 보이도록 각도 설정 필수

5. 사전(체험) 테스트 실시

- 수험자는 본테스트 1일 전 오후 6시까지 사전테스트 필수 실시
  ※ 사전테스트 미완료자 본테스트 응시 불가
- 테스트 체험 후 [체험하기 종료] 버튼을 반드시 눌러야 사전테스트 완료한 것으로 인정
  ※ 사전테스트 완료 여부는 초대메일의 [응시페이지 바로가기]를 누르면 확인 가능

◉ 본테스트

1. 테스트 초대 메일 링크 접속

- 크롬브라우저를 실행하여 사전테스트 시 받았던 메일 링크로 접속
  - ※ 원활한 신분확인 및 환경점검을 위해 1시간 전에 미리 입실
  - ※ 시험시작 20분 전까지 시험준비를 마쳐야 하며, 해당 시각 이후에는 테스트 접속 불가

2. 테스트 준비(화상기기설정, 수험용 데이터파일 설치)

- 사전테스트와 동일하게 수험용 데이터파일을 설치하고 화상기기 화면 공유 및 웹캠 연결

3. [감독관] 수험자 신분확인 및 시험환경점검

- 테스트 설정 완료 후 감독관의 신분확인과 시험환경 확인을 위해 착석하여 대기
- 정숙이 유지되는 1인 1실의 독립공간에서 응시가능(자택, 개인사무실, 스터디카페 1인실 등)
- 책상 위에는 A4백지 1장, 필기구 1개, 사칙연산용 계산기만 허용

4. 시작시각에 [테스트 시작] 누르고 시험진행

- [테스트 시작] 버튼을 누르면 시험이 시작되며, [감독관확인번호]는 전체 공지사항으로 안내
- 시험규정에 맞추어 응시해야 하며, 부정행위가 발견될 경우 시험 일시중단 및 종료처리

❖ 한국공인회계사회 AT자격시험 홈페이지(at.kicpa.or.kr)의 [공지사항]에서 정확한 정보를 확인하실 수 있습니다.

이 책의 차례 CONTENTS

PART 1 프로그램 설치 및 실행

더존 Smart A 설치 및 백데이터 실행   3

PART 2 기출문제

제59회 기출문제   11

제61회 기출문제   28

제63회 기출문제   44

제65회 기출문제   61

제66회 기출문제   77

제68회 기출문제   94

제69회 기출문제   111

제71회 기출문제   128

제73회 기출문제   144

제75회 기출문제   161

PART 3 정답 및 해설

제59회 정답 및 해설   179

제61회 정답 및 해설   195

제63회 정답 및 해설   211

제65회 정답 및 해설   229

제66회 정답 및 해설   245

제68회 정답 및 해설   262

제69회 정답 및 해설   278

제71회 정답 및 해설   294

제73회 정답 및 해설   311

제75회 정답 및 해설   326

부록 핵심요약집[이론 + 실무]

CHAPTER 01 회계원리   345

CHAPTER 02 실무 TIP   357

PART 1
프로그램 설치 및 실행

더존 Smart A 설치 및 백데이터 실행

더존 Smart A 설치 및 백데이터 실행

더존 Smart A 설치 및 백데이터 실행

(1) 한국공인회계사회 AT자격시험 웹사이트(https://at.kicpa.or.kr) 접속 → 홈페이지 하단 [교육용 프로그램 다운로드] 클릭 → 교육용 프로그램 다운로드 및 설치

(2) 시대에듀 홈페이지(https://sdedu.co.kr) 접속 → [학습자료실] → [프로그램 자료실] → [2025 FAT 2급 백데이터] 검색 및 다운로드

(3) 다운로드한 [2025 FAT 2급 백데이터] 파일의 압축 해제

이름	수정한 날짜	유형	크기
4159_#_커피쿡_#_회계_법인개인_#_7_2...	2024-09-11 오전 9:19	공인회계사 파일	1,091KB
4161_#_너와나커피_#_회계_법인개인_#_...	2024-09-11 오전 9:20	공인회계사 파일	1,094KB
4163_#_더향기로와_#_회계_법인개인_#_...	2024-09-11 오전 9:21	공인회계사 파일	1,085KB
4165_#_순양가구_#_회계_원천_법인개인...	2024-09-05 오전 9:20	공인회계사 파일	1,531KB
4166_#_바오바오_#_회계_법인개인_#_7_	2024-09-05 오전 9:21	공인회계사 파일	1,099KB
4168_#_비전뮤직_#_회계_법인개인_#_7_	2024-09-05 오전 9:22	공인회계사 파일	1,132KB
4169_#_웨스트우드_#_회계_법인개인_#_...	2024-09-05 오전 9:23	공인회계사 파일	1,124KB
4171_#_비전커피_#_회계_법인개인_#_7_	2024-09-05 오전 9:24	공인회계사 파일	1,095KB
4173_#_주토피아_#_회계_법인개인_#_7_	2024-09-05 오전 9:24	공인회계사 파일	1,112KB
4175_#_모든스포츠_#_회계_원천_법인개...	2024-09-05 오전 9:25	공인회계사 파일	1,537KB

(4) [Smart A 프로그램] 실행 → [사용급수 : 4.FAT 2급] 지정 → [회사등록] 클릭

※ [Smart A 프로그램]에 회사가 이미 등록되어 있는 경우 설치과정 생략 가능

※ 프로그램이 정상적으로 실행되지 않을 경우 좌측 하단의 사용기한을 확인하여 최신버전으로 업데이트 해야 한다.

(5) 최초 로그인을 위한 임의의 [회사등록] 정보 입력 → [회사등록] 창 닫기

※ [Smart A 프로그램]에 회사가 이미 등록되어 있는 경우 설치과정 생략 가능

- 코드 : 1111
- 회사명 : 시대에듀
- 구분 : 0.법인
- 사용 : 0.사용
- 1.회계연도 : 제1기 2024년 1월 1일 ～ 2024년 12월 31일 입력

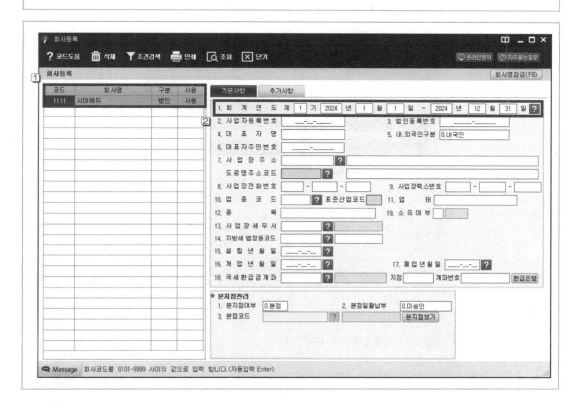

(6) [회사코드]의 돋보기 아이콘 클릭 → 회사선택 후 확인(Enter) 클릭 → [로그인] 클릭

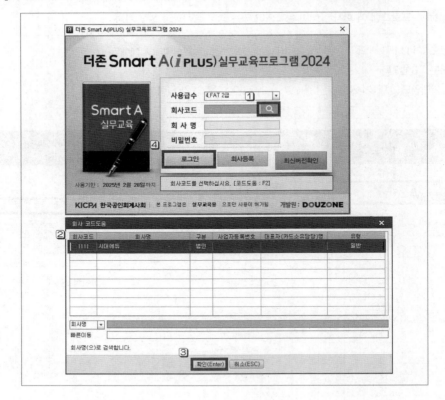

(7) [재무회계] – [데이터관리] – [백업데이터 복구] 클릭

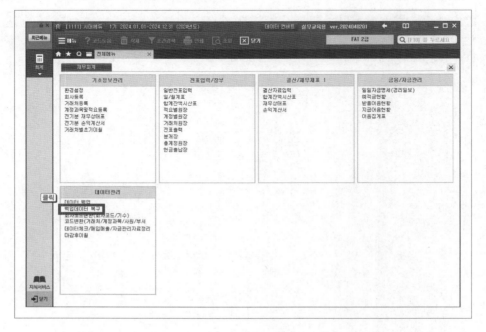

(8) 데이터경로의 [선택] 클릭 → 다운로드 후 압축 해제한 [2025 FAT 2급 백데이터] 폴더 선택 → [복구할 회사 목록]이 생성 → 복구할 회사 선택 → [복구하기] 클릭

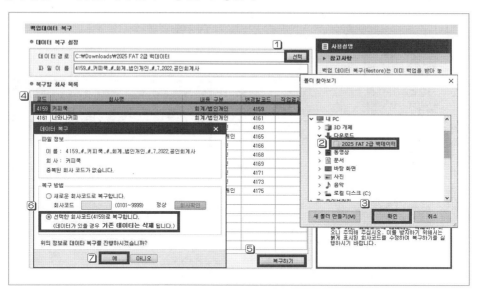

(9) [개인조정 안내] 팝업창 '확인' 클릭 → [작업결과] 성공 확인 → 좌측 상단 [1111] 시대에듀 탭 클릭 또는 Shift + F1을 눌러 풀이하고자 하는 회사코드 입력 후 풀이 시작

※ [1111] 시대에듀 탭은 문제를 풀이하는 회사로 변경되므로, 이후 회사를 바꾸고 싶다면 현재 풀이한 회사 이름의 탭을 클릭할 것

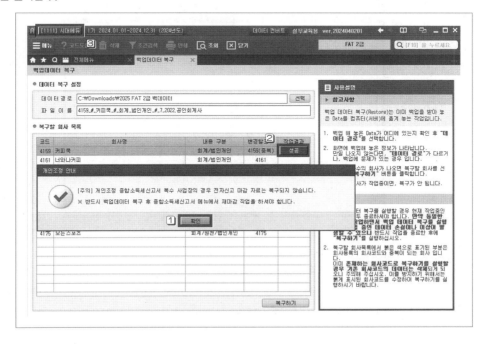

백데이터 복구 시 유의사항

• 백업데이터 복구 중 [복구 암호]를 입력하라는 팝업창이 뜨거나, [작업결과]가 실패로 뜨는 경우가 있다. 이러한 경우에 [작업결과]의 실패를 더블클릭하면 실패 원인을 알 수 있다.

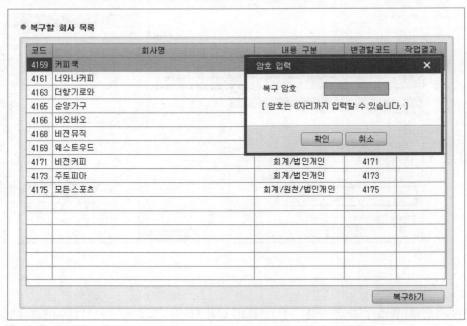

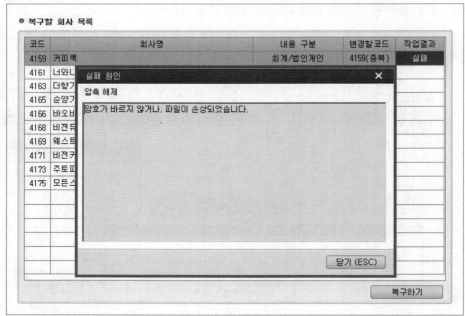

※ 대부분의 경우 백데이터 파일을 다운로드 중 오류가 발생하거나 다운로드 한 파일의 경로를 변경한 상태에서 기존의 경로를 통하여 복구하려고 시도하기 때문에 발생하는 원인이다. 백데이터 파일을 다시 다운로드 하여 복구를 시도하거나 백데이터 파일을 이동한 경로로 데이터 경로를 수정하여 복구하면 정상적으로 백데이터가 복구된다.

PART 2
기출문제

제59회	기출문제
제61회	기출문제
제63회	기출문제
제65회	기출문제
제66회	기출문제
제68회	기출문제
제69회	기출문제
제71회	기출문제
제73회	기출문제
제75회	기출문제

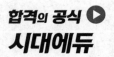
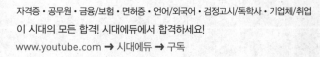

응시시간 : 60분

실무이론평가

아래 문제에서 특별한 언급이 없으면 기업의 보고기간(회계기간)은 매년 1월 1일부터 12월 31일까지입니다. 또한 기업은 일반기업회계기준 및 관련 세법을 계속적으로 적용하고 있다고 가정하고 물음에 가장 합당한 답을 고르시기 바랍니다.

01 다음 중 회계상 거래의 결합관계로 옳지 않은 것은?

	차 변	대 변
①	자산의 증가	부채의 증가
②	비용의 발생	자산의 증가
③	자산의 증가	수익의 발생
④	비용의 발생	부채의 증가

02 다음의 대화 내용은 무엇에 관한 것인가?

① 일일자금일보   ② 총계정원장
③ 재무상태표   ④ 시산표

03 다음 거래에 대한 한공상사의 회계처리로 옳은 것은?(단, 상품매출원가는 고려하지 않는다)

상품을 300,000원에 외상매출하다.
운반비 10,000원을 현금지급하다.

[한공상사] ——————— [세종상사]

가.	(차) 상 품	300,000원	(대) 외상매입금	300,000원
	운반비	10,000원	현 금	10,000원
나.	(차) 상 품	310,000원	(대) 외상매입금	300,000원
			현 금	10,000원
다.	(차) 외상매출금	310,000원	(대) 상품매출	300,000원
			현 금	10,000원
라.	(차) 외상매출금	300,000원	(대) 상품매출	300,000원
	운반비	10,000원	현 금	10,000원

① 가
② 나
③ 다
④ 라

04 다음 중 재무상태표상 비유동자산에 해당하는 계정과목을 모두 고른 것은?

가. 선급금	나. 미수금
다. 건 물	라. 장기대여금

① 가, 나
② 나, 다
③ 다, 라
④ 나, 라

05 다음 자료를 토대로 유형자산처분이익을 계산하면 얼마인가?

<table>
<tr><th colspan="3">잔액시산표
2022.6.30</th></tr>
<tr><td colspan="3" align="right">(주)한공(단위 : 원)</td></tr>
<tr><th>차 변</th><th>계정과목</th><th>대 변</th></tr>
<tr><td align="center">⋮
20,000,000</td><td align="center">⋮
건 물
감가상각누계액</td><td align="center">⋮
9,000,000</td></tr>
</table>

• 2022.6.30. 건물을 12,000,000원에 처분하다.

① 500,000원
② 600,000원
③ 1,000,000원
④ 1,200,000원

06 다음 중 판매자의 기말재고 금액에 포함될 수 있는 경우가 아닌 것은?

① 도착지인도조건에 따라 판매한 기말 현재 운송중인 상품
② 할부판매로 고객에게 인도된 상품
③ 매입자가 아직까지 매입의사표시를 하지 않은 시송품
④ 금융기관 대출에 대한 담보로 제공한 제품

07 다음 자료를 토대로 (주)한공의 매출원가를 계산하면 얼마인가?

• 기초상품재고액 :	60,000원	• 기말상품재고액 :	70,000원
• 당기 총매입액 :	300,000원	• 매입 시 운반비 :	5,000원

① 285,000원
② 290,000원
③ 295,000원
④ 300,000원

08 다음 거래에 대한 회계처리 오류 내용이 재무제표에 미치는 영향으로 옳은 것은?

[거래] 업무용 승용차에 주유를 하고 80,000원을 현금으로 지급하다.			
[분개] (차) 차량운반구	80,000원	(대) 현 금	80,000원

① 자산의 과소계상
② 자본의 과소계상
③ 수익의 과소계상
④ 비용의 과소계상

09 다음은 (주)한공의 매출채권과 관련된 자료이다. 2022년 손익계산서에 표시될 대손상각비는 얼마인가?

- 2022.1.1. 대손충당금 : 200,000원
- 2022.4.3. 매출채권의 대손처리 : 150,000원
- 2022.12.31. 매출채권 잔액에 대한 대손예상액 : 100,000원

① 20,000원
② 50,000원
③ 100,000원
④ 200,000원

10 다음 중 개인기업의 자본총액에 변화가 없는 거래는?

① 건물을 장부금액으로 매각하고 매각대금을 전액 현금으로 수령하였다.
② 사업주가 개인적으로 사용하기 위해 자본금을 현금으로 인출하였다.
③ 재고자산을 매입원가를 초과하는 금액으로 판매하였다.
④ 사업주가 현금을 추가 출자하였다.

커피쿡(회사코드 4159)은 커피 도소매업을 운영하는 개인기업으로, 회계기간은 제7기(2022.1.1. ~ 2022.12.31.)이다. 제시된 자료와 [자료설명]을 참고하여, [수행과제]를 완료하고 [평가문제]의 물음에 답하시오.

실무수행 유의사항	1. 타계정 대체와 관련된 적요는 반드시 코드를 입력하여야 한다. 2. 채권·채무, 예금거래 등 관리대상 거래자료에 대하여는 거래처코드를 반드시 입력한다. 3. 자금관리 등 추가 작업이 필요한 경우 문제의 요구에 따라 추가 작업하여야 한다. 4. 등록된 계정과목 중 가장 적절한 계정과목을 선택한다. 5. 부가가치세는 고려하지 않는다.

실무수행 1 기초정보관리의 이해

회계관련 기초정보는 입력되어 있다. [자료설명]을 참고하여 [수행과제]를 수행하시오.

① 사업자등록증에 의한 거래처등록

사 업 자 등 록 증
(일반과세자)
등록번호: 211-21-12343

상   호: 감성커피
대 표 자 명: 나감성
개 업 년 월 일: 2022년 1월 17일
사업장 소재지: 서울특별시 강남구 강남대로 252
(도곡동)
사 업 의 종 류: [업태] 도소매업 [종목] 커피외

교 부 사 유: 신규

사업자단위과세 적용사업자여부: 여( ) 부(√)
전자세금계산서 전용 메일주소: coffee@naver.com

2022년 1월 20일
역삼 세무서장

국세청

자료설명	신규거래처 감성커피와 상품거래 계약을 체결하고 사업자등록증 사본을 받았다.
수행과제	1. 사업자등록증 내용을 확인하여 거래처등록(코드 00113, 거래시작일 2022년 2월 17일)을 하시오. 2. 메일주소를 등록하시오.

② 전기분 손익계산서의 입력수정

손 익 계 산 서

제6(당)기 2021년 1월 1일부터 2021년 12월 31일까지
제5(전)기 2020년 1월 1일부터 2020년 12월 31일까지

커피쿡   (단위: 원)

과 목	제6(당)기		제5(전)기	
	금 액		금 액	
I. 매 출 액		583,000,000		368,550,000
상 품 매 출	583,000,000		368,550,000	
II. 매 출 원 가		354,000,000		238,290,000
상 품 매 출 원 가		354,000,000		238,290,000
기 초 상 품 재 고 액	73,700,000		10,470,000	
당 기 상 품 매 입 액	328,300,000		301,520,000	
기 말 상 품 재 고 액	48,000,000		73,700,000	
III. 매 출 총 이 익		229,000,000		130,260,000
IV. 판 매 비 와 관 리 비		125,470,000		40,245,000
급 여	84,800,000		12,000,000	
복 리 후 생 비	6,240,000		5,950,000	
여 비 교 통 비	3,170,000		2,650,000	
접 대 비	520,000		700,000	
통 신 비	2,860,000		1,450,000	
세 금 과 공 과 금	5,300,000		4,495,000	
감 가 상 각 비	2,100,000		1,700,000	
보 험 료	3,840,000		2,200,000	
차 량 유 지 비	8,710,000		5,600,000	
소 모 품 비	2,930,000		1,600,000	
판 매 촉 진 비	1,000,000		800,000	
대 손 상 각 비	4,000,000		1,100,000	
V. 영 업 이 익		103,530,000		90,015,000
VI. 영 업 외 수 익		3,250,000		2,400,000
이 자 수 익	3,250,000		2,400,000	
VII. 영 업 외 비 용		2,800,000		600,000
이 자 비 용	2,800,000		600,000	
VIII. 소 득 세 차 감 전 순 이 익		103,980,000		91,815,000
IX. 소 득 세 등		820,000		570,000
소 득 세 등	820,000		570,000	
X. 당 기 순 이 익		103,160,000		91,245,000

자료설명	전기(제6기)분 재무제표는 입력되어 있으며, 재무제표 검토결과 입력오류를 발견하였다.
수행과제	입력이 누락되었거나 오류부분을 찾아 수정입력하시오.

실무프로세스 자료이다. [자료설명]을 참고하여 [수행과제]를 수행하시오.

① 증빙에 의한 전표입력

```
        ★★ 현금영수증 ★★
          (지출증빙)

사업자등록번호   : 201-13-52101 이현우
사업자명       : (주)한공출판
단말기ID      : 47325637(tel:02-123-4736)
가맹점주소     : 서울특별시 서대문구 충정로7길
                 29-8 (충정로3가)

현금영수증 회원번호
109-09-67470                   커피쿡
승인번호       : 76765431    (PK)
거래일시       : 2022년 1월 12일 13시10분 29초
------------------------------------
공급금액                       245,000원
부가세금액
총합계                         245,000원
------------------------------------
휴대전화, 카드번호 등록
http://현금영수증.kr
국세청문의(126)
38036925-GCA10106-3870-U490
    <<<<<이용해 주셔서 감사합니다.>>>>>
```

자료설명	재경팀 업무에 참고할 도서 5권을 현금으로 구입하고 받은 현금영수증이다.
수행과제	거래자료를 입력하시오.

② 증빙에 의한 전표입력

영 수 증				(공급받는자용)

NO 커피쿡 귀하

공급자	사업자 등록번호	211-28-35011		
	상 호	러브플라워	성 명	김민채
	사업장 소재지	서울특별시 서대문구 대현로 150		
	업 태	도소매업	종목	생화

작성일자	공급대가총액	비고
2022.2.17.	28,000	

공 급 내 역				
월/일	품명	수량	단가	금액
2/17	화분	1	28,000	28,000

합 계	₩28,000

위 금액을 영수(청구)함

자료설명	매출거래처 감성커피의 개업을 축하하기 위해 화분을 구입하고 대금은 외상으로 하였다.
수행과제	거래자료를 입력하시오.

③ 약속어음 수취거래

전 자 어 음

커피쿡 귀하   00420220318123406789

금 칠백만원정   **7,000,000원**

위의 금액을 귀하 또는 귀하의 지시인에게 지급하겠습니다.

지급기일	2022년 6월 18일	발행일	2022년 3월 18일
지 급 지	국민은행	발행지 주 소	서울 강남구 강남대로 250
지급장소	강남지점	발행인	드림커피(주)

자료설명	[3월 18일] 거래처 드림커피에 상품을 매출하고 판매대금 7,000,000원을 전자어음으로 받았다.
수행과제	1. 거래자료를 입력하시오. 2. 자금관련정보를 입력하여 받을어음현황에 반영하시오.

④ 증빙에 의한 전표입력

신용카드매출전표

카드종류: 비씨카드
회원번호: 3564-2636-**21-**11
거래일시: 2022.4.9.   15:20:46
거래유형: 신용승인
금   액: 500,000원
합   계: 500,000원
결제방법: 일시불
승인번호: 36541592

가맹점명: 산토리니

- 이 하 생 략 -

자료설명	판매 목적으로 상품(돌체라떼)을 매입하고 받은 신용카드 매출전표이다.
수행과제	거래자료를 입력하시오.(단, '외상매입금'으로 처리할 것)

⑤ 증빙에 의한 전표입력

■ 자동차세 영수증

2022 년분 자동차세 세액 신고납부서				납세자 보관용 영수증
납세자 주 소	박용철 서울특별시 서대문구 충정로7길 29-13(충정로3가)			
과세대상	64보 2461 (승용차)	구 분	자동차세	지방교육세	납부할 세액 합계
		당 초 산 출 세 액	345,000		
과세기간	2022.1.1. ~2022.6.30.	선 납 공 제 액 (10%)			345,000원
		요 일 제 감 면 액 (5%)			
		납 부 할 세 액	345,000	0	

<납부장소>

위의 금액을 영수합니다.
2022 년   6 월   30 일

수납일
2022.06.30
농협은행

*수납인이 없으면 이 영수증은 무효입니다   *공무원은 현금을 수납하지 않습니다.

자료설명	영업부 업무용 승용차에 대한 자동차세를 현금으로 납부한 영수증이다.
수행과제	거래자료를 입력하시오.

⑥ 단기매매증권 구입 및 매각

자료 1. 주식매매 내역서

자료 2. 보통예금(신한은행) 거래내역

번 호	거래일	내 용	찾으신금액	맡기신금액	잔 액	거래점
		계좌번호 308-24-374555 커피쿡				
1	2022-7-25	주식매각대금 입금		7,200,000	***	***

자료설명	[7월 25일] 단기매매목적으로 보유하고 있는 현대자동차 주식(장부금액 : 8,000,000원)을 7,200,000원에 매각하고 매각대금이 신한은행 보통예금 계좌에 입금된 거래내역이다.
수행과제	주식 매각과 관련된 거래자료를 입력하시오.

7 통장사본에 의한 거래입력

자료 1. 인터넷요금 고지서

kt 광랜 모바일명세서	2022.08.
납부금액	**170,000원**
이용총액	170,000원
이용기간	2022.07.01. ~ 2022.07.31.
서비스번호	sam59141387
명세서번호	937610125
납기일	2022.08.27

자료 2. 보통예금(국민은행) 거래내역

		내 용	찾으신금액	맡기신금액	잔 액	거래점
번 호	거래일	계좌번호 096-24-0094-123 커피쿡				
1	2022-8-27	인터넷요금	170,000		***	***

자료설명	1. 자료 1은 7월분 인터넷요금 고지서이다. 2. 인터넷요금은 납기일에 국민은행 보통예금 통장에서 이체출금되었다.
수행과제	거래자료를 입력하시오.(납기일에 비용으로 처리할 것)

8 통장사본에 의한 거래입력

■ 보통예금(농협은행) 거래내역

		내 용	찾으신금액	맡기신금액	잔 액	거래점
번 호	거래일	계좌번호 201-6611-04712 커피쿡				
1	2022-9-10			4,500,000	***	***

자료설명	화이트커피의 상품 외상매출대금이 농협은행 보통예금 계좌에 입금된 거래내역이다.
수행과제	거래자료를 입력하시오.

실무프로세스 자료이다. [자료설명]을 참고하여 [수행과제]를 수행하시오.

① **입력자료 수정**

거래명세서				(공급자 보관용)				당거래액: 680,000원		

공급자	등록번호	109-09-67470			공급받는자	등록번호	113-81-22110		
	상호	커피쿡	성명	박용철		상호	금천상사(주)	성명	최수연
	사업장주소	서울특별시 서대문구 충정로7길 29-13 (충정로3가)				사업장주소	서울특별시 금천구 가산로 148 (가산동)		
	업태	도소매업		종사업장번호		업태	도소매업		종사업장번호
	종목	커피외				종목	커피		

거래일자	미수금액	공급가액	세액	총 합계금액
2022.10.22.		680,000		680,000

NO	월	일	품목명	규격	수량	단가	공급가액	세액	합계
1	10	22	커피액상원액		5	136,000	680,000		680,000

자료설명	10월분 외상매출금의 거래처별 잔액이 맞지 않아 검토한 결과 10월 22일자 거래 입력내용에 오류가 있음을 발견하였다.
수행과제	거래명세서를 확인 후 올바르게 수정하시오.

② 입력자료 수정

자료설명	레몬트리에서 상품을 매입하면서 발생한 당사 부담 택배비에 대한 영수증이다.
수행과제	거래자료를 수정하시오.

실무수행 4   결산

[결산자료]를 참고하여 결산을 수행하시오.(단, 제시된 자료 이외의 자료는 없다고 가정함)

① 수동결산 및 자동결산

자료설명	1. 구입 시 비용처리한 소모품 중 기말 미사용액은 300,000원으로 확인되었다. 2. 기말상품재고액은 42,000,000원이다.
수행과제	1. 수동결산 또는 자동결산 메뉴를 이용하여 결산을 완료하시오. 2. 12월 31일을 기준으로 '손익계산서 ➡ 재무상태표'를 순서대로 조회 작성하시오. 　(단, 손익계산서 조회 작성 시 상단부 [기능모음]의 '추가'를 이용하여 '손익대체분개'를 수행할 것)

입력자료 및 회계정보를 조회하여 [평가문제]의 답안을 입력하시오.

평가문제 답안입력 유의사항		
❶ 답안은 지정된 단위의 숫자로만 입력해 주십시오. * 한글 등 문자 금지, 콤마(,) 외 기호 금지	**정 답**	**오답(예)**
(1) 금액은 원 단위로 숫자를 입력하되, 천 단위 콤마(,)는 생략 가능합니다.	1,245,000 1245000	1.245.000 1,245,000원 1,245,0000 12,45,000 1,245천원
(1-1) 답이 0원인 경우 반드시 "0" 입력 (1-2) 답이 음수(-)인 경우 숫자 앞에 "-" 입력 (1-3) 답이 소수인 경우 반드시 "." 입력		
(2) 질문에 대한 답안은 숫자로만 입력하세요.	4	04 4건/매/명 04건/매/명
(3) 거래처 코드번호는 5자리 숫자로 입력하세요.	00101	101 00101번

❷ 답안에 천원단위(000) 입력 시 더존 프로그램 숫자 입력 방법과 다르게 숫자키패드 '+' 기능은 지원되지 않습니다.
❸ 더존 프로그램에서 조회되는 자료를 복사하여 붙여넣기가 가능합니다.
❹ 수행과제를 올바르게 입력하지 않고 작성한 답과 모범답안이 다른 경우 오답처리됩니다.

번 호	평가문제	배 점
11	**평가문제 [거래처등록 조회]** 거래처 감성커피(코드 00113)와 관련된 내용 중 옳지 않은 것은? ① 사업자등록번호는 211-21-12343이다. ② 대표자는 '나감성'이다. ③ 업태는 '도매업', 종목은 '커피외'이다. ④ 이메일주소는 coffee@naver.com이다.	4
12	**평가문제 [예적금현황 조회]** 12월 말 은행별 예금 잔액으로 옳은 것은? ① 신협은행(보통) 67,000,000원 ② 국민은행(보통) 55,141,000원 ③ 신한은행(보통) 7,200,000원 ④ 농협은행(보통) 3,000,000원	3
13	**평가문제 [거래처원장 조회]** 12월 말 거래처별 '253.미지급금' 잔액으로 옳지 않은 것은? ① 00106.이디야 143,000원 ② 03500.러브플라워 30,000원 ③ 00123.레몬트리 50,000원 ④ 31112.베네치아(주) -100,000원	4
14	**평가문제 [거래처원장 조회]** 12월 말 화이트커피(코드 00240)의 '108.외상매출금' 잔액은 얼마인가? ( )원	4
15	**평가문제 [거래처원장 조회]** 12월 말 '108.외상매출금' 잔액이 가장 적은 거래처의 코드를 기록하시오. ( )	4
16	**평가문제 [총계정원장 조회]** 월별 발생한 '826.도서인쇄비' 금액으로 옳지 않은 것은? ① 1월 20,000원 ② 2월 50,000원 ③ 3월 60,000원 ④ 4월 70,000원	3
17	**평가문제 [받을어음현황 조회]** 만기가 2022년에 해당하는 '받을어음' 중 금액이 가장 큰 거래처의 코드를 기록하시오. ( )	2
18	**평가문제 [일/월계표 조회]** 4월 한 달 동안 '상품' 매입 금액은 얼마인가? ( )원	3
19	**평가문제 [합계잔액시산표 조회]** 당기에 발생한 '운반비' 금액은 얼마인가? ( )원	3
20	**평가문제 [손익계산서 조회]** 당기에 발생한 판매관리비(판매비와관리비)의 계정별 금액으로 옳지 않은 것은? ① 통신비 1,795,110원 ② 세금과공과금 1,199,000원 ③ 임차료 11,750,000원 ④ 수선비 7,366,000원	4

번 호	평가문제	배 점
21	**평가문제 [손익계산서 조회]** 당기에 발생한 '접대비' 금액은 얼마인가? ( )원	2
22	**평가문제 [손익계산서 조회]** 당기에 발생한 '소모품비' 금액은 얼마인가? ( )원	4
23	**평가문제 [손익계산서 조회]** 당기에 발생한 '수수료비용' 금액은 얼마인가? ( )원	4
24	**평가문제 [손익계산서 조회]** '이자수익'의 전기 대비 당기 증가 금액은 얼마인가? ( )원	3
25	**평가문제 [손익계산서 조회]** 당기에 발생한 '영업외비용' 금액은 얼마인가? ( )원	2
26	**평가문제 [재무상태표 조회]** 12월 말 '현금' 잔액은 얼마인가? ( )원	4
27	**평가문제 [재무상태표 조회]** 12월 말 '단기매매증권' 잔액은 얼마인가? ( )원	2
28	**평가문제 [재무상태표 조회]** 12월 말 '받을어음' 잔액은 얼마인가? ( )원	2
29	**평가문제 [재무상태표 조회]** 12월 말 '외상매입금' 잔액은 얼마인가? ( )원	3
30	**평가문제 [재무상태표 조회]** 12월 말 '자본금' 잔액은 얼마인가? ① 238,203,000원 ② 338,223,870원 ③ 438,403,000원 ④ 538,233,870원	2
총 점		62

회계정보를 조회하여 [회계정보분석]의 답안을 입력하시오.

31 재무상태표 조회 (4점)

유동비율은 기업이 보유하는 지급능력, 신용능력을 판단하기 위한 비율로 높을수록 기업의 재무유동성이 크다. 전기 유동비율은 얼마인가?(단, 소숫점 이하는 버림할 것)

$$유동비율(\%) = \frac{유동자산}{유동부채} \times 100$$

① 139%
② 197%
③ 299%
④ 358%

32 재무상태표 조회 (4점)

부채비율은 기업의 지급능력을 측정하는 비율로 높을수록 채권자에 대한 위험이 증가한다. 전기 부채비율은 얼마인가?(단, 소숫점 이하는 버림할 것)

$$부채비율(\%) = \frac{부채총계}{자기자본(자본총계)} \times 100$$

① 36%
② 46%
③ 56%
④ 66%

응시시간 : 60분

실무이론평가
아래 문제에서 특별한 언급이 없으면 기업의 보고기간(회계기간)은 매년 1월 1일부터 12월 31일까지입니다. 또한 기업은 일반기업회계기준 및 관련 세법을 계속적으로 적용하고 있다고 가정하고 물음에 가장 합당한 답을 고르시기 바랍니다.

01 다음에서 제시하는 결합관계에 해당하는 것은?

(차) 자산의 증가   (대) 자산의 감소

① 상품을 외상으로 매입하다.
② 단기차입금을 현금으로 상환하다.
③ 현금을 출자받아 사업을 개시하다.
④ 매출채권을 현금으로 회수하다.

02 다음은 무엇에 대한 설명인가?

기업의 순자산으로서 기업실체의 자산에 대한 소유주의 잔여청구권이다.

① 자 산
② 부 채
③ 자 본
④ 수 익

03 다음 자료를 토대로 한공기업의 2023년 12월 31일 재무제표에 기록될 기말상품재고액을 계산하면 얼마인가?

• 2023.1.1. 기초상품재고액 :	90,000원
• 2023년 중 상품 총매입액 :	1,500,000원
• 2023년 중 매입에누리액 :	200,000원
• 2023년 매출원가 :	1,000,000원

① 390,000원

② 410,000원

③ 480,000원

④ 590,000원

04 다음 대화 중 선생님의 질문에 대하여 바르게 대답한 학생으로 묶은 것은?

① 동룡, 정봉

② 동룡, 진주

③ 진주, 미옥

④ 정봉, 미옥

05 다음 중 먼저 구입한 상품이 먼저 사용되거나 판매되는 것으로 가정하여 기말재고액을 결정하는 방법은?

① 선입선출법
② 이동평균법
③ 총평균법
④ 후입선출법

06 다음 자료에 의하여 매출액을 계산하면 얼마인가?

• 당기 총매출액	100,000원	• 당기 매출할인	5,000원
• 당기 매출에누리와 환입	10,000원	• 매출 운반비	20,000원

① 100,000원
② 90,000원
③ 85,000원
④ 82,000원

07 다음 중 감가상각 대상 자산에 해당하지 않는 것은?

① 건 물
② 상 품
③ 비 품
④ 차량운반구

08 다음 자료에 의한 2023년 12월 31일의 결산분개로 옳은 것은?(월할계산하기로 한다)

> • 2023년 4월 1일 은행으로부터 2,000,000원을 차입하였다.
> • 이자율은 연 12%이며, 1년분 이자는 2024년 3월 31일 전액 지급예정이다.

① (차) 이자비용   180,000원   (대) 미지급비용   180,000원
② (차) 이자비용   240,000원   (대) 미지급비용   240,000원
③ (차) 이자비용   180,000원   (대) 선급비용   180,000원
④ (차) 이자비용   240,000원   (대) 선급비용   240,000원

09 다음은 한공상사가 취득한 차량운반구에 대한 자료이다. 2023년 감가상각비는 얼마인가?

> • 취득일자 : 2023년 7월 1일
> • 취득원가 : 40,000,000원(잔존가치 없음)
> • 내용연수 : 10년(월할상각)
> • 감가상각방법 : 정액법

① 2,000,000원
② 3,000,000원
③ 4,000,000원
④ 5,000,000원

10 다음 중 손익계산서의 영업이익에 영향을 미치는 계정과목이 아닌 것은?

① 접대비
② 유형자산처분손실
③ 경상연구개발비
④ 대손상각비

너와나커피(회사코드 4161)는 커피 도소매업을 운영하는 개인기업으로, 회계기간은 제7기(2023.1.1. ~ 2023.12.31.)이다. 제시된 자료와 자료설명을 참고하여, [수행과제]를 완료하고 [평가문제]의 물음에 답하시오.

실무수행 유의사항	1. 타계정 대체와 관련된 적요는 반드시 코드를 입력하여야 한다. 2. 채권·채무, 예금거래 등 관리대상 거래자료에 대하여는 거래처코드를 반드시 입력한다. 3. 자금관리 등 추가 작업이 필요한 경우 문제의 요구에 따라 추가 작업하여야 한다. 4. 등록된 계정과목 중 가장 적절한 계정과목을 선택한다. 5. 부가가치세는 고려하지 않는다.

실무수행 1   기초정보관리의 이해

회계관련 기초정보는 입력되어 있다. [자료설명]을 참고하여 [수행과제]를 수행하시오.

① 거래처등록

자료설명	하나은행에서 계좌를 개설하고 기업자유예금 보통예금 통장을 발급받았다.
수행과제	통장을 참고하여 거래처등록을 하시오.(코드 : 98005, 금융기관명 : 하나은행(보통), 구분 : 0.일반으로 할 것)

② 거래처별초기이월 등록 및 수정

미지급금 명세서

코드	거래처명	금액	비고
32012	(주)우리자동차	16,000,000원	승용차 구입대금
32013	(주)하나컴퓨터	2,200,000원	컴퓨터 구입대금
합 계		18,200,000원	

자료설명	너와나커피의 전기분 재무제표는 이월받아 등록되어 있다.
수행과제	미지급금에 대한 거래처별초기이월 사항을 입력하시오.

실무수행 2   거래자료 입력

실무프로세스 자료이다. [자료설명]을 참고하여 [수행과제]를 수행하시오.

① 증빙에 의한 전표입력

NO.	영 수 증 (공급받는자용)			
	너와나커피 귀하			
공급자	사업자등록번호	211-14-24517		
	상 호	수할인마트	성명	김상철
	사업장소재지	서울특별시 서대문구 충정로7길 12 (충정로2가)		
	업 태	도소매업	종목	잡화
작성일자	공급대가총액		비고	
2023.6.10.	₩ 25,000			
공 급 내 역				
월/일	품명	수량	단가	금액
6/10	형광펜			10,000
6/10	서류파일			15,000
합 계			₩ 25,000	
위 금액을 (영수)청구)함				

자료설명	사무실에서 사용할 문구를 구입하고 대금은 현금으로 지급하였다.(단, '사무용품비'로 처리할 것)
수행과제	거래자료를 입력하시오.

② 증빙에 의한 전표입력

■ 자동차세 영수증

	2023 년분 자동차세 세액 신고납부서					납세자 보관용 영수증
납 세 자 주 소	김민영 서울특별시 서대문구 충정로7길 29-13 (충정로3가)					
과세대상	62모 7331 (승용차)	구 분	자동차세	지방교육세	납부할 세액 합계	
		당 초 산 출 세 액	345,000			
		선납공제액(9.15%)			345,000 원	
과세기간	2023.1.1. ~2023.6.30.	요일제감면액(5%)				
		납 부 할 세 액	345,000	0		

<납부장소>

위의 금액을 영수합니다.

2023 년 6 월 30 일

수납일 2023.06.30 농협은행

*수납인이 없으면 이 영수증은 무효입니다.   *공무원은 현금을 수납하지 않습니다.

자료설명	영업부의 업무용 승용차에 대한 자동차세를 현금으로 납부한 영수증이다.
수행과제	거래자료를 입력하시오.

③ 통장사본에 의한 거래입력

■ 보통예금(국민은행) 거래내역

번 호	거래일	내 용	찾으신금액	맡기신금액	잔 액	거래점
		계좌번호 096-24-0094-123 너와나커피				
1	2023-7-10	(주)비발디커피	30,000,000		***	***

자료설명	거래처 (주)비발디커피에 30,000,000원(상환일 : 2024년 3월 31일)을 대여하기로 하고 국민은행 보통예금 계좌에서 이체하였다.
수행과제	거래자료를 입력하시오.

④ 재고자산의 매입거래

거래명세서

(공급받는자 보관용)

공급자	등록번호	131-81-12978			공급받는자	등록번호	109-09-67470		
	상호	(주)콜럼비아	성명	윤정훈		상호	너와나커피	성명	김민영
	사업장주소	서울특별시 강남구 강남대로 250				사업장주소	서울특별시 서대문구 충정로7길 29-13 (충정로3가)		
	업태	도소매업	종사업장번호			업태	도소매업	종사업장번호	
	종목	커피외				종목	커피외		

거래일자	미수금액	공급가액	총 합계금액
2023.7.20.		1,500,000	1,500,000

NO	월	일	품목명	규격	수량	단가	공급가액	합계
1	7	20	더치커피 세트		50	30,000	1,500,000	1,500,000

자료설명	1. 상품을 구입하고 발급받은 거래명세서이다. 2. 7월 14일 지급한 계약금을 차감한 잔액은 월말에 지급하기로 하였다.
수행과제	거래자료를 입력하시오.

⑤ 증빙에 의한 전표입력

자료설명	직원들의 근무복인 유니폼을 구입하고 신용카드로 결제하였다.
수행과제	거래자료를 입력하시오.(단, '복리후생비'로 처리할 것)

⑥ 단기매매증권 구입 및 매각

자료 1. 주식매매 내역서

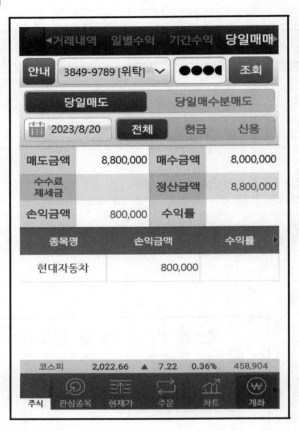

자료 2. 보통예금(신한은행) 거래내역

번 호	거래일	내 용	찾으신금액	맡기신금액	잔 액	거래점
		계좌번호 308-24-374555 너와나커피				
1	2023-8-20	주식매각대금 입금		8,800,000	***	***

자료설명	[8월 20일] 단기매매목적으로 보유하고 있는 현대자동차 주식(장부금액 : 8,000,000원)을 8,800,000원에 매각하고 받은 내역이다.
수행과제	주식 매각과 관련된 거래자료를 입력하시오.

⑦ 증빙에 의한 전표입력

화재보험료 영수증

너와나커피(김민영) 귀하

| 보 험 료: | 1,870,000 원정 | No. 42513876 |

보험계약자 (피보험자)	상호 (성명)	너와나커피(김민영)	납 세 번 호 (사업자등록번호)	109-09-67470
	주소	서울특별시 서대문구 충정로7길 29-13 (충정로3가)		

품 명	수량	보험일	요율	보험가입금액 (감정가격)	보험료	공제일
물품보관창고	1	2023.8.25.00:00시~2024.8.25.24:00	0.0187	100,000,000	1,870,000	

위의 금액을 정히 영수 (납입) 하였기에 이를 증명합니다.

2023년 8월 25일

  한국손해보험(주)

회 장	김보험
주 민 등 록 번 호	590822-2320917
사 업 자 고 유 번 호	102-82-04254
전 화 번 호	02-123-1234

알 림	1. 이 영수증에는 회장직인 및 취급자인이 있어야 합니다. 2. 이 영수증에 영수일자가 없는 것, 컴퓨터로 기록되지 않은 것, 또는 기재사항을 고쳐쓴 것은 무효입니다. 3. 이 영수증 이외의 어떠한 형태의 사제 영수증은 무효입니다	취급자 최영한

자료설명	[8월 25일] 상품 보관용으로 사용중인 창고건물을 화재보험에 가입하고 보험료는 현금으로 지급하였다.
수행과제	거래자료를 입력하시오.(단, '비용'으로 처리할 것)

⑧ 통장사본에 의한 거래입력

자료 1. 인터넷요금 고지서

kt 광랜 모바일명세서	2023.08.
납부금액	**120,500원**
이용총액	120,500원
이용기간	2023.08.01. ~ 2023.08.31.
서비스번호	59141325
명세서번호	937610125
납기일	2023.09.29.

자료 2. 보통예금(농협은행) 거래내역

번 호	거래일	내 용	찾으신금액	맡기신금액	잔 액	거래점
		계좌번호 201-6611-04712 너와나커피				
1	2023-9-29	인터넷요금	120,500		***	***

자료설명	인터넷요금 고지서에 의한 인터넷요금이 납기일에 농협은행 보통예금 계좌에서 이체되었다.
수행과제	거래자료를 입력하시오.(단, '비용'으로 처리할 것)

실무수행 3   전표수정

실무프로세스 자료이다. [자료설명]을 참고하여 [수행과제]를 수행하시오.

① 입력자료 수정

■ 보통예금(신협은행) 거래내역

번 호	거래일	내 용	찾으신금액	맡기신금액	잔 액	거래점
		계좌번호 1122-098-123143 너와나커피				
1	2023-12-10	(주)망고식스	26,810,000		***	***

자료설명	(주)망고식스에 지급해야 할 외상매입금을 신협은행 보통예금 계좌에서 이체하여 지급하였다.
수행과제	통장 거래내역을 확인하고 올바르게 수정하시오.

② 입력자료 수정

NO.	영 수 증 (공급받는자용)			
	너와나커피 귀하			

공급자	사 업 자 등 록 번 호	211-14-22014		
	상 호	제일서점	성 명	노기석
	사 업 장 소 재 지	서울특별시 강남구 강남대로 312		
	업 태	도소매업	종 목	도서

작성일자	공급대가총액	비고
2023.9.20.	₩ 24,000	

공 급 내 역				
월/일	품명	수량	단가	금액
9/20	도서			24,000
합 계			₩ 24,000	

위 금액을 영수(청구)함

자료설명	도서구입과 관련된 회계처리가 중복 입력되어 있음을 확인하였다.
수행과제	오류자료를 수정하시오.

실무수행 4 결산

[결산자료]를 참고하여 결산을 수행하시오.(단, 제시된 자료 이외의 자료는 없다고 가정함)

① 수동결산 및 자동결산

자료설명	1. 구입 시 비용처리한 소모품 중 기말 현재 미사용액은 600,000원으로 확인되었다. 2. 기말상품재고액은 43,200,000원이다.
수행과제	1. 수동결산 또는 자동결산 메뉴를 이용하여 결산을 완료하시오. 2. 12월 31일을 기준으로 '손익계산서 ➡ 재무상태표'를 순서대로 조회 작성하시오. (단, 손익계산서 조회 작성 시 상단부 [기능모음]의 '추가'를 이용하여 '손익대체분개'를 수행할 것)

입력자료 및 회계정보를 조회하여 [평가문제]의 답안을 입력하시오.

평가문제 답안입력 유의사항		
❶ 답안은 지정된 단위의 숫자로만 입력해 주십시오. 　* 한글 등 문자 금지		

	정 답	오답(예)
(1) 금액은 원 단위로 숫자를 입력하되, 천 단위 콤마(,)는 생략 가능합니다. 　(1-1) 답이 0원인 경우 반드시 "0" 입력 　(1-2) 답이 음수(-)인 경우 숫자 앞에 "-" 입력 　(1-3) 답이 소수인 경우 반드시 "." 입력	1,245,000 1245000	1.245.000 1,245,000원 1,245,0000 12,45,000 1,245천원
(2) 질문에 대한 답안은 숫자로만 입력하세요.	4	04 4건/매/명 04건/매/명
(3) 거래처 코드번호는 5자리 숫자로 입력하세요.	00101	101 00101번

❷ 답안에 천원단위(000) 입력 시 더존 프로그램 숫자 입력 방법과 다르게 숫자키패드 '+' 기능은 지원되지 않습니다.

❸ 더존 프로그램에서 조회되는 자료를 복사하여 붙여넣기가 가능합니다.

❹ 수행과제를 올바르게 입력하지 않고 작성한 답과 모범답안이 다른 경우 오답처리됩니다.

번 호	평가문제	배 점
11	**평가문제 [거래처등록 조회]** 금융 거래처별 계좌번호로 옳지 않은 것은? ① 국민은행(보통) 096-24-0094-123 ② 신한은행(보통) 308-24-374555 ③ 하나은행(보통) 527-910004-22456 ④ 농협은행(보통) 112-42-562489	3
12	**평가문제 [거래처원장 조회]** 12월 말 거래처별 '131.선급금' 잔액으로 옳지 않은 것은? ① 금강커피 400,000원 ② 소양강커피 200,000원 ③ (주)콜럼비아 500,000원 ④ 이스턴캐슬 500,000원	3
13	**평가문제 [거래처원장 조회]** 12월 말 거래처별 '253.미지급금' 잔액으로 옳지 않은 것은? ① 성진빌딩(주) 7,000,000원 ② (주)하나컴퓨터 2,000,000원 ③ (주)은비까비 2,970,000원 ④ (주)우리자동차 16,000,000원	3
14	**평가문제 [거래처원장 조회]** 12월 말 '103.보통예금' 신한은행(코드 : 98002)의 잔액은 얼마인가? ( )원	3
15	**평가문제 [거래처원장 조회]** 12월 말 '253.미지급금' 삼성카드(코드 : 99605)의 잔액은 얼마인가? ( )원	4
16	**평가문제 [예적금현황 조회]** 12월 말 은행별 예금잔액으로 옳은 것은? ① 국민은행(보통) 62,009,000원 ② 신협은행(보통) 89,824,000원 ③ 우리은행(당좌) 13,000,000원 ④ 농협은행(보통) 2,879,500원	3
17	**평가문제 [분개장 조회]** 9월(9/1 ~ 9/30) 동안의 전표 중 '전표 : 1.일반, 선택 : 1.출금'의 전표 건수는? ( )건	3
18	**평가문제 [일/월계표 조회]** 8월에 발생한 '판매관리비'의 계정과목 중 현금지출이 가장 큰 계정과목의 코드번호를 입력하시오. ( )	3
19	**평가문제 [현금출납장 조회]** 6월 말 '현금' 잔액은 얼마인가? ( )원	2
20	**평가문제 [현금출납장 조회]** 8월(8/1 ~ 8/31)의 '현금' 출금액은 얼마인가? ( )원	4

번 호	평가문제	배 점
21	**평가문제 [손익계산서 조회]** 당기에 발생한 '판매비와관리비'의 계정별 금액으로 옳은 것은? ① 통신비 1,745,610원 ② 사무용품비 30,000원 ③ 소모품비 2,640,000원 ④ 도서인쇄비 288,000원	3
22	**평가문제 [손익계산서 조회]** 당기에 발생한 '상품매출원가' 금액은 얼마인가? <div style="text-align:right">( )원</div>	4
23	**평가문제 [손익계산서 조회]** 당기에 발생한 '복리후생비' 금액은 얼마인가? <div style="text-align:right">( )원</div>	4
24	**평가문제 [손익계산서 조회]** 당기에 발생한 '세금과공과금' 금액은 얼마인가? <div style="text-align:right">( )원</div>	2
25	**평가문제 [손익계산서 조회]** 당기에 발생한 '영업외수익' 금액은 얼마인가? <div style="text-align:right">( )원</div>	3
26	**평가문제 [재무상태표 조회]** 12월 말 '단기매매증권' 잔액은 얼마인가? <div style="text-align:right">( )원</div>	3
27	**평가문제 [재무상태표 조회]** 12월 말 '단기대여금' 잔액은 얼마인가? <div style="text-align:right">( )원</div>	4
28	**평가문제 [재무상태표 조회]** 12월 말 '소모품' 잔액은 얼마인가? <div style="text-align:right">( )원</div>	4
29	**평가문제 [재무상태표 조회]** 12월 말 '외상매입금' 잔액은 얼마인가? <div style="text-align:right">( )원</div>	3
30	**평가문제 [재무상태표 조회]** 12월 말 재무상태표의 '자본금' 금액은 얼마인가? ① 515,250,370원 ② 515,540,370원 ③ 520,687,070원 ④ 515,935,370원	1
총 점		62

회계정보를 조회하여 [답안수록] 메뉴에 해당문제의 답안을 입력하시오.

31   재무상태표 조회 (4점)

유동비율이란 기업의 단기 지급능력을 평가하는 지표이다. 전기분 유동비율은 얼마인가?(단, 소숫점 이하는 버림할 것)

$$유동비율(\%) = \frac{유동자산}{유동부채} \times 100$$

① 18%

② 20%

③ 530%

④ 540%

32   손익계산서 조회 (4점)

매출총이익률은 매출로부터 얼마의 이익을 얻느냐를 나타내는 지표이다. 전기분 매출총이익률은 얼마인가?(단, 소숫점 이하는 버림할 것)

$$매출총이익률(\%) = \frac{매출총이익}{매출액} \times 100$$

① 30%

② 36%

③ 39%

④ 42%

응시시간 : 60분

실무이론평가

아래 문제에서 특별한 언급이 없으면 기업의 보고기간(회계기간)은 매년 1월 1일부터 12월 31일까지입니다. 또한 기업은 일반기업회계기준 및 관련 세법을 계속적으로 적용하고 있다고 가정하고 물음에 가장 합당한 답을 고르시기 바랍니다.

01 다음은 신문기사의 일부이다. (가)에 들어갈 내용으로 가장 적절한 것은?

> 외부감사인의 회계감사 대상 회사의 재무제표 작성 지원을 금지하며, 회사가 자체 결산 능력을 갖추고 (가)의 책임하에 재무제표를 작성하도록 했다.
>
> (××신문, 2023년 3월 31일)

① 내부감사인
② 과세당국
③ 경영자
④ 공인회계사

02 다음 중 회계상 거래에 해당하지 않는 것은?

① 기계장치를 90,000,000원에 취득하고 현금을 지급하였다.
② 종업원을 채용하고 근로계약서를 작성하였다.
③ 결산기말에 단기매매증권의 공정가치가 장부금액 대비 100,000원 하락하였다.
④ 사무실에 보관 중이던 상품 10,000,000원을 분실하였다.

03 다음 중 재무상태표에 표시되지 않는 계정과목은?

① 매출채권
② 미수수익
③ 선급비용
④ 경상연구개발비

04 다음 자료를 토대로 계산한 재고자산의 취득원가는 얼마인가?

| • 상품 매입금액 | 600,000원 | • 판매수수료 | 60,000원 |
| • 매입운반비 | 8,000원 | • 광고선전비 | 10,000원 |

① 600,000원
② 608,000원
③ 668,000원
④ 678,000원

05 다음 중 무형자산에 대한 설명으로 옳지 않은 것은?

① 물리적 실체는 없으나 식별가능하다.
② 특별한 경우를 제외하고는 잔존가치는 취득원가의 10%로 본다.
③ 기업이 통제하고 있으며, 미래 경제적 효익이 있는 자산이다.
④ 영업활동에 사용할 목적으로 보유하는 자산이다.

06 다음 중 유형자산에 대한 자본적 지출의 예시를 올바르게 설명한 학생은?

건물의 벽에 도색을 하였어요. 서현

에어컨이 고장나서 수리를 하였어요. 인철

자동차 타이어가 소모되어 교체하였어요. 지원

건물 안에 엘리베이터를 새로 설치했어요. 혜인

① 서 현

② 인 철

③ 지 원

④ 혜 인

07 다음 ( )에 들어갈 용어로 옳은 것은?

( )은(는) 기업실체의 경제적 거래나 사건에 대해 관련된 수익과 비용을 그 현금유출입이 있는 기간이 아니라 당해 거래나 사건이 발생한 기간에 인식하는 것을 말한다.

① 발생주의

② 수익비용대응

③ 이 연

④ 현금주의

08 다음 자료를 토대로 매출원가를 계산하면 얼마인가??

• 기초상품재고액	150,000원	• 당기 총매입액	600,000원
• 매입에누리	60,000원	• 기말상품재고액	100,000원

① 590,000원

② 650,000원

③ 750,000원

④ 850,000원

09 다음의 오류가 당기 매출원가와 당기순이익에 미치는 영향으로 옳은 것은?

기말재고자산을 150,000원으로 계상하였으나 정확한 기말재고금액은 120,000원이다.

	매출원가	당기순이익
①	과 대	과 대
②	과 대	과 소
③	과 소	과 소
④	과 소	과 대

10 다음은 (주)한공의 2023년 5월 지출예산서의 일부이다. 이를 집행하여 회계처리했을 때 계정과목으로 옳은 것은?

지출예산서

결 재	재무이사	김한국
	부 장	이공인
	담당직원	박회계

(가) 직원 단합을 위한 가족동반 야유회 개최비　　5,000,000원

(나) 직원 업무역량 강화를 위한 영어학원 지원비　　3,000,000원

	(가)	(나)
①	복리후생비	접대비
②	접대비	교육훈련비
③	복리후생비	교육훈련비
④	접대비	복리후생비

더향기로와(회사코드 4163)는 화장품, 비누 및 방향제 도·소매업을 운영하는 개인기업으로, 회계기간은 제7기 (2023.1.1. ~ 2023.12.31.)이다. 제시된 자료와 [자료설명]을 참고하여 [수행과제]를 완료하고 [평가문제]의 물음에 답하시오.

실무수행 유의사항	1. 타계정 대체와 관련된 적요는 반드시 코드를 입력하여야 한다. 2. 채권·채무, 예금거래 등 관리대상 거래자료에 대하여는 거래처코드를 반드시 입력한다. 3. 자금관리 등 추가 작업이 필요한 경우 문제의 요구에 따라 추가 작업하여야 한다. 4. 등록된 계정과목 중 가장 적절한 계정과목을 선택한다. 5. 부가가치세는 고려하지 않는다.

실무수행 1 기초정보관리의 이해

회계관련 기초정보는 입력되어 있다. [자료설명]을 참고하여 [수행과제]를 수행하시오.

① 사업자등록증에 의한 거래처등록

사 업 자 등 록 증

(법인사업자)
등록번호: 110-81-02129

상   호: (주)리즈온
대 표 자 명: 김리즈
개 업 년 월 일: 2020년 11월 17일
법 인 등 록 번 호: 110111-0634752
사업장 소재지: 서울특별시 서대문구 충정로7길12 (충정로2가)
사 업 의 종 류: 업태 도소매업   종목 방향제

교 부 사 유: 사업장이전

사업자단위과세 적용사업자여부: 여( ) 부(√)
전자세금계산서 전용 메일주소: leeds@naver.com

2023년 7월 16일

서대문 세무서장 (인)

국세청

자료설명	(주)리즈온에 상품을 판매하기로 하고, 사업자등록증 사본을 받았다.
수행과제	사업자등록증 내용을 확인하여 거래처등록을 하시오.(코드 : 03100, 거래시작일 : 2023.1.1, 전자세금계산서 전용 메일주소를 입력할 것)

② 거래처별초기이월 등록

외상매출금 명세서

코 드	거래처명	적 요	금 액	비 고
03000	(주)강남미인	상품 외상매출대금	41,000,000원	
03003	하늘화장품	상품 외상매출대금	50,000,000원	
	합 계		91,000,000원	

외상매입금 명세서

코 드	거래처명	적 요	금 액	비 고
04010	(주)뷰티천국	상품 외상매입대금	14,000,000원	
04201	(주)샤인스타	상품 외상매입대금	20,000,000원	
	합 계		34,000,000원	

자료설명	거래처별초기이월 자료는 등록되어 있다.
수행과제	외상매출금, 외상매입금에 대한 거래처별초기이월 사항을 등록하시오.

실무프로세스 자료이다. [자료설명]을 참고하여 [수행과제]를 수행하시오.

① 증빙에 의한 전표입력

신용카드매출전표

카드종류: 신한카드
회원번호: 9876-5432-****-5**7
거래일시: 2023.1.11. 21:05:16
거래유형: 신용승인
매　　출: 72,000원
합　　계: 72,000원
결제방법: 일시불
승인번호: 61232124

가맹점명: 아빠곰탕(156-12-31570)

- 이 하 생 략 -

자료설명	매출거래처에 상품(디퓨저)을 납품한 후 거래처 직원들과 식사를 하고 신한카드로 결제하였다.
수행과제	거래자료를 입력하시오.

② 재고자산의 매입거래

거래명세서　(공급받는자 보관용)

공급자	등록번호	216-81-74881			공급받는자	등록번호	110-23-02115		
	상호	(주)순수해	성명	조이서		상호	더향기로와	성명	김향기
	사업장 주소	서울특별시 강남구 강남대로 252 (도곡동)				사업장 주소	서울특별시 강남구 강남대로 246 (도곡동, 다림빌딩) 101호		
	업태	도소매업	종사업장번호			업태	도매 및 소매업	종사업장번호	
	종목	방향제 외				종목	화장품, 비누 및 방향제		

거래일자	미수금액	공급가액	총 합계금액
2023.2.13.		5,000,000	5,000,000

NO	월	일	품목명	규격	수량	단가	공급가액	합계
1	2	13	라임바질 디퓨저		100	50,000	5,000,000	5,000,000

자료설명	1. 거래처 (주)순수해로부터 상품(라임바질 디퓨저)을 구입하고 발급받은 거래명세서이다.
	2. 대금 중 2월 1일 지급한 계약금을 차감한 잔액은 당월 말일에 지급하기로 하였다.
수행과제	거래자료를 입력하시오.

③ 증빙에 의한 전표입력

자료 1. 건강보험료 납부영수증

자료 2. 보통예금(기업은행) 거래내역

		내 용	찾으신금액	맡기신금액	잔 액	거래점
번 호	거래일	계좌번호 764502-01-047720 더향기로와				
1	2023-3-10	건강보험료	167,500		***	***

자료설명	2월 급여지급분에 대한 건강보험료(장기요양보험료 포함)를 납부기한일에 기업은행 보통예금 계좌에서 이체하여 납부하였다. 50%는 급여지급 시 원천징수한 금액이며, 50%는 회사부담분이다. 당사는 회사부담분을 '복리후생비'로 처리하고 있다.
수행과제	거래자료를 입력하시오.

④ 기타 일반거래

자료 1. 월세계약서 내역

(사 무 실) 월 세 계 약 서

□ 임 대 인 용
■ 임 차 인 용
□ 사무소보관용

부동산의 표시	소재지	서울특별시 강남구 강남대로 246 (도곡동, 다림빌딩) 101호				
	구 조	철근콘크리트조	용도	사무실	면적	85㎡

월 세 보 증 금	금 70,000,000원정	월세 1,500,000원정

제 1 조 위 부동산의 임대인과 임차인 합의하에 아래와 같이 계약함.
제 2 조 위 부동산의 임대차에 있어 임차인은 보증금을 아래와 같이 지불키로 함.

계 약 금	20,000,000원정은 계약시 지불하고
중 도 금	원정은 년 월 일 지불하며
잔 금	50,000,000원정은 2023년 4월 3일 중개업자 입회하에 지불함.

제 3 조 위 부동산의 명도는 2023년 4월 3일로 함.
제 4 조 임대차 기간은 2023년 4월 3일로부터 (24)개월로 함.
제 5 조 **월세금액은 매월(18)일에 지불키로 하되 만약 기일내에 지불치 못할 시에는 보증금액에서 공제키로 함.(국민은행, 계좌번호: 601213-72-172658, 예금주: 강남빌딩(주))**

〰〰〰〰〰〰 중 략 〰〰〰〰〰〰

임 대 인	주 소	서울특별시 강남구 삼성로 107길 8(삼성동)				
	사업자등록번호	125-81-28548	전화번호	02-555-1255	성명	강남빌딩(주)

자료 2. 보통예금(우리은행) 거래내역

번 호	거래일	내 용	찾으신금액	맡기신금액	잔 액	거래점
		계좌번호 301-9493-2245-61 더향기로와				
1	2023-4-18	강남빌딩(주)	1,500,000		***	***

자료설명	4월분 월세를 우리은행 보통예금 계좌에서 이체하여 지급하였다.
수행과제	거래자료를 입력하시오.

⑤ 유 · 무형자산의 구입

<h2>거래명세서</h2>
(공급받자 보관용)

공급자	등록번호	119-81-24789			공급받는자	등록번호	110-23-02115		
	상호	(주)더존소프트	성명	박용철		상호	더향기로와	성명	김향기
	사업장 주소	서울특별시 금천구 가산로 80				사업장 주소	서울특별시 강남구 강남대로 246 (도곡동, 다림빌딩) 101호		
	업태	도소매업	종사업장번호			업태	도매 및 소매업	종사업장번호	
	종목	소프트웨어				종목	화장품, 비누 및 방향제		

거래일자	미수금액	공급가액	총 합계금액
2023.7.20.		2,700,000	2,700,000

NO	월	일	품목명	규격	수량	단가	공급가액	합계
1	7	20	위하고(웹버전)				2,700,000	2,700,000

자료설명	비대면 재택근무를 위한 회계세무 소프트웨어 '위하고(웹버전)'를 구입하고, 구입대금은 다음달 말일에 지급하기로 하였다.
수행과제	거래자료를 입력하시오.

⑥ 기타 일반거래

<h2>여 비 정 산 서</h2>

소속	영업부	직위	과장	성명	김진수
출장내역	일 시	2023년 9월 6일 ~ 2023년 9월 8일			
	출 장 지	광주			
	출장목적	신규거래처 방문 및 신제품 홍보			
출장비	지급받은 금액	400,000원	실제소요액	420,000원	정산차액	20,000원
지출내역	숙박비	200,000원	식 비	100,000원	교통비	120,000원

2023년 9월 8일

신청인   김 진 수 (인)

자료설명	[9월 8일] 출장을 마친 직원의 여비정산 내역을 보고받고, 정산차액은 현금으로 지급하였다.
수행과제	9월 6일의 거래를 확인한 후 정산거래를 입력하시오.

⑦ 증빙에 의한 전표입력

현금영수증

(지출증빙용)

사업자등록번호	: 110-23-35523
사업자명	: 폼생폼사
가맹점주소	: 서울특별시 서대문구 충정로7길 31 (충정로2가)

현금영수증 회원번호

110-23-02115 더향기로와

승인번호	: 25457923 (PK)
거래일시	: 2023년 10월 22일

공급금액	243,000원
총합계	243,000원

휴대전화, 카드번호 등록
http://현금영수증.kr
국세청문의(126)
38036925-GCA10106-3870-U490
<<<<<<이용해 주서서 감사합니다.>>>>>>

자료설명	직원들의 근무복을 현금으로 구입하고 수취한 현금영수증이다.
수행과제	거래자료를 입력하시오.(단, '복리후생비'로 처리할 것)

⑧ 재고자산의 매출거래

거래명세서 (공급자 보관용)

공급자	등록번호	110-23-02115			공급받는자	등록번호	101-12-42117		
	상호	더향기로와	성명	김향기		상호	에스티마음	성명	최상조
	사업장주소	서울특별시 강남구 강남대로 246 (도곡동, 다림빌딩) 101호				사업장주소	서울특별시 서대문구 통일로 131 (충정로2가, 공화당빌딩)		
	업태	도매 및 소매업	종사업장번호			업태	도소매업	종사업장번호	
	종목	화장품, 비누 및 방향제				종목	화장품		

거래일자	미수금액	공급가액	총 합계금액
2023.11.24.		2,700,000	2,700,000

NO	월	일	품목명	규격	수량	단가	공급가액	합계
1	11	24	아이젤 크림		30	90,000	2,700,000	2,700,000

자료설명	에스티마음에 상품(아이젤 크림)을 판매하고 대금 중 2,000,000원은 현금으로 받았으며, 잔액은 외상으로 하였다.
수행과제	거래자료를 입력하시오.

실무수행 3   전표수정

실무프로세스 자료이다. [자료설명]을 참고하여 [수행과제]를 수행하시오.

① 입력자료 수정

자료설명	6월 30일에 입력된 거래는 영업부에서 사용하고 있는 업무용 승용차에 대한 자동차세를 납부한 거래이다.
수행과제	거래자료를 수정하시오.

② 입력자료 수정

NO.

영 수 증 (공급받는자용)

더향기로와 귀하

공급자	사 업 자 등 록 번 호	211-14-56789		
	상 호	공항서점	성명	추현영
	사 업 장 소 재 지	서울특별시 강서구 공항대로 164		
	업 태	도소매업	종목	도서

작성일자	공급대가총액	비고
2023.12.20.	₩ 30,000	

공 급 내 역

월/일	품명	수량	단가	금액
12/20	계정과목별 회계실무	1	30,000	30,000

합 계	₩ 30,000

위 금액을 영수(청구)함

자료설명	회계업무 관련 도서를 현금으로 구입한 회계처리가 잘못 입력되어 있음을 확인하였다.
수행과제	오류자료를 수정하시오.

실무수행 4 　결산

[결산자료]를 참고하여 결산을 수행하시오.(단, 제시된 자료 이외의 자료는 없다고 가정함)

① 수동결산 및 자동결산

자료설명	1. 구입 시 자산처리한 소모품 중 기말 현재 사용한 소모품은 200,000원으로 확인되었다. 2. 기말상품재고액은 33,000,000원이다.
수행과제	1. 수동결산 또는 자동결산 메뉴를 이용하여 결산을 완료하시오. 2. 12월 31일을 기준으로 '손익계산서 ➡ 재무상태표'를 순서대로 조회 작성하시오. 　(단, 손익계산서 조회 작성 시 상단부 [기능모음]의 '추가'를 이용하여 '손익대체분개'를 수행할 것)

입력자료 및 회계정보를 조회하여 [평가문제]의 답안을 입력하시오.

	정 답	오답(예)
(1) 금액은 원 단위로 숫자를 입력하되, 천 단위 콤마(,)는 생략 가능합니다.	1,245,000 1245000	1,245,000 1,245,000원 1,245,0000 12,45,000 1,245천원
(1-1) 답이 0원인 경우 반드시 "0" 입력 (1-2) 답이 음수(-)인 경우 숫자 앞에 "-" 입력 (1-3) 답이 소수인 경우 반드시 "." 입력		
(2) 질문에 대한 답안은 숫자로만 입력하세요.	4	04 4건/매/명 04건/매/명
(3) 거래처 코드번호는 5자리 숫자로 입력하세요.	00101	101 00101번

평가문제 답안입력 유의사항

❶ 답안은 지정된 단위의 숫자로만 입력해 주십시오.
  * 한글 등 문자 금지

❷ 답안에 천원단위(000) 입력 시 더존 프로그램 숫자 입력 방법과 다르게 숫자키패드 '+' 기능은 지원되지 않습니다.
❸ 더존 프로그램에서 조회되는 자료를 복사하여 붙여넣기가 가능합니다.
❹ 수행과제를 올바르게 입력하지 않고 작성한 답과 모범답안이 다른 경우 오답처리됩니다.

번 호	평가문제	배 점
11	**평가문제 [거래처등록 조회]** 거래처등록과 관련된 내용 중 옳지 않은 것은? ① '03100.(주)리즈온'의 대표자성명은 '김리즈'이다. ② '03100.(주)리즈온'의 주업종은 '방향제 도소매업'이다. ③ '03101.깨끗해'의 사업자등록번호는 '110-81-02129'이다. ④ '03101.깨끗해'의 담당자메일주소는 'white@bill36524.com'이다.	4
12	**평가문제 [예적금현황 조회]** 12월 말 은행별 예금 잔액으로 옳은 것은? ① 국민은행(보통) 31,680,000원 ② 기업은행(보통) 1,628,660원 ③ 우리은행(보통) 2,870,000원 ④ 축협은행(보통) 8,000,000원	4
13	**평가문제 [거래처원장 조회]** 6월 말 거래처별 '251.외상매입금' 잔액으로 옳지 않은 것은? ① 01121.(주)더좋은화장품 3,730,000원 ② 02256.(주)순수해 4,500,000원 ③ 04010.(주)뷰티천국 14,000,000원 ④ 04201.(주)샤인스타 22,000,000원	3
14	**평가문제 [거래처원장 조회]** 6월 말 거래처별 '253.미지급금' 잔액으로 옳지 않은 것은? ① 00566.(주)탐브라운 35,500,000원 ② 03004.아빠곰탕 310,000원 ③ 99601.신한카드 8,000원 ④ 99602.농협카드 1,860,000원	4
15	**평가문제 [거래처원장 조회]** 12월 말 '108.외상매출금' 잔액이 가장 적은 거래처코드를 기록하시오. (　　.　)	3
16	**평가문제 [거래처원장 조회]** 12월 말 '50013.(주)더존소프트'의 '253.미지급금' 잔액은 얼마인가? (　　)원	3
17	**평가문제 [현금출납장 조회]** 당기 '현금' 출금 금액은 얼마인가? (　　)원	2
18	**평가문제 [총계정원장 조회]** 당기에 발생한 '812.여비교통비'의 월별 금액이 옳지 않은 것은? ① 9월 288,000원 ② 10월 8,000원 ③ 11월 41,800원 ④ 12월 186,700원	3
19	**평가문제 [총계정원장 조회]** 당기 중 '254.예수금'의 차변 감소 금액이 가장 적은 월은 몇 월인가? (　　)월	3
20	**평가문제 [일/월계표 조회]** 9월 한 달 동안 '가지급금'의 대변 감소 금액은 얼마인가? (　　)원	3

번 호	평가문제	배 점
21	**평가문제 [일/월계표 조회]** 10월 한 달 동안 발생한 '복리후생비' 금액은 얼마인가? ( )원	3
22	**평가문제 [일/월계표 조회]** 12월 한 달 동안 발생한 '도서인쇄비' 금액은 얼마인가? ( )원	3
23	**평가문제 [손익계산서 조회]** 당기에 발생한 '판매비와관리비'의 금액으로 옳지 않은 것은? ① 복리후생비 14,532,950원 ② 접대비 12,554,500원 ③ 임차료 10,250,000원 ④ 통신비 1,295,110원	3
24	**평가문제 [손익계산서 조회]** 당기에 발생한 '상품매출'은 얼마인가? ( )원	3
25	**평가문제 [손익계산서 조회]** 당기에 발생한 '상품매출원가'는 얼마인가? ( )원	2
26	**평가문제 [손익계산서 조회]** 당기에 발생한 '세금과공과금'은 얼마인가? ( )원	4
27	**평가문제 [재무상태표 조회]** 12월 말 '소모품' 잔액은 얼마인가? ( )원	4
28	**평가문제 [재무상태표 조회]** 12월 말 '선급금' 잔액은 얼마인가? ( )원	3
29	**평가문제 [재무상태표 조회]** 12월 말 '무형자산' 잔액은 얼마인가? ( )원	3
30	**평가문제 [재무상태표 조회]** 12월 말 '자본금' 잔액은 얼마인가? ① 427,832,280원 ② 527,732,280원 ③ 637,832,280원 ④ 727,732,280원	2
총 점		62

PART 2

회계정보를 조회하여 [회계정보분석]의 답안을 입력하시오.

31　재무상태표 조회 (4점)
당좌비율은 유동자산 중 현금화할 수 있는 당좌자산으로 단기채무를 충당할 수 있는 정도를 나타내는 비율이다. 전기말 당좌비율을 계산하면 얼마인가?(단, 소숫점 이하는 버림할 것)

$$당좌비율(\%) = \frac{당좌자산}{유동부채} \times 100$$

① 350%

② 371%

③ 380%

④ 391%

32　손익계산서 조회 (4점)
영업이익률이란 기업의 주된 영업활동에 의한 성과를 판단하는 지표이다. 전기분 영업이익률은 얼마인가?(단, 소숫점 이하는 버림할 것)

$$영업이익률(\%) = \frac{영업이익}{매출액} \times 100$$

① 22%

② 32%

③ 305%

④ 336%

응시시간 : 60분

실무이론평가

아래 문제에서 특별한 언급이 없으면 기업의 보고기간(회계기간)은 매년 1월 1일부터 12월 31일까지입니다. 또한 기업은 일반기업회계기준 및 관련 세법을 계속적으로 적용하고 있다고 가정하고 물음에 가장 합당한 답을 고르시기 바랍니다.

01 다음과 같은 거래 요소의 결합관계에 해당하는 거래는?

(차) 자산의 증가	(대) 부채의 증가

① 종업원급여 5,000,000원을 현금으로 지급하다.
② 상품 300,000원을 외상으로 판매하다.
③ 은행으로부터 1,000,000원을 1년간 차입하여 보통예금으로 입금하다.
④ 전기에 발생한 매출채권 200,000원을 현금으로 회수하다.

02 다음 거래를 분개할 때 수익과 비용의 변동이 있는 경우가 아닌 것은?

① 거래처에 대한 받을어음 100,000원을 현금으로 회수하였다.
② 거래처 대여금에 대한 이자 200,000원이 보통예금 계좌로 입금되었다.
③ 종업원에 대한 급여 미지급액 2,000,000원을 결산 반영하였다.
④ 직원들의 회식비로 현금 500,000원을 지급하였다.

03 다음 중 재무상태표에 대한 설명으로 옳지 않은 것은?

① 자산과 부채는 원칙적으로 상계하여 표시하지 않는다.
② 자산과 부채는 1년을 기준으로 유동과 비유동으로 분류하는 것이 원칙이다.
③ 재무상태표는 정보이용자에게 기업의 유동성, 재무적 탄력성 등을 평가하는데 유용한 정보를 제공한다.
④ 재무상태표의 기본요소는 자산, 부채 및 수익이다.

04 다음은 한공상사의 외상매출금과 관련된 내용이다. 당기의 외상매출금 회수액은 얼마인가?

• 외상매출금 기초금액	40,000원
• 당기 외상매출액	180,000원
• 외상매출금 기말금액	60,000원

① 160,000원

② 180,000원

③ 200,000원

④ 240,000원

05 다음은 한공상사의 건물 취득과 관련된 자료이다. 건물의 취득원가는 얼마인가?

• 건물 구입 금액	20,000,000원	• 구입 시 중개수수료	200,000원
• 취득세	920,000원	• 건물 취득 후 납부한 화재보험료	80,000원

① 20,000,000원

② 20,200,000원

③ 21,120,000원

④ 21,200,000원

06 다음 중 기말재고자산에 포함되지 않는 항목은?

① 상 품

② 원재료

③ 제 품

④ 건설중인자산

07 다음 자료를 토대로 도 · 소매업을 운영하는 한공상사의 영업이익을 계산하면 얼마인가?

손익계산서

한공상사 2023년 1월 1일부터 2023년 12월 31일까지 (단위 : 원)

비 용	금 액	수 익	금 액
매출원가	200,000	매 출	400,000
급 여	60,000		
복리후생비	10,000		
임차료	50,000		
기부금	20,000		
당기순이익	60,000		
	400,000		400,000

① 50,000원

② 70,000원

③ 80,000원

④ 100,000원

08 다음은 회계부서 팀원 간의 대화이다. (가)에 들어갈 계정과목으로 옳은 것은?

한과장 : 김대리. 어제 노인회관에 무상으로 제공한 난방기는 어떻게 처리했나요?

김대리 : 네. 무상으로 제공한 난방기는 (가) 계정으로 회계처리 했습니다.

① 기부금

② 접대비

③ 복리후생비

④ 광고선전비

09   다음 중 결산정리사항에 해당하지 않는 것은?

① 단기차입금의 상환
② 감가상각비의 계상
③ 선급비용의 계상
④ 미수이자의 계상

10   다음은 한공상사의 대손충당금 관련 자료이다. 당기말 대손충당금 잔액은 얼마인가?

- 기초 대손충당금 잔액은 30,000원이다.
- 당기중 매출채권 10,000원을 대손처리하였다.
- 기말 결산 시 대손상각비 20,000원을 계상하였다.

① 10,000원
② 20,000원
③ 30,000원
④ 40,000원

순양가구(회사코드 4165)는 가구 도소매업을 운영하는 개인기업으로, 회계기간은 제7기(2023.1.1. ~ 2023.12.31.)이다. 제시된 자료와 [자료설명]을 참고하여, [수행과제]를 완료하고 [평가문제]의 물음에 답하시오.

실무수행 유의사항	1. 타계정 대체와 관련된 적요는 반드시 코드를 입력하여야 한다. 2. 채권·채무, 예금거래 등 관리대상 거래자료에 대하여는 거래처코드를 반드시 입력한다. 3. 자금관리 등 추가 작업이 필요한 경우 문제의 요구에 따라 추가 작업하여야 한다. 4. 등록된 계정과목 중 가장 적절한 계정과목을 선택한다. 5. 부가가치세는 고려하지 않는다.

실무수행 1　기초정보관리의 이해

회계관련 기초정보는 입력되어 있다. [자료설명]을 참고하여 [수행과제]를 수행하시오.

1 사업자등록증에 의한 회사등록 수정

사 업 자 등 록 증
(일반과세자)
등록번호: 220-32-10078

상　　　　호: 순양가구
대　표　　자: 이현진
개 업 년 월 일: 2017년 2월 13일
사업장 소재지: 서울특별시 서대문구 충정로7길 29-11
　　　　　　　(충정로3가)

사 업 의 종 류: 업태 도소매업　종목 가구

교 부 사 유: 사업장이전

사업자단위과세 적용사업자여부: 여( ) 부(√)

2023년　1월　9일
서대문 세무서장 (인)

자료설명	순양가구는 사업장을 이전하고 서대문세무서로부터 사업자등록증을 변경 발급받았다.
수행과제	회사등록 메뉴에서 변경된 내용을 반영하시오.

② 계정과목 추가 및 적요등록 수정

자료설명	순양가구는 가구협회에 회원으로 가입하고, 매월 납부할 회비를 계정과목으로 등록하여 사용하려고 한다.
수행과제	'850.회사설정계정과목'을 '850.협회비'로 수정하고, 표준재무제표용 표준코드와 현금적요를 등록하시오. – 계정구분 : 4.경비, 표준코드 : 058.①기타 – 현금적요 : 01.가구협회 회비 현금 납부

실무수행 2 거래자료 입력

실무프로세스 자료이다. [자료설명]을 참고하여 [수행과제]를 수행하시오.

① 증빙에 의한 전표입력

신용카드매출전표

```
카드종류: 국민카드
회원번호: 4447-8664-****-7**9
거래일시: 2023.03.21.  20:05:16
거래유형: 신용승인
매    출: 200,000원
합    계: 200,000원
결제방법: 일시불
승인번호: 26785995
```

가맹점명: (주)대양문구(110-81-45128)

- 이 하 생 략 -

자료설명	사무실에서 사용할 소모품을 구입하면서 국민카드로 결제하고 받은 신용카드 매출전표이다.
수행과제	거래자료를 입력하시오.(단, '비용'으로 회계처리할 것)

② 증빙에 의한 전표입력

영 수 증 (공급받는자용)

NO		**순양가구** 귀하		
공급자	사업자등록번호	305-12-34510		
	상 호	친절퀵서비스	성명	김지성
	사업장소재지	서울특별시 서대문구 독립문공원길 99 (현저동)		
	업 태	서비스업	종목	포장, 배송
작성일자	공급대가총액		비고	
2023.4.11.	17,000원			
공 급 내 역				
월/일	품명	수량	단가	금액
4/11	배송비			17,000
합 계	17,000원			
위 금액을 (영수)(청구)함				

자료설명	포장 및 배송 전문업체인 친절퀵서비스에 판매상품 배송을 요청하고 당사부담 배송비는 현금으로 지급하였다.
수행과제	거래자료를 입력하시오.

③ 기타 일반거래

영수증 (입금증, 영수증, 계산서, 전자통장거래확인증 등 겸용)

타 행 송금의뢰 확인증

2023 년 5 월 9 일

입금 은행 : 수협은행	대 체 : ₩3,300,000
입금 계좌 : 1235-12-3252000	
수 취 인 : 재벌가구	
적 요 :	합 계 : ₩3,300,000
의 뢰 인 : 순양가구	송금수수료 : 0

유성지점　　　(☎ 1544-9999)

국민은행

자료설명	[5월 9일] 재벌가구의 상품 외상매입대금 중 일부를 국민은행 보통예금 계좌에서 지급하였다.
수행과제	거래자료를 입력하시오.

④ 기타 일반거래

■ 보통예금(신협은행) 거래내역

번 호	거래일	내 용	찾으신금액	맡기신금액	잔 액	거래점
		계좌번호 201-6611-04712 순양가구				
1	2023-6-7	주식매입	3,000,000		***	***

자료설명	단기매매차익을 목적으로 거래소에 상장된 (주)대박의 주식 100주(주당 액면금액 10,000원)를 주당 30,000원에 매입하고, 대금은 신협은행 보통예금 계좌에서 이체하였다.
수행과제	거래자료를 입력하시오.

⑤ 재고자산의 매출거래

거래명세서

(공급자 보관용)

공급자	등록번호	220-32-10078			공급받는자	등록번호	211-28-35011		
	상호	순양가구	성명	이현진		상호	가구천국	성명	이나경
	사업장주소	서울특별시 서대문구 충정로7길 29-11 (충정로3가)				사업장주소	서울특별시 구로구 개봉로1길 188		
	업태	도소매업	종사업장번호			업태	도매업	종사업장번호	
	종목	가구				종목	일반가구		

거래일자	미수금액	공급가액	총 합계금액
2023.9.13.		2,500,000	2,500,000

NO	월	일	품목명	규격	수량	단가	공급가액	합계
1	9	13	사무용 가구		5	500,000	2,500,000	2,500,000

자료설명	가구천국에 상품을 판매하고 발급한 거래명세서이며, 대금은 전액 외상으로 하였다.
수행과제	거래자료를 입력하시오.

⑥ 약속어음 발행거래

<table>
<tr><td colspan="2" align="center">전 자 어 음</td></tr>
<tr><td>(주)가구나라 귀하</td><td>00420231023123456789</td></tr>
<tr><td>금 칠백만원정</td><td>7,000,000원</td></tr>
<tr><td colspan="2" align="center">위의 금액을 귀하 또는 귀하의 지시인에게 지급하겠습니다.</td></tr>
<tr><td>지급기일 2023년 12월 31일
지 급 지 국민은행
지급장소 서대문지점</td><td>발행일 2023년 10월 23일
발행지 서울특별시 서대문구 충정로7길
주 소 29-11 (충정로3가)
발행인 순양가구</td></tr>
</table>

자료설명	[10월 23일] (주)가구나라에서 상품 7,000,000원을 매입하고, 대금은 전자어음을 발행하여 지급하였다.
수행과제	1. 거래자료를 입력하시오. 2. 자금관련정보를 입력하여 지급어음현황에 반영하시오.(단, 등록된 어음을 사용할 것)

⑦ 통장사본에 의한 거래입력

■ 보통예금(농협은행) 거래내역

번 호	거래일	내 용	찾으신금액	맡기신금액	잔 액	거래점
		\multicolumn{5}{c}{계좌번호 112-01-123154 순양가구}				
1	2023-11-22	매출 계약금		4,400,000	***	***

자료설명	(주)서영전자의 상품매출 계약금이 농협은행 보통예금 계좌에 입금된 거래내역이다.
수행과제	거래자료를 입력하시오.

⑧ 기타 일반거래

자료 1. 급여대장

직급	성명	급여	공제액			차감지급액
			소득세 등	건강보험료 등	공제액합계	
과 장	우석근	3,500,000원	156,440원	301,760원	458,200원	3,041,800원
대 리	남수현	3,000,000원	93,330원	297,760원	391,090원	2,608,910원
합 계		6,500,000원	249,770원	599,520원	849,290원	5,650,710원

2023년 12월 급여대장

자료 2. 보통예금(신한은행) 거래내역

번 호	거래일	내 용	찾으신금액	맡기신금액	잔 액	거래점
		계좌번호 308-24-374555 순양가구				
1	2023-12-26	급 여	5,650,710		***	***

자료설명	12월분 급여를 신한은행 보통예금 계좌에서 이체하여 지급한 내역이다.
수행과제	거래자료를 입력하시오.(공제액합계는 '예수금'으로 처리할 것)

실무수행 3 전표수정

실무프로세스 자료이다. [자료설명]을 참고하여 [수행과제]를 수행하시오.

① 입력자료 수정

NO 20230215 **입 금 표** (공급자용)

대한자동차 귀하

공급자	사업자등록번호	220-32-10078		
	상호	순양가구	성명	이현진
	사업장소재지	서울특별시 서대문구 충정로7길 29-11 (충정로3가)		
	업태	도소매업	종목	가구

작성일	공급대가총액	비고
2023.2.15.	6,600,000	

공 급 내 역

월/일	품명	수량	단가	금액
2/15	화물차			6,600,000
합 계	₩6,600,000			

위 금액을 영수(청구)함

자료설명	[2월 15일] 배달용 차량을 중고로 판매하고 발생한 미수금을 현금으로 받고 발급한 입금표이다.
수행과제	1월 13일 거래자료를 참고하여 입력자료를 적절하게 수정하시오.

② 입력자료 수정

2023년 9월 청구서

작성일자: 2023.10. 1.
납부기한: 2023.10.20.

금　액	232,000원
고객명	순양가구
이용번호	02-314-1245
명세서번호	25328
이용기간	9월 1일~9월 30일
9월 이용요금	232,000원
공급자등록번호	110-81-92484
공급받는자 등록번호	220-32-10078
공급가액	232,000원
부가가치세(VAT)	0원
10원미만 할인요금	0원
입금전용계좌	국민은행

(주)케이티 서대문지점(전화국)

자료설명	통신요금의 납부 내역을 확인한 결과 10월 1일에 이중으로 입력되었음을 발견하였다.(회사는 작성일자로 미지급금을 계상하고 납부기한일에 자동이체하여 지급하고 있다)
수행과제	9월분 청구서를 참고하여 적절하게 처리하시오.

실무수행 4 결산

[결산자료]를 참고하여 결산을 수행하시오.(단, 제시된 자료 이외의 자료는 없다고 가정함)

① 수동결산 및 자동결산

자료설명	1. 장기대여금에 대한 당기 기간경과분 미수이자 790,000원을 계상하다. 2. 기말상품재고액은 34,000,000원이다.
수행과제	1. 수동결산 또는 자동결산 메뉴를 이용하여 결산을 완료하시오. 2. 12월 31일을 기준으로 '손익계산서 ➡ 재무상태표'를 순서대로 조회 작성하시오. 　(단, 손익계산서 조회 작성 시 상단부 [기능모음]의 '추가'를 이용하여 '손익대체분개'를 수행할 것)

입력자료 및 회계정보를 조회하여 [평가문제]의 답안을 입력하시오.

평가문제 답안입력 유의사항		
❶ 답안은 지정된 단위의 숫자로만 입력해 주십시오. * 한글 등 문자 금지		

	정 답	오답(예)
(1) 금액은 원 단위로 숫자를 입력하되, 천 단위 콤마(,)는 생략 가능합니다.	1,245,000 1245000	1.245.000 1,245,000원 1,245,0000 12,45,000 1,245천원

(1-1) 답이 0원인 경우 반드시 "0" 입력
   (1-2) 답이 음수(-)인 경우 숫자 앞에 "-" 입력
   (1-3) 답이 소수인 경우 반드시 "." 입력		

(2) 질문에 대한 답안은 숫자로만 입력하세요.	4	04 4건/매/명 04건/매/명
(3) 거래처 코드번호는 5자리 숫자로 입력하세요.	00101	101 00101번

❷ 답안에 천원단위(000) 입력 시 더존 프로그램 숫자 입력 방법과 다르게 숫자키패드 '+' 기능은 지원되지 않습니다.

❸ 더존 프로그램에서 조회되는 자료를 복사하여 붙여넣기가 가능합니다.

❹ 수행과제를 올바르게 입력하지 않고 작성한 답과 모범답안이 다른 경우 오답처리됩니다.

번 호	평가문제	배 점
11	**평가문제 [회사등록 조회]** 회사등록과 관련된 내용 중 옳지 않은 것은? ① 대표자성명은 '이현진'이다. ② 업태는 '도소매업'이다. ③ 사업장은 '서울특별시 강남구'에 위치하고 있다. ④ 사업장 세무서는 '서대문세무서'이다.	4
12	**평가문제 [계정과목및적요등록 조회]** '850.협회비' 계정과 관련된 내용으로 옳지 않은 것은? ① 구분은 '4.경비'이다. ② 표준재무제표항목의 표준코드 '048.판매수수료'를 사용하고 있다. ③ 현금적요는 1개를 사용하고 있다. ④ 대체적요는 사용하고 있지 않다.	4
13	**평가문제 [예적금현황 조회]** 12월 말 은행별 예금 잔액으로 옳지 않은 것은? ① 국민은행(보통) 1,701,000원 ② 농협은행(보통) 32,459,000원 ③ 신한은행(보통) 349,290원 ④ 신협은행(보통) 6,000,000원	4
14	**평가문제 [거래처원장 조회]** 5월 말 '251.외상매입금' 잔액이 가장 많은 거래처 코드를 기입하시오. ( )	3
15	**평가문제 [거래처원장 조회]** 9월 말 가구천국(코드 : 01131)의 '108.외상매출금' 잔액은 얼마인가? ( )원	3
16	**평가문제 [거래처원장 조회]** 12월 말 국민카드(코드 : 99600)의 '253.미지급금' 잔액은 얼마인가? ( )원	3
17	**평가문제 [지급어음현황 조회]** 2023년에 만기가 도래하는 '252.지급어음' 금액은 얼마인가? ( )원	3
18	**평가문제 [현금출납장 조회]** 4월 말 '현금' 잔액은 얼마인가? ( )원	3
19	**평가문제 [일/월계표 조회]** 10월 한 달 동안 매입한 '상품' 금액은 얼마인가? ( )원	3
20	**평가문제 [일/월계표 조회]** 10월 한 달 동안 '미지급금'의 감소액(차변 합계)은 얼마인가? ( )원	3

번 호	평가문제	배 점
21	**평가문제 [손익계산서 조회]** 당기에 발생한 '판매비와관리비'의 계정 중 금액이 올바르지 않은 것은? ① 급여 297,289,000원 ② 통신비 1,772,110원 ③ 운반비 794,400원 ④ 도서인쇄비 288,000원	3
22	**평가문제 [손익계산서 조회]** 당기에 발생한 '상품매출' 금액은 얼마인가? <div align="right">( )원</div>	4
23	**평가문제 [손익계산서 조회]** 당기에 발생한 '소모품비' 금액은 얼마인가? <div align="right">( )원</div>	3
24	**평가문제 [손익계산서 조회]** 당기에 발생한 '이자수익'은 얼마인가? <div align="right">( )원</div>	3
25	**평가문제 [재무상태표 조회]** 12월 말 '단기매매증권' 잔액은 얼마인가? <div align="right">( )원</div>	3
26	**평가문제 [재무상태표 조회]** 12월 말 '미수수익' 잔액은 얼마인가? <div align="right">( )원</div>	2
27	**평가문제 [재무상태표 조회]** 12월 말 '미수금' 잔액은 얼마인가? <div align="right">( )원</div>	3
28	**평가문제 [재무상태표 조회]** 12월 말 '예수금' 잔액은 얼마인가? <div align="right">( )원</div>	3
29	**평가문제 [재무상태표 조회]** 12월 말 '선수금' 잔액은 얼마인가? <div align="right">( )원</div>	3
30	**평가문제 [재무상태표 조회]** 12월 말 '자본금' 잔액은 얼마인가? ① 568,771,270원 ② 720,435,170원 ③ 820,435,170원 ④ 920,435,170원	2
총 점		62

회계정보를 조회하여 [답안수록] 메뉴에 해당문제의 답안을 입력하시오.

31　손익계산서 조회 (4점)

이자보상비율은 기업의 채무상환능력을 나타내는 지표이다. 전기분 이자보상비율은 얼마인가?(단, 소숫점 이하는 버림할 것)

$$이자보상비율(\%) = \frac{영업이익}{이자비용} \times 100$$

① 1,280%

② 1,488%

③ 2,420%

④ 2,670%

32　재무상태표 조회 (4점)

부채비율은 기업의 지급능력을 측정하는 비율로 높을수록 채권자에 대한 위험이 증가한다. 전기분 부채비율은 얼마인가?(단, 소숫점 이하는 버림할 것)

$$부채비율(\%) = \frac{부채총계}{자기자본(자본총계)} \times 100$$

① 51%

② 64%

③ 194%

④ 201%

실무이론평가

아래 문제에서 특별한 언급이 없으면 기업의 보고기간(회계기간)은 매년 1월 1일부터 12월 31일까지입니다. 또한 기업은 일반기업회계기준 및 관련 세법을 계속적으로 적용하고 있다고 가정하고 물음에 가장 합당한 답을 고르시기 바랍니다.

01 다음 중 아래 거래요소의 결합관계에 해당하는 거래는 무엇인가?

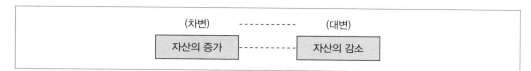

① 투자자로부터 시가 5,000,000원의 건물을 기증받다.
② 단기차입금 600,000원을 현금으로 지급하다.
③ 거래처로부터 받을어음 대금 800,000원을 현금으로 수취하다.
④ 종업원급여 1,500,000원을 보통예금 계좌에서 이체하여 지급하다.

02 다음 중 재무제표의 기본요소에 대한 설명으로 옳지 않은 것은?

① 자산은 미래에 경제적 효익을 창출할 것으로 기대되는 자원이다.
② 자산은 현재 기업실체에 의해 지배되어야 한다.
③ 부채는 기업실체가 현재 시점에서 부담하여야 하는 경제적 의무이다.
④ 부채는 미래에 자원의 유입이 예상되는 권리이다.

03 다음에서 설명하는 회계의 기본가정으로 옳은 것은?

> • 회계순환과정에 있어 기말결산정리를 하게 되는 근거가 되는 가정이다.
> • 기업실체 존속기간을 일정한 기간 단위로 분할하여 각 기간에 대해 경제적 의사결정에 유용한 정보를 보고하는 것이다.

① 계속기업의 가정
② 기업실체의 가정
③ 화폐단위의 가정
④ 기간별 보고의 가정

04 다음 중 회계의 순환과정에서 재무제표가 작성되는 순서로 옳은 것은?

① 분개장 → 시산표 → 총계정원장 → 재무제표
② 분개장 → 총계정원장 → 시산표 → 재무제표
③ 총계정원장 → 분개장 → 시산표 → 재무제표
④ 총계정원장 → 시산표 → 분개장 → 재무제표

05 다음 자료를 토대로 한공상사의 외상매출금 당기 회수액을 계산하면 얼마인가?

• 기초금액	32,000원
• 당기 외상매출액	200,000원
• 기말금액	40,000원

① 160,000원
② 192,000원
③ 200,000원
④ 208,000원

06 다음은 한공상사의 건물 취득과 관련된 자료이다. 건물의 취득원가는 얼마인가?

• 건물 구입금액 :	10,000,000원	• 건물 구입 시 중개수수료 :	100,000원
• 건물 취득세 :	70,000원	• 건물 구입 후 납부한 화재보험료 :	50,000원

① 10,000,000원

② 10,100,000원

③ 10,170,000원

④ 10,220,000원

07 다음 자료를 토대로 기초자본과 비용총액을 계산하면 얼마인가?(자본거래는 없는 것으로 가정한다)

• 기초자산	250,000원	• 기초부채	120,000원
• 기말자본	160,000원	• 수익총액	80,000원

	기초자본	비용총액
①	100,000원	30,000원
②	100,000원	50,000원
③	130,000원	30,000원
④	130,000원	50,000원

08 다음은 한공상사가 구입한 화환의 영수증이다. 화환을 (가) 거래처 직원의 결혼식에 제공하는 경우와 (나) 한공상사 직원의 결혼식에 제공하는 경우의 계정과목으로 옳은 것은?

```
              영 수 증
                              2023/10/08
 ----------------------------------------------
 예쁜꽃화원              Tel. (02)222-6430
 서울 금천구 가산로 115
 214-12-45123
 ----------------------------------------------
   종 명      수 량   단 가     금 액
   결혼식화환                     80,000
 ----------------------------------------------
                    합계 : 80,000원
              감사합니다.
```

	(가)	(나)
①	복리후생비	접대비
②	접대비	복리후생비
③	복리후생비	기부금
④	기부금	복리후생비

09 다음 자료를 토대로 대손처리 후 대손충당금 잔액을 계산하면 얼마인가?

- 2023년 1월 1일   : 대손충당금 잔액 250,000원
- 2023년 10월 12일 : 거래처 파산으로 외상매출금 120,000원과 받을어음 50,000원이 회수불능으로 판명되다.

① 80,000원
② 120,000원
③ 130,000원
④ 170,000원

10 다음은 한공상사 영업팀 출장 관련 자료이다. 11월 5일의 회계처리로 옳은 것은?

- 11월 2일　　경리담당자는 영업팀 김대리에게 출장비 300,000원을 사전에 현금으로 지급하였다.
- 11월 5일　　출장을 마치고 돌아온 김대리는 증빙을 첨부하여 출장비로 350,000원을 보고하였으며,
　　　　　　차액은 현금으로 정산되었다.

회계처리 :

가. (차) 여비교통비　　　　350,000원　　(대) 현 금　　　　　　350,000원

나. (차) 가지급금　　　　　350,000원　　(대) 현 금　　　　　　 50,000원
　　　　　　　　　　　　　　　　　　　　　　　가지급금　　　　300,000원

다. (차) 여비교통비　　　　350,000원　　(대) 현 금　　　　　　 50,000원
　　　　　　　　　　　　　　　　　　　　　　　가지급금　　　　300,000원

라. (차) 가수금　　　　　　350,000원　　(대) 현 금　　　　　　 50,000원
　　　　　　　　　　　　　　　　　　　　　　　가지급금　　　　300,000원

---

① 가

② 나

③ 다

④ 라

바오바오(회사코드 4166)는 인형 및 장난감 도소매업을 운영하는 개인기업으로, 회계기간은 제7기(2023.1.1. ~ 2023.12.31.)이다. 제시된 자료와 [자료설명]을 참고하여, [수행과제]를 완료하고 [평가문제]의 물음에 답하시오.

실무수행 유의사항	1. 타계정 대체와 관련된 적요는 반드시 코드를 입력하여야 한다. 2. 채권·채무, 예금거래 등 관리대상 거래자료에 대하여는 거래처코드를 반드시 입력한다. 3. 자금관리 등 추가 작업이 필요한 경우 문제의 요구에 따라 추가 작업하여야 한다. 4. 등록된 계정과목 중 가장 적절한 계정과목을 선택한다. 5. 부가가치세는 고려하지 않는다.

실무수행 1   기초정보관리의 이해

회계관련 기초정보는 입력되어 있다. [자료설명]을 참고하여 [수행과제]를 수행하시오.

① 사업자등록증에 의한 거래처등록

자료설명	울릉아트(코드 00123)의 변경된 사업자등록증 사본을 받았다.
수행과제	사업자등록증의 변경내용을 확인하여 사업장주소와 담당자 메일주소를 수정 및 입력하시오.

② 전기분 재무상태표의 입력수정

재 무 상 태 표

제6(당)기 2022.12.31. 현재
제5(전)기 2021.12.31. 현재

바오바오 (단위: 원)

과 목	제6기 (2022.12.31.)		제5기 (2021.12.31.)	
자 산				
Ⅰ. 유 동 자 산		407,180,000		414,375,000
(1) 당 좌 자 산		350,180,000		329,255,000
현 금		10,001,280		1,250,000
보 통 예 금		254,780,000		14,300,000
외 상 매 출 금	95,000,000		179,500,000	
대 손 충 당 금	22,400,000	72,600,000	1,795,000	177,705,000
받 을 어 음	12,928,000			136,000,000
대 손 충 당 금	129,280	12,798,720		0
(2) 재 고 자 산		57,000,000		85,120,000
상 품		57,000,000		85,120,000
Ⅱ. 비 유 동 자 산		87,600,000		89,136,000
(1) 투 자 자 산		0		0
(2) 유 형 자 산		57,600,000		34,136,000
차 량 운 반 구	60,000,000		32,600,000	
감 가 상 각 누 계 액	12,000,000	48,000,000	5,100,000	27,500,000
비 품	12,000,000		8,500,000	
감 가 상 각 누 계 액	2,400,000	9,600,000	1,864,000	6,636,000
(3) 무 형 자 산		0		0
(4) 기 타 비 유 동 자 산		30,000,000		55,000,000
임 차 보 증 금		30,000,000		55,000,000
자 산 총 계		494,780,000		503,511,000
부 채				
Ⅰ. 유 동 부 채		88,490,000		79,730,000
외 상 매 입 금		13,700,000		50,250,000
지 급 어 음		5,300,000		3,000,000
미 지 급 금		9,700,000		16,000,000
예 수 금		1,350,000		480,000
단 기 차 입 금		58,440,000		10,000,000
Ⅱ. 비 유 동 부 채		0		0
부 채 총 계		88,490,000		79,730,000
자 본				
자 본 금		406,290,000		423,781,000
(당 기 순 이 익				
108,980,000)				
자 본 총 계		406,290,000		423,781,000
부 채 와 자 본 총 계		494,780,000		503,511,000

자료설명	전기(제6기)분 재무제표는 입력되어 있으며 재무제표 검토결과 입력오류를 발견하였다.
수행과제	입력이 누락되었거나 오류부분을 찾아 수정입력하시오.

실무수행 2 거래자료 입력

실무프로세스 자료이다. [자료설명]을 참고하여 [수행과제]를 수행하시오.

① **통장사본에 의한 거래입력**

■ 보통예금(기업은행) 거래내역

번 호	거래일	내 용	찾으신금액	맡기신금액	잔 액	거래점
		계좌번호 764502-01-047720 바오바오				
1	2023-2-17	차입금이자	584,400		***	***

자료설명	단기차입금에 대한 이자비용을 기업은행 보통예금 계좌에서 이체하여 지급하였다.
수행과제	거래자료를 입력하시오.

② **증빙에 의한 전표입력**

영 수 증

2023/3/2

성보카정비 (T.02-823-1234)

서울특별시 서대문구 충정로7길 29-8
(충정로3가)

123-45-67891

품 목	수 량	단 가	금 액
오일교체	1	30,000	30,000

합계: 30,000원

감사합니다.

자료설명	업무용 승용차의 엔진오일을 교체하고, 대금은 다음달에 지급하기로 하였다.(단, '차량유지비'로 처리할 것)
수행과제	거래자료를 입력하시오.

③ 기타 일반거래

출장비 정산서

일 자	출발지	도착지	KTX	숙박비	식 대	계
2023.3.18.	서 울	부 산	47,500원	100,000원	40,000원	187,500원
2023.3.21.	부 산	서 울	47,500원	–	60,000원	107,500원
합 계			95,000원	100,000원	100,000원	295,000원
지급받은금액						250,000원
추가지급액						45,000원

자료설명	[3월 22일] 출장을 마친 직원(김태연)의 출장비 내역을 보고받고, 차액은 현금으로 지급하였다.
수행과제	3월 15일의 거래를 확인하여 거래자료를 입력하시오. (단, 출장비 지출내역은 '여비교통비'로 처리하고, '가지급금'은 거래처를 입력할 것)

④ 약속어음 수취거래

전 자 어 음

바오바오 귀하　　　　　　　　　00420230426123456789

금 오백만원정　　　　　　　　　**5,000,000원**

위의 금액을 귀하 또는 귀하의 지시인에게 지급하겠습니다.

지급기일	2023년 7월 31일	**발행일**	2023년 4월 26일
지 급 지	국민은행	**발행지**	서울특별시 서대문구
지급장소	강남지점	**주 소**	홍제내2나길 29
		발행인	(주)현진아트

자료설명	[4월 26일] (주)현진아트의 상품 외상매출대금 일부를 전자어음으로 수취하였다.
수행과제	1. 거래자료를 입력하시오. 2. 자금관련정보를 입력하여 받을어음현황에 반영하시오.

PART 2

⑤ 재고자산의 매출거래

거래명세서 (공급자 보관용)

공급자	등록번호	109-09-67470			공급받는자	등록번호	119-54-37124		
	상호	바오바오	성명	고지후		상호	장난감나라	성명	조수민
	사업장 주소	서울특별시 서대문구 충정로7길 29-13 (충정로3가)				사업장 주소	서울특별시 서대문구 독립문로8길 120 (북아현동)		
	업태	도소매업	종사업장번호			업태	도소매업	종사업장번호	
	종목	인형, 장난감				종목	인형, 잡화		

거래일자	미수금액	공급가액	세액	총 합계금액
2023.5.27.		800,000		800,000

NO	월	일	품목명	규격	수량	단가	공급가액	세액	합계
1	5	27	곰인형		80	10,000	800,000		800,000

자료설명	상품을 외상으로 매출하고 발급한 거래명세서이다.
수행과제	거래내역을 입력하시오.

⑥ 기타 일반거래

영수증 (입금증, 영수증, 계산서, 전자통장거래확인증 등 겸용)

타행 송금의뢰 확인증

2023 년 7 월 20 일

입금 은행 : 농협은행
입금 계좌 : 1235-12-3252000
수 취 인 : (주)소윤문구
적 요 :
의 뢰 인 바오바오

대 체 : ₩5,665,000
─────────────────
합 계 : ₩5,665,000
송금수수료 : 0

유성지점 (☎ 1544-9999) 국민은행

자료설명	[7월 20일] (주)소윤문구의 상품 외상매입대금 일부를 국민은행 보통예금 계좌에서 인출하여 송금하였다.
수행과제	거래자료를 입력하시오.

⑦ 증빙에 의한 전표입력

<table>
<tr><td colspan="5" align="center">매 출 전 표</td></tr>
<tr><td colspan="2">카드종류
신한카드</td><td colspan="3">거래일자
2023.8.10.10:13:42</td></tr>
<tr><td colspan="5">카드번호(CARD NO)
4658-1232-****-45**</td></tr>
<tr><td colspan="2">승인번호
20230810101234</td><td>금액
AMOUNT</td><td>백</td><td>천
4 9 0 0 0 0
원</td></tr>
</table>

카드종류	신한카드	거래일자	2023.8.10.10:13:42

매 출 전 표

카드종류	신한카드
거래일자	2023.8.10.10:13:42
카드번호(CARD NO)	4658-1232-****-45**
승인번호	20230810101234
일반	일시불
할부	전단지
거래유형	
금액 AMOUNT	490000
부가세 V.A.T	
봉사료 CASHBACK	
합계 TOTAL	490000
가맹점명	예솔광고
대표자명	임예솔
사업자번호	216-23-37552
전화번호	02-439-7248
가맹점번호	84566611
주소	서울특별시 구로구 구로동로 104

상기의 거래 내역을 확인합니다.   서명   바오바오

자료설명	신제품 판매촉진을 위한 광고전단지를 제작하고, 결제한 신용카드 매출전표이다.
수행과제	거래자료를 입력하시오.

⑧ 기타 일반거래

■ 보통예금(농협은행) 거래내역

번 호	거래일	내 용	찾으신금액	맡기신금액	잔 액	거래점
		계좌번호 201-6611-04712 바오바오				
1	2023-12-15	계약금		1,600,000	***	***

자료설명	(주)인선팬시와 상품매출 계약을 체결하고, 계약금을 농협은행 보통예금 계좌로 입금받았다.
수행과제	거래자료를 입력하시오.

실무프로세스 자료이다. [자료설명]을 참고하여 [수행과제]를 수행하시오.

① 입력자료 수정

신용카드매출전표

카드종류: 삼성카드
회원번호: 7445-8841-****-3**1
거래일시: 2023.11.10. 12:04:16
거래유형: 신용승인
매　　출: 77,000원
합　　계: 77,000원
결제방법: 일시불
승인번호: 26785995

가맹점명: 가윤한식 (314-25-12349)

- 이 하 생 략 -

자료설명	매출거래처 담당자와 식사를 하고 신용카드로 결제하였다.
수행과제	거래자료를 수정하시오.

② 입력자료 수정

자료 1. 자동차 보험증권

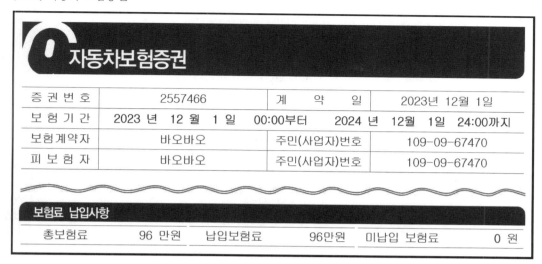

자동차보험증권

증 권 번 호	2557466		계　약　일	2023년 12월 1일
보 험 기 간	2023 년 12 월 1 일 00:00부터		2024 년 12월 1일 24:00까지	
보 험 계 약 자	바오바오	주민(사업자)번호	109-09-67470	
피 보 험 자	바오바오	주민(사업자)번호	109-09-67470	

보험료 납입사항

총보험료	96 만원	납입보험료	96만원	미납입 보험료	0 원

자료 2. 보통예금(신협은행) 거래내역

번 호	거래일	내 용	찾으신금액	맡기신금액	잔 액	거래점
		계좌번호 1122-098-123143 바오바오				
1	2023-12-1	참좋은손해보험(주)	960,000		***	***

자료설명	배달용 화물차의 보험료를 신협은행 보통예금에서 이체한 거래가 입력 누락되었다.
수행과제	거래내역을 확인 후 추가입력하시오.('비용'으로 처리할 것)

실무수행 4　결산

[결산자료]를 참고하여 결산을 수행하시오.(단, 제시된 자료 이외의 자료는 없다고 가정함)

① 수동결산 및 자동결산

자료설명	1. 단기대여금에 대한 당기 기간경과분 미수이자 500,000원을 계상하다. 2. 기말상품재고액은 27,000,000원이다.
수행과제	1. 수동결산 또는 자동결산 메뉴를 이용하여 결산을 완료하시오. 2. 12월 31일을 기준으로 '손익계산서 ➡ 재무상태표'를 순서대로 조회 작성하시오. 　(단, 손익계산서 조회 작성 시 상단부 [기능모음]의 '추가'를 이용하여 '손익대체분개'를 수행할 것)

입력자료 및 회계정보를 조회하여 [평가문제]의 답안을 입력하시오.

평가문제 답안입력 유의사항		
❶ 답안은 지정된 단위의 숫자로만 입력해 주십시오.		
* 한글 등 문자 금지		
	정 답	오답(예)

(1) 금액은 원 단위로 숫자를 입력하되, 천 단위 콤마(,)는 생략 가능합니다.
 	
    (1-1) 답이 0원인 경우 반드시 "0" 입력
    (1-2) 답이 음수(-)인 경우 숫자 앞에 "-" 입력
    (1-3) 답이 소수인 경우 반드시 "." 입력
	1,245,000
	1245000
		1,245,000
		1,245,000원
		1,245,0000
		12,45,000
		1,245천원

(2) 질문에 대한 답안은 숫자로만 입력하세요.	4	04 4건/매/명 04건/매/명
(3) 거래처 코드번호는 5자리 숫자로 입력하세요.	00101	101 00101번
❷ 답안에 천원단위(000) 입력 시 더존 프로그램 숫자 입력 방법과 다르게 숫자키패드 '+' 기능은 지원되지 않습니다.		
❸ 더존 프로그램에서 조회되는 자료를 복사하여 붙여넣기가 가능합니다.		
❹ 수행과제를 올바르게 입력하지 않고 작성한 답과 모범답안이 다른 경우 오답처리됩니다.		

번 호	평가문제	배 점
11	**평가문제 [거래처등록 조회]** 울릉아트(코드 : 00123)의 거래처등록사항으로 옳지 않은 것은? ① 울릉아트의 대표자명은 '김은호'이다. ② 메일주소는 ulleungdo@naver.com이다. ③ 업태는 '도소매업'이다. ④ 주소는 '서울특별시 강남구 강남대로 246 (도곡동, 다림빌딩)'이다.	4
12	**평가문제 [계정별원장 조회]** 상반기(1/1 ~ 6/30) 중 '134.가지급금'이 감소된 거래처의 코드번호를 입력하시오. ( )	2
13	**평가문제 [거래처원장 조회]** 12월 말 거래처별 '108.외상매출금' 잔액으로 옳지 않은 것은? ① 00106.장난감나라 21,880,000원 ② 00167.유리인형 3,300,000원 ③ 00185.(주)현진아트 21,000,000원 ④ 08707.(주)장난감왕국 5,500,000원	3
14	**평가문제 [거래처원장 조회]** 12월 말 '259.선수금' 잔액이 가장 많은 거래처코드를 입력하시오. ( )	4
15	**평가문제 [거래처원장 조회]** 12월 말 거래처별 '253.미지급금' 잔액으로 옳은 것은? ① 99600.국민카드 500,000원 ② 99601.신한카드 2,000,000원 ③ 99602.비씨카드 185,000원 ④ 99605.삼성카드 6,575,200원	4
16	**평가문제 [받을어음현황 조회]** 만기일이 2023년에 도래하는 '받을어음'의 보유금액 합계는 얼마인가? ( )원	4
17	**평가문제 [예적금현황 조회]** 12월 말 은행별 보통예금 잔액으로 옳지 않은 것은? ① 신협은행(보통) 108,920,000원 ② 국민은행(보통) 64,574,000원 ③ 농협은행(보통) 50,000,000원 ④ 기업은행(보통) 25,975,600원	3
18	**평가문제 [현금출납장 조회]** 3월 말 '현금' 잔액은 얼마인가? ( )원	3
19	**평가문제 [일/월계표 조회]** 5월 한 달 동안 발생한 '상품매출' 금액은 얼마인가? ( )원	4
20	**평가문제 [일/월계표 조회]** 1/4분기(1월 ~ 3월)동안 발생한 '이자비용' 금액은 얼마인가? ( )원	3

PART 2

번 호	평가문제	배 점
21	**평가문제 [손익계산서 조회]** 당기 '상품매출원가' 금액은 얼마인가? <div align="right">( )원</div>	2
22	**평가문제 [손익계산서 조회]** 당기에 발생한 '판매비와관리비'의 계정별 금액으로 옳지 않은 것은? ① 여비교통비 2,009,600원 ② 접대비 11,661,500원 ③ 차량유지비 6,618,700원 ④ 광고선전비 5,300,000원	3
23	**평가문제 [손익계산서 조회]** 당기에 발생한 '보험료' 금액은 얼마인가? <div align="right">( )원</div>	3
24	**평가문제 [손익계산서 조회]** 당기에 발생한 '이자수익' 금액은 전기 대비 얼마나 증가하였는가? <div align="right">( )원</div>	3
25	**평가문제 [재무상태표 조회]** 1월 말 '유형자산' 금액은 얼마인가? <div align="right">( )원</div>	3
26	**평가문제 [재무상태표 조회]** 1월 말 '받을어음의 장부금액(받을어음 – 대손충당금)'은 얼마인가? <div align="right">( )원</div>	3
27	**평가문제 [재무상태표 조회]** 4월 말 '미지급금' 잔액은 얼마인가? <div align="right">( )원</div>	4
28	**평가문제 [재무상태표 조회]** 7월 말 '외상매입금' 잔액은 얼마인가? <div align="right">( )원</div>	3
29	**평가문제 [재무상태표 조회]** 12월 말 '미수수익' 잔액은 얼마인가? <div align="right">( )원</div>	2
30	**평가문제 [재무상태표 조회]** 12월 말 '자본금' 잔액은 얼마인가? ① 476,419,670원 ② 491,419,670원 ③ 516,001,000원 ④ 678,001,000원	2
총 점		62

회계정보를 조회하여 [회계정보분석] 답안을 입력하시오.

31 손익계산서 조회 (4점)

매출총이익률은 매출로부터 얼마의 이익을 얻느냐를 나타내는 비율로 높을수록 판매, 매입활동이 양호한 편이다. 전기 매출총이익률은 얼마인가?(단, 소숫점 이하는 버림할 것)

$$매출총이익률(\%) = \frac{매출총이익}{매출액} \times 100$$

① 28%

② 40%

③ 252%

④ 254%

32 손익계산서 조회 (4점)

영업이익률은 기업의 주된 영업활동에 의한 성과를 판단하는 비율로 판매활동과 직접 관계없는 영업외손익을 제외한 순수 영업활동의 수익성을 나타내는 지표이다. 전기 영업이익률을 계산하면 얼마인가?(단, 소숫점 이하는 버림할 것)

$$영업이익률(\%) = \frac{영업이익}{매출액} \times 100$$

① 20%

② 26%

③ 537%

④ 576%

실무이론평가

아래 문제에서 특별한 언급이 없으면 기업의 보고기간(회계기간)은 매년 1월 1일부터 12월 31일까지입니다. 또한 기업은 일반기업회계기준 및 관련 세법을 계속적으로 적용하고 있다고 가정하고 물음에 가장 합당한 답을 고르시기 바랍니다.

01 다음 중 아래 거래요소의 결합관계에 해당하는 거래는 무엇인가?

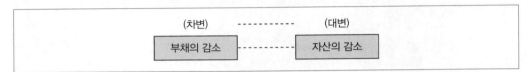

① 거래처로부터 매출채권 대금 500,000원을 현금으로 수취하다.
② 단기차입금 500,000원을 현금으로 상환하다.
③ 투자자로부터 시가 10,000,000원의 건물을 기증받다.
④ 종업원급여 5,000,000원을 보통예금 계좌에서 이체하여 지급하다.

02 다음 중 회계상 거래에 해당하지 않는 것은?

① 기계장치를 100,000,000원에 취득하고 현금으로 지급하였다.
② 사무실에 보관중이던 상품 20,000,000원을 도난·분실하였다.
③ 종업원에게 5,000,000원의 급여를 지급하였다.
④ 물품창고를 월 임차료 1,000,000원에 임차하는 계약을 체결하였다.

03 다음 (주)한공의 거래에 대한 회계처리 시 차변 계정과목으로 옳은 것은?

> 사무실에서 사용하고 있던 책상을 장부가액으로 처분하고 대금은 거래처 발행 약속어음으로 받다.

① 선급금
② 외상매출금
③ 단기대여금
④ 미수금

04 다음은 (주)한공의 2023년 매출채권 관련 자료이다. 기말 매출채권 잔액은 얼마인가?

• 기초 매출채권 :	200,000원	• 외상매출분에 대한 현금회수 :	300,000원
• 외상매출액 :	900,000원	• 회수불능 매출채권 대손처리 :	100,000원

① 700,000원
② 800,000원
③ 900,000원
④ 1,100,000원

05 다음 중 먼저 구입한 상품이 먼저 사용되거나 판매되는 것으로 가정하여 기말재고액을 결정하는 방법은?

① 선입선출법
② 이동평균법
③ 총평균법
④ 후입선출법

06 다음 중 유형자산의 감가상각에 대한 설명으로 옳지 않은 것은?

① 취득원가, 내용연수, 잔존가치 등은 감가상각 계산의 요소이다.

② 유형자산 중 토지, 건물, 비품은 감가상각 대상이다.

③ 감가상각 방법에는 정액법, 정률법, 연수합계법, 생산량비례법 등이 있다.

④ 간접법에 의한 장부기록은 차변에 감가상각비, 대변에 감가상각누계액으로 한다.

07 다음 (   )에 들어갈 용어로 옳은 것은?

> (   )은(는) 기업실체의 경제적 거래나 사건에 대해 관련된 수익과 비용을 그 현금유출입이 있는 기간이
> 아니라 해당 거래나 사건이 발생한 기간에 인식하는 것을 말한다.

① 현금주의

② 수익비용대응

③ 이 연

④ 발생주의

08 한공기업의 재고자산 매입금액은 2,000,000원이다. 다음 사항이 반영된 재고자산 금액은 얼마인가?

• 매입운임	1,200,000원
• 매입에누리	400,000원

① 2,000,000원

② 2,400,000원

③ 2,800,000원

④ 3,200,000원

09 다음은 (주)한공의 지출결의서 일부이다. 회계처리 계정과목으로 옳은 것은?

<table>
<tr><td rowspan="2" colspan="2">지출결의서</td><td rowspan="2">결 재</td><td>담당자</td><td>팀 장</td><td>이 사</td></tr>
<tr><td>정교육</td><td>이**</td><td>박**</td></tr>
</table>

업무와 관련하여 임직원 교육을 위한 온라인 강의 수강료를 청구합니다.

    1. 비즈니스 영어   3,000,000원
    2. 전자상거래 실무   4,500,000원

                      일 자 : 2023년 12월 3일
                      담당자 : 정교육

① 교육훈련비
② 복리후생비
③ 지급수수료
④ 급 여

10 다음 중 (가)에 해당하는 결산정리사항으로 옳은 것은?

결산정리사항 (가)	재무제표에 미치는 영향 비용의 발생, 부채의 증가

① 임차료 선급분 300,000원을 계상하다.
② 임대료 선수분 200,000원을 계상하다.
③ 이자수익 미수분 100,000원을 계상하다.
④ 이자비용 미지급분 400,000원을 계상하다.

비전뮤직(회사코드 4168)은 악기 도소매업을 운영하는 개인기업으로, 회계기간은 제7기(2023.1.1. ~ 2023.12.31.)이다. 제시된 자료와 자료설명을 참고하여, [수행과제]를 완료하고 [평가문제]의 물음에 답하시오.

실무수행 유의사항	1. 타계정 대체와 관련된 적요는 반드시 코드를 입력하여야 한다. 2. 채권·채무, 예금거래 등 관리대상 거래자료에 대하여는 거래처코드를 반드시 입력한다. 3. 자금관리 등 추가 작업이 필요한 경우 문제의 요구에 따라 추가 작업하여야 한다. 4. 등록된 계정과목 중 가장 적절한 계정과목을 선택한다. 5. 부가가치세는 고려하지 않는다.

실무수행 1   기초정보관리의 이해

회계관련 기초정보는 입력되어 있다. [자료설명]을 참고하여 [수행과제]를 수행하시오.

① 사업자등록증에 의한 거래처등록 수정

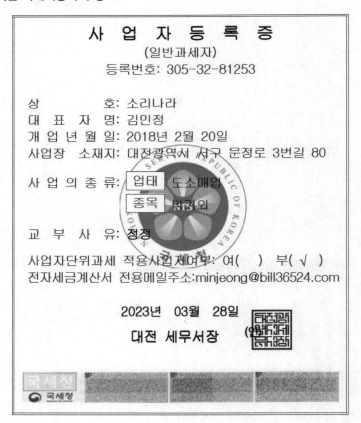

자료설명	거래처 소리나라(01014)의 대표자명이 변경되어 사업자등록증 사본을 받았다.
수행과제	사업자등록증을 확인하여 변경사항을 수정하시오.(단, 전자세금계산서 전용 메일주소도 수정할 것)

2 전기분 손익계산서의 입력수정

손 익 계 산 서

제6(당)기 2022년 1월 1일부터 2022년 12월 31일까지
제5(전)기 2021년 1월 1일부터 2021년 12월 31일까지

비전유직 (단위: 원)

과 목	제6(당)기		제5(전)기	
	금 액		금 액	
I. 매 출 액		300,000,000		68,550,000
상 품 매 출	300,000,000		68,550,000	
II. 매 출 원 가		160,000,000		29,290,000
상 품 매 출 원 가		160,000,000		29,290,000
기 초 상 품 재 고 액	20,000,000		1,470,000	
당 기 상 품 매 입 액	180,000,000		47,820,000	
기 말 상 품 재 고 액	40,000,000		20,000,000	
III. 매 출 총 이 익		140,000,000		39,260,000
IV. 판 매 비 와 관 리 비		96,530,000		21,745,000
급 여	60,000,000		12,000,000	
복 리 후 생 비	10,200,000		950,000	
여 비 교 통 비	1,300,000		650,000	
접 대 비	4,500,000		700,000	
통 신 비	1,230,000		450,000	
수 도 광 열 비	2,850,000		375,000	
세 금 과 공 과 금	3,700,000		120,000	
감 가 상 각 비	6,500,000		700,000	
보 험 료	1,200,000		1,200,000	
차 량 유 지 비	2,500,000		3,600,000	
운 반 비	1,750,000		500,000	
수 선 비	800,000		500,000	
V. 영 업 이 익		43,470,000		17,515,000
VI. 영 업 외 수 익		1,200,000		1,400,000
이 자 수 익	1,200,000		1,400,000	
VII. 영 업 외 비 용		4,250,000		600,000
이 자 비 용	4,250,000		600,000	
VIII. 소득세차감전순이익		40,420,000		18,315,000
IX. 소 득 세 등		0		0
X. 당 기 순 이 익		40,420,000		18,315,000

자료설명	전기(제6기)분 재무제표는 입력되어 있으며, 재무제표 검토결과 입력오류를 발견하였다.
수행과제	입력이 누락되었거나 오류부분을 찾아 수정입력하시오.

실무프로세스 자료이다. [자료설명]을 참고하여 [수행과제]를 수행하시오.

① **증빙에 의한 전표입력**

자료 1. 자동차보험증권

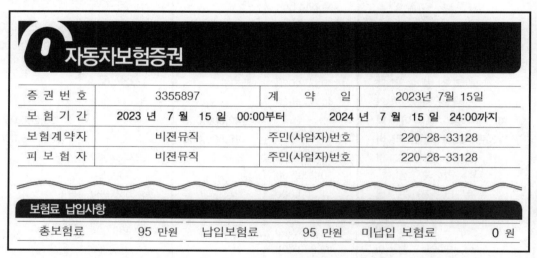

증 권 번 호	3355897	계 약 일	2023년 7월 15일
보 험 기 간	2023 년 7 월 15 일 00:00부터		2024 년 7 월 15 일 24:00까지
보 험 계 약 자	비전뮤직	주민(사업자)번호	220-28-33128
피 보 험 자	비전뮤직	주민(사업자)번호	220-28-33128

보험료 납입사항

총보험료	95 만원	납입보험료	95 만원	미납입 보험료	0 원

자료 2. 보통예금(신협은행) 거래내역

번 호	거래일	내 용	찾으신금액	맡기신금액	잔 액	거래점
		계좌번호 201-6611-04712 비전뮤직				
1	2023-7-15	보험료	950,000		***	***

자료설명	영업부 업무용 승용차의 보험료를 신협은행 보통예금 계좌에서 이체하여 납부하였다.
수행과제	거래자료를 입력하시오.(단, '비용'으로 처리할 것)

② 증빙에 의한 전표입력

<table>
<tr><td colspan="5" align="center">영 수 증 (공급받는자용)</td></tr>
<tr><td colspan="5">NO   비전뮤직 귀하</td></tr>
<tr><td rowspan="4">공
급
자</td><td>사 업 자
등록번호</td><td colspan="3" align="center">305-12-34510</td></tr>
<tr><td>상 호</td><td>빠른퀵서비스</td><td>성명</td><td>김배송</td></tr>
<tr><td>사 업 장
소 재 지</td><td colspan="3" align="center">서울 서초구 헌릉로 341</td></tr>
<tr><td>업 태</td><td>서비스업</td><td>종목</td><td>포장, 배송</td></tr>
<tr><td colspan="2" align="center">작성일자</td><td colspan="2" align="center">공급대가총액</td><td>비고</td></tr>
<tr><td colspan="2" align="center">2023.8.10.</td><td colspan="2" align="center">30,000원</td><td></td></tr>
<tr><td colspan="5" align="center">공 급 내 역</td></tr>
<tr><td>월/일</td><td>품명</td><td>수량</td><td>단가</td><td>금액</td></tr>
<tr><td>8/10</td><td>배송비</td><td></td><td></td><td>30,000</td></tr>
<tr><td colspan="2" align="center">합 계</td><td colspan="3" align="center">30,000원</td></tr>
<tr><td colspan="5" align="center">위 금액을 (영수)(청구)함</td></tr>
</table>

자료설명	판매상품 배송을 요청하고 회사가 부담하는 배송비는 현금으로 지급하였다.
수행과제	거래자료를 입력하시오.

③ 증빙에 의한 전표입력

```
           신용카드매출전표
- - - - - - - - - - - - - - - - - - - - - - - - - -
 카드종류: 국민카드
 회원번호: 4447-8664-****-7**9
 거래일시: 2023.08.22.  14:05:16
 거래유형: 신용승인
 매    출: 3,000,000원
 합    계: 3,000,000원
 결제방법: 일시불
 승인번호: 26785995
- - - - - - - - - - - - - - - - - - - - - - - - - -
 가맹점명: (주)오토오피스(225-81-12588)
          - 이 하 생 략 -
```

자료설명	사무실에서 사용할 컴퓨터를 구매하면서 국민카드로 결제하고 받은 신용카드 매출전표이다.
수행과제	거래자료를 입력하시오.(단, '자산'으로 회계처리할 것)

④ 재고자산의 매입거래

거래명세서

(공급받는자 보관용)

공급자	등록번호	211-28-35011			공급받는자	등록번호	220-28-33128		
	상호	승윤악기	성명	강승윤		상호	비젼뮤직	성명	최성진
	사업장 주소	서울시 구로구 개봉로1길 188				사업장 주소	서울특별시 강남구 강남대로 496 (논현동)		
	업태	도매업	종사업장번호			업태	도소매업	종사업장번호	
	종목	악기외				종목	악기		

거래일자	미수금액	공급가액	세액	총 합계금액
2023.8.29.		10,000,000		10,000,000

NO	월	일	품목명	규격	수량	단가	공급가액	세액	합계
1	8	29	전자식기타		20	500,000	10,000,000		10,000,000

자료설명	상품을 외상으로 매입하고 발급받은 거래명세서이다.
수행과제	거래자료를 입력하시오.

⑤ 약속어음 수취거래

전 자 어 음

비젼뮤직 귀하   00420230926123456789

금 오백만원정   **5,000,000원**

위의 금액을 귀하 또는 귀하의 지시인에게 지급하겠습니다.

지급기일	2023년 12월 26일	**발행일**	2023년 9월 26일
지 급 지	국민은행	**발행지**	서울특별시 서대문구 가좌로 35
지급장소	서대문지점	**주 소**	
		발행인	수연플롯

자료설명	[9월 26일] 수연플롯의 상품 외상판매대금을 전자어음으로 수취하였다.
수행과제	1. 거래자료를 입력하시오. 2. 자금관련정보를 입력하여 받을어음현황에 반영하시오.

⑥ 통장사본에 의한 거래입력

■ 보통예금(농협은행) 거래내역

번 호	거래일	내 용	찾으신금액	맡기신금액	잔 액	거래점
		계좌번호 112-01-123154 비전뮤직				
1	2023-10-15			2,000,000	***	***

자료설명	농협은행 보통예금 계좌에 내역을 알 수 없는 2,000,000원이 입금되었다.
수행과제	거래자료를 입력하시오.

⑦ 유 · 무형자산의 구입

거래명세서 (공급받는자 보관용)

공급자	등록번호	119-81-24789			공급받는자	등록번호	220-28-33128		
	상호	(주)더존소프트	성명	박용철		상호	비전뮤직	성명	최성진
	사업장 주소	서울특별시 금천구 가산로 80				사업장 주소	서울특별시 강남구 강남대로 496 (논현동)		
	업태	도소매업	종사업장번호			업태	도소매업	종사업장번호	
	종목	소프트웨어				종목	악기		

거래일자	미수금액	공급가액	총 합계금액
2023.10.25.		5,000,000	5,000,000

NO	월	일	품목명	규격	수량	단가	공급가액	합계
1	10	25	위하고프로그램		2	2,500,000	5,000,000	5,000,000

자료설명	회계세무 소프트웨어 '위하고'를 구입하고, 대금은 신한은행 보통예금 계좌에서 이체하여 지급하였다.
수행과제	거래자료를 입력하시오.

⑧ 기타 일반거래

자료 1. 월세계약서 내역

(사 무 실) 월 세 계 약 서

□ 임 대 인 용
■ 임 차 인 용
□ 사무소보관용

부동산의 표시	소재지	서울특별시 강남구 강남대로 496 (논현동) 101호					
	구 조	철근콘크리트조	용도	사무실		면적	85㎡

월 세 보 증 금	금	40,000,000원정	월세	2,000,000원정

제 1 조 위 부동산의 임대인과 임차인 합의하에 아래와 같이 계약함.

제 2 조 위 부동산의 임대차에 있어 임차인은 보증금을 아래와 같이 지불키로 함.

계 약 금	원정은 계약시 지불하고
중 도 금	원정은 년 월 일 지불하며
잔 금	40,000,000원정은 2023년 10월 3일 중개업자 입회하에 지불함.

제 3 조 위 부동산의 명도는 2023년 10월 3일로 함.

제 4 조 임대차 기간은 2023년 10월 3일로부터 (24)개월로 함.

제 5 조 **월세금액은 매월(28)일에 지불키로** 하되 만약 기일내에 지불치 못할 시에는 보증금액에서
공제키로 함.(국민은행, 계좌번호: 601213-72-172658, 예금주: (주)강남빌딩)

〰〰〰〰〰〰〰〰 **중 략** 〰〰〰〰〰〰〰〰

임 대 인	주 소	서울특별시 서대문구 충정로 7길 110-22				
	사업자등록번호	119-81-15261	전화번호	02-555-1255	성명	(주)강남빌

자료 2. 보통예금(국민은행) 거래내역

번 호	거래일	내 용	찾으신금액	맡기신금액	잔 액	거래점
		계좌번호 096-24-0094-123 비전뮤직				
1	2023-10-28	(주)강남빌딩	2,000,000		***	***

자료설명	10월분 월세를 국민은행 보통예금 계좌에서 이체하여 지급하였다.
수행과제	거래자료를 입력하시오.

실무프로세스 자료이다. [자료설명]을 참고하여 [수행과제]를 수행하시오.

① **입력자료 수정**

은행CD입출금기 거래명세표

거래일자	CD처리번호	취급	CD번호
2023-3-13	8754	312825	018
개설은행	계 좌 번 호(신용카드번호)		
농협은행	**112-01-123154**		
거래권종	거 래 종 류	거 래 금 액	
	타행이체	₩ 420,000	
거래시각	거 래 후 잔 고		
15:00	******		
이체은행	이체입금계좌번호	예금주	
신한은행	31255-16-47335	이찬미 (찬미악기)	
미 결 제 타 정 권 입 금 액			

자료설명	찬미악기에서 상품을 구입하기로 하고, 계약금을 농협은행 보통예금 계좌에서 이체한 내역이다.
수행과제	거래자료를 수정하시오.

② 입력자료 수정

거래명세서 (공급받는자 보관용)

공급자	등록번호	114-81-58741			공급받는자	등록번호	220-28-33128		
	상호	망스악기(주)	성명	김새롬		상호	비전유직	성명	최성진
	사업장주소	서울특별시 서대문구 충정로 30				사업장주소	서울특별시 강남구 강남대로 496 (논현동)		
	업태	도소매업	종사업장번호			업태	도소매업	종사업장번호	
	종목	악기				종목	악기		

거래일자	미수금액	공급가액	세액	총 합계금액
2023.9.13.		200,000		200,000

NO	월	일	품목명	규격	수량	단가	공급가액	세액	합계
1	9	13	클래식기타		2	100,000	200,000		200,000

자료설명	9월 13일에 상품을 매입한 거래가 7월 14일로 입력되어 있음을 발견하였다.
수행과제	거래자료를 수정하시오.

실무수행 4 결산

[결산자료]를 참고하여 결산을 수행하시오.(단, 제시된 자료 이외의 자료는 없다고 가정함)

① 수동결산 및 자동결산

자료설명	1. 10월 14일 지급된 보험료 2,500,000원 중 기간 미경과분 1,875,000원을 계상하다. 2. 기말상품재고액은 25,000,000원이다.
수행과제	1. 수동결산 또는 자동결산 메뉴를 이용하여 결산을 완료하시오. 2. 12월 31일을 기준으로 '손익계산서 ➡ 재무상태표'를 순서대로 조회 작성하시오. (단, 손익계산서 조회 작성 시 상단부 [기능모음]의 '추가'를 이용하여 '손익대체분개'를 수행할 것)

입력자료 및 회계정보를 조회하여 [평가문제]의 답안을 입력하시오.

평가문제 답안입력 유의사항

❶ 답안은 지정된 단위의 숫자로만 입력해 주십시오.

* 한글 등 문자 금지

	정 답	오답(예)

(1) 금액은 원 단위로 숫자를 입력하되, 천 단위 콤마(,)는 생략 가능합니다.
 	
  (1-1) 답이 0원인 경우 반드시 "0" 입력
  (1-2) 답이 음수(-)인 경우 숫자 앞에 "-" 입력
  (1-3) 답이 소수인 경우 반드시 "." 입력
	1,245,000
	1245000
		1,245,000
		1,245,000원
		1,245,0000
		12,45,000
		1,245천원

(2) 질문에 대한 답안은 숫자로만 입력하세요.	4	04 4건/매/명 04건/매/명
(3) 거래처 코드번호는 5자리 숫자로 입력하세요.	00101	101 00101번

❷ 답안에 천원단위(000) 입력 시 더존 프로그램 숫자 입력 방법과 다르게 숫자키패드 '+' 기능은 지원되지 않습니다.

❸ 더존 프로그램에서 조회되는 자료를 복사하여 붙여넣기가 가능합니다.

❹ 수행과제를 올바르게 입력하지 않고 작성한 답과 모범답안이 다른 경우 오답처리됩니다.

번 호	평가문제	배 점
11	**평가문제 [거래처등록 조회]** 거래처별 기본사항과 추가사항으로 옳지 않은 것은? ① 00120.금강악기의 대표자는 전영하이다. ② 00123.레몬트이앵글의 담당자메일주소는 sujin@bill36524.com이다. ③ 01014.소리나라의 대표자는 김민정이다. ④ 01014.소리나라의 담당자메일주소는 sori@bill36524.com이다.	4
12	**평가문제 [거래처원장 조회]** 8월 말 거래처별 '251.외상매입금' 잔액으로 옳지 않은 것은? ① 00185.한강종합악기(주) 5,665,000원 ② 01121.망스악기(주) 14,510,000원 ③ 01131.승윤악기 1,000,000원 ④ 05015.골드악기(주) 2,450,000원	2
13	**평가문제 [거래처원장 조회]** 12월 말 거래처별 '108.외상매출금' 잔액으로 옳은 것은? ① 00106.이디악기 6,050,000원 ② 01131.승윤악기 15,000,000원 ③ 03200.수연플롯 2,000,000원 ④ 08707.비발디피아노(주) 5,000,000원	3
14	**평가문제 [거래처원장 조회]** 12월 말 카드별 '253.미지급금' 잔액으로 옳지 않은 것은? ① 99600.국민카드 1,976,000원 ② 99601.신한카드 3,976,000원 ③ 99602.비씨카드 0원 ④ 99605.삼성카드 6,543,200원	4
15	**평가문제 [예적금현황 조회]** 12월 말 은행별 예금잔액으로 옳은 것은? ① 국민은행(보통) 35,870,000원 ② 농협은행(보통) 15,141,500원 ③ 신한은행(보통) 1,000,000원 ④ 신협은행(보통) 50,000원	3
16	**평가문제 [손익계산서 조회]** 당기에 발생한 판매비와관리비의 계정별 금액으로 옳지 않은 것은? ① 차량유지비 6,594,200원 ② 운반비 684,000원 ③ 도서인쇄비 388,000원 ④ 소모품비 4,000,000원	2
17	**평가문제 [일일자금명세(경리일보) 조회]** 8월 10일 '현금' 당일잔액은 얼마인가? ( )원	4
18	**평가문제 [합계잔액시산표 조회]** 12월 말 '유형자산' 계정 중 잔액이 가장 큰 계정과목의 코드번호를 입력하시오. ( )	3
19	**평가문제 [합계잔액시산표 조회]** 12월 말 '받을어음' 잔액은 얼마인가? ( )원	3

번 호	평가문제	배 점
20	**평가문제 [총계정원장 조회]** 당기에 '251.외상매입금'이 가장 많이 증가(대변)한 월을 입력하시오. ( )월	4
21	**평가문제 [분개장 조회]** 당기의 전표 중 '선택 : 2.입금' 전표의 건수는? ( )건	3
22	**평가문제 [일/월계표 조회]** 7월 한 달 동안 발생한 '보험료' 금액은 얼마인가? ( )원	4
23	**평가문제 [손익계산서 조회]** 당기에 발생한 '상품매출원가' 금액은 얼마인가? ( )원	4
24	**평가문제 [손익계산서 조회]** 당기에 발생한 '임차료' 금액은 얼마인가? ( )원	3
25	**평가문제 [재무상태표 조회]** 3월 말 '선급금' 잔액은 얼마인가? ( )원	4
26	**평가문제 [재무상태표 조회]** 3월 말 '미지급금' 잔액은 얼마인가? ( )원	2
27	**평가문제 [재무상태표 조회]** 10월 말 '가수금' 잔액은 얼마인가? ( )원	3
28	**평가문제 [재무상태표 조회]** 12월 말 '선급비용' 잔액은 얼마인가? ( )원	3
29	**평가문제 [재무상태표 조회]** 12월 말 '무형자산' 금액은 얼마인가? ( )원	3
30	**평가문제 [재무상태표 조회]** 12월 말 재무상태표의 '자본금' 금액은 얼마인가? ① 469,232,420원 ② 474,906,920원 ③ 526,884,420원 ④ 526,894,420원	1
총 점		62

PART 2

회계정보를 조회하여 [회계정보분석]의 답안을 입력하시오.

31   재무상태표 조회 (4점)
당좌비율은 유동자산 중 현금화할 수 있는 당좌자산으로 단기채무를 충당할 수 있는 정도를 나타내는 비율이다. 전기말 당좌비율을 계산하면 얼마인가?(단, 소숫점 이하는 버림할 것)

$$당좌비율(\%) = \frac{당좌자산}{유동부채} \times 100$$

① 229%

② 264%

③ 270%

④ 273%

32   손익계산서 조회 (4점)
영업이익률은 기업의 주된 영업활동에 의한 성과를 판단하는 비율로 판매활동과 직접 관계없는 영업외손익을 제외한 순수 영업활동의 수익성을 나타내는 지표이다. 전기 영업이익률을 계산하면 얼마인가?(단, 소숫점 이하는 버림할 것)

$$영업이익률(\%) = \frac{영업이익}{매출액} \times 100$$

① 12%

② 14%

③ 576%

④ 690%

실무이론평가

아래 문제에서 특별한 언급이 없으면 기업의 보고기간(회계기간)은 매년 1월 1일부터 12월 31일까지입니다. 또한 기업은 일반기업회계기준 및 관련 세법을 계속적으로 적용하고 있다고 가정하고 물음에 가장 합당한 답을 고르시기 바랍니다.

01 다음 중 회계정보의 이용자가 필요로 하는 정보로 적절하지 않은 것은?

① 채권자 : 배당금이 얼마인지에 대한 정보
② 경영자 : 영업이익이 얼마인지에 대한 정보
③ 종업원 : 성과급을 얼마나 받을지에 대한 정보
④ 세무서 : 세금을 얼마나 내는지에 대한 정보

02 다음 중 (가)와 (나)에 대한 설명으로 옳지 않은 것은?

> (가) 대여금에 대한 이자 100,000원이 보통예금 계좌에 입금되었다.
> (나) 거래처로부터 상품 300,000원을 매입하기로 계약하고, 계약금(매입대금의 10%)을 보통예금 계좌에서 이체하였다.

① (가)는 손익거래이다.
② (나)는 교환거래이다.
③ (가)는 차변에 비용의 발생, 대변에 자산의 감소로 결합되는 거래이다.
④ (나)는 차변에 자산의 증가, 대변에 자산의 감소로 결합되는 거래이다.

03 다음 자료를 토대로 매출채권 금액을 계산하면 얼마인가?

• 외상매출금	5,800,000원	• 받을어음	3,000,000원
• 미수금	1,500,000원	• 미수수익	3,500,000원

① 3,000,000원

② 4,500,000원

③ 5,800,000원

④ 8,800,000원

04 다음은 한공상사의 상품 매입과 판매 관련 자료이다. 상품의 취득원가를 계산하면 얼마인가?

• 상품 매입액	100,000원	
• 매입운임	5,000원	
• 보험료	7,000원	(상품 매입 관련)
• 판매운임	3,000원	(상품 판매 관련)

① 105,000원

② 107,000원

③ 112,000원

④ 115,000원

05 다음의 상품매입 거래를 회계처리할 때 (가), (나)에 해당하는 계정과목으로 옳은 것은?

주문했던 상품(500,000원)을 인수하고 주문 시 지급했던 계약금 50,000원을 제외한 잔액은 외상으로 하다.

(차) 상 품	500,000원	(대)	(가)	50,000원
			(나)	450,000원

	(가)	(나)
①	선급금	외상매입금
②	선급금	미지급금
③	선수금	외상매입금
④	선수금	미지급금

06 다음 중 도소매업을 영위하는 기업의 판매비와관리비에 해당하는 계정과목이 아닌 것은?

① 임차료

② 보험료

③ 감가상각비

④ 기부금

07 다음 자료를 토대로 매출원가를 계산하면 얼마인가?

• 기초상품재고액	100,000원	• 기말상품재고액	200,000원
• 총매입액	3,500,000원	• 매출환입	100,000원
• 매입에누리	60,000원	• 매입할인	40,000원

① 3,200,000원

② 3,300,000원

③ 3,340,000원

④ 3,400,000원

08 다음 중 손익계산서의 작성과 표시에 대한 설명으로 옳지 않은 것은?

① 손익계산서는 발생주의에 따라 작성하는 것을 원칙으로 한다.

② 손익계산서의 수익과 비용은 총액기준에 따라 보고하는 것을 원칙으로 한다.

③ 손익계산서는 수익 · 비용 대응의 원칙에 따라 작성한다.

④ 손익계산서의 세부항목들은 유동성배열법에 따라 표시한다.

09 다음은 한공상사의 결산과 관련된 대화 장면이다. 회계처리에 대한 설명으로 옳은 것은?

① 현금 계정 차변에 40,000원을 기입한다.
② 잡이익 계정 대변에 40,000원을 기입한다.
③ 여비교통비 계정 대변에 30,000원을 기입한다.
④ 현금과부족 계정 대변에 70,000원을 기입한다.

10 다음은 업무용 비품대장의 일부이다. 2024년 말 손익계산서에 표시될 감가상각비는 얼마인가?

비품 대장			
관리번호/자산명	A-5/소파	관리책임	관리부장
취득일	2024년 1월 1일	처분일	
취득금액	10,000,000원	처분금액	
내용연수	5년	잔존가치	1,000,000원
상각방법	정액법(연1회 월할상각)	기장방법	간접법

① 900,000원
② 1,000,000원
③ 1,800,000원
④ 2,000,000원

웨스트우드(회사코드 4169)는 의류 도·소매업을 운영하는 개인기업으로, 회계기간은 제7기(2023.1.1. ~ 2023.12.31.)이다. 제시된 자료와 [자료설명]을 참고하여 [수행과제]를 완료하고 [평가문제]의 물음에 답하시오.

실무수행 유의사항	1. 타계정 대체와 관련된 적요는 반드시 코드를 입력하여야 한다. 2. 채권·채무, 예금거래 등 관리대상 거래자료에 대하여는 거래처코드를 반드시 입력한다. 3. 자금관리 등 추가 작업이 필요한 경우 문제의 요구에 따라 추가 작업하여야 한다. 4. 등록된 계정과목 중 가장 적절한 계정과목을 선택한다. 5. 부가가치세는 고려하지 않는다.

실무수행 1 기초정보관리의 이해

회계관련 기초정보는 입력되어 있다. [자료설명]을 참고하여 [수행과제]를 수행하시오.

① 사업자등록증에 의한 회사등록 수정

자료설명	웨스트우드는 사업장을 이전하고 서대문세무서로부터 변경된 사업자등록증을 발급받았다.
수행과제	회사등록메뉴에서 변경된 내용을 반영하시오.

② 전기분 손익계산서의 입력수정

손 익 계 산 서

제6(당)기 2022년 1월 1일부터 2022년 12월 31일까지
제5(전)기 2021년 1월 1일부터 2021년 12월 31일까지

웨스트우드 (단위: 원)

과 목	제6(당)기		제5(전)기	
	금 액		금 액	
Ⅰ.매　　출　　액		815,000,000		653,000,000
상 품 매 출	815,000,000		653,000,000	
Ⅱ.매　출　원　가		460,000,000		354,000,000
상 품 매 출 원 가		460,000,000		354,000,000
기 초 상 품 재 고 액	130,000,000		20,000,000	
당 기 상 품 매 입 액	520,000,000		464,000,000	
기 말 상 품 재 고 액	190,000,000		130,000,000	
Ⅲ.매　출　총　이　익		355,000,000		299,000,000
Ⅳ.판 매 비 와 관 리 비		199,490,000		201,900,000
급　　　　　여	113,000,000		100,751,500	
복 리 후 생 비	45,000,000		61,000,000	
여 비 교 통 비	8,500,000		8,000,000	
접 대 비	3,730,000		3,200,000	
통 신 비	2,850,000		2,800,000	
전 력 비	1,250,000		1,000,000	
세 금 과 공 과 금	5,151,500		5,300,000	
감 가 상 각 비	2,048,500		2,048,500	
임 차 료	9,000,000		9,000,000	
보 험 료	2,150,000		2,100,000	
차 량 유 지 비	3,210,000		3,800,000	
건 물 관 리 비	3,600,000		2,900,000	
Ⅴ.영　업　이　익		155,510,000		97,100,000
Ⅵ.영 업 외 수 익		14,500,000		13,200,000
이 자 수 익	4,000,000		3,200,000	
수 수 료 수 익	10,500,000		10,000,000	
Ⅶ.영 업 외 비 용		18,300,000		21,800,000
이 자 비 용	15,000,000		20,000,000	
기 부 금	1,800,000		800,000	
기 타 의 대 손 상 각 비	1,500,000		1,000,000	
Ⅷ.소 득 세 차 감 전 순 이 익		151,710,000		88,500,000
Ⅸ.소 득 세 등		0		0
Ⅹ.당 기 순 이 익		151,710,000		88,500,000

자료설명	전기(제6기)분 재무제표는 입력되어 있으며, 재무제표 검토결과 입력오류를 발견하였다.
수행과제	입력이 누락되었거나 잘못된 부분을 찾아 수정하시오.

실무수행 2 거래자료 입력

실무프로세스 자료이다. [자료설명]을 참고하여 [수행과제]를 수행하시오.

① 증빙에 의한 전표입력

신용카드매출전표

카드종류: 신한카드
회원번호: 4658-1232-****-4**5
거래일시: 2023.3.11. 21:05:16
거래유형: 신용승인
매   출: 52,000원
합   계: 52,000원
결제방법: 일시불
승인번호: 61232124

가맹점명: 엄마곰탕(156-12-31570)

- 이 하 생 략 -

자료설명	거래처 직원들과 식사를 하고 신한카드로 결제하였다.
수행과제	거래자료를 입력하시오.

② 재고자산의 매입거래

거래명세서					(공급받는자 보관용)			

공급자	등록번호	126-81-56580			공급받는자	등록번호	211-42-21212		
	상호	(주)빛나패션	성명	김민희		상호	웨스트우드	성명	김비안
	사업장 주소	서울특별시 강남구 강남대로 951				사업장 주소	서울특별시 서대문구 충정로7길 29-11 (충정로3가)		
	업태	도소매업		종사업장번호		업태	도매 및 소매업		종사업장번호
	종목	의류				종목	의류		

거래일자	미수금액	공급가액	세액	총 합계금액
2023.4.5.		4,200,000		4,200,000

NO	월	일	품목명	규격	수량	단가	공급가액	세액	합계
1	4	5	플리츠 스커트		50	30,000	1,500,000		1,500,000
2	4	5	라이더 자켓		30	90,000	2,700,000		2,700,000

자료설명	[4월 5일] 상품을 매입하고 발급받은 거래명세서이다. 4월 4일에 지급한 계약금을 차감한 잔액은 4월 말에 지급하기로 하였다.
수행과제	거래자료를 입력하시오.

③ 약속어음 발행거래

전 자 어 음

(주)센스쟁이 귀하   00420230510123456789

금 오백만원정   5,000,000원

위의 금액을 귀하 또는 귀하의 지시인에게 지급하겠습니다.

지급기일	2024년 1월 10일	발행일	2023년 5월 10일
지 급 지	국민은행	발행지 주 소	서울특별시 서대문구 충정로7길 29-11 (충정로3가)
지급장소	충정로지점	발행인	웨스트우드

자료설명	[5월 10일] (주)센스쟁이의 상품 외상매입대금 중 일부를 전자어음을 발행하여 지급하였다.
수행과제	1. 거래자료를 입력하시오. 2. 자금관련정보를 입력하여 지급어음현황에 반영하시오.(단, 등록된 어음을 사용할 것)

④ **통장사본에 의한 거래입력**

자료 1. 인터넷요금 고지서

```
kt  광랜 모바일명세서            2023.06.

납부금액                      210,000원

이용총액                      210,000원

이용기간       2023.05.01. ~ 2023.05.31.

서비스번호                      31825995
명세서번호                     237010124
납기일                      2023.06.20.
```

자료 2. 보통예금(신한은행) 거래내역

번 호	거래일	내 용	찾으신금액	맡기신금액	잔 액	거래점
		계좌번호 325-235220-01-122 웨스트우드				
1	2023-6-20	인터넷요금	210,000		***	***

자료설명	1. 자료 1은 6월분 인터넷요금 고지서이다. 2. 인터넷요금은 납기일에 신한은행 보통예금 통장에서 이체 출금되었다.
수행과제	거래자료를 입력하시오.(납기일에 비용으로 처리할 것)

⑤ 기타 일반거래

자료 1. 고용보험료 영수증

자료 2. 보통예금(국민은행) 거래내역

번호	거래일	내용	찾으신금액	맡기신금액	잔액	거래점
		계좌번호 103-55-998876 웨스트우드				
1	2023-7-10	고용보험료 납부	320,000		***	***

자료설명	1. 6월 급여지급분에 대한 고용보험료를 납부기한일에 국민은행 보통예금 계좌에서 이체하여 납부하였다. 2. 고용보험료 중 142,000원은 급여 지급 시 원천징수한 금액이며, 178,000원은 회사부담분이다. 3. 당사는 회사부담분을 '복리후생비'로 처리하고 있다.
수행과제	거래자료를 입력하시오.

⑥ 유·무형자산의 매각

자료설명	[8월 13일] 1. 영업부에서 사용하던 승합차를 진웅중고차에 매각하고, 매각대금 8,000,000원은 다음달 초에 받기로 하였다. 2. 매각 직전 자산내역은 다음과 같다. 표
수행과제	거래자료를 입력하시오.

계정과목	자산명	취득원가	감가상각누계액
차량운반구	승합차	40,000,000원	32,000,000원

⑦ 증빙에 의한 전표입력

자료설명	우리 회사와 자매결연되어 있는 사회복지단체에 영화입장권을 현금으로 구입하여 전달하였다.
수행과제	거래자료를 입력하시오.

⑧ 재고자산의 매출거래

거래명세서 (공급자 보관용)

공급자	등록번호	211-42-21212			공급받는자	등록번호	181-31-31112		
	상호	웨스트우드	성명	김비안		상호	러블리의류	성명	최사랑
	사업장주소	서울특별시 서대문구 충정로7길 29-11 (충정로3가)				사업장주소	서울특별시 구로구 구로동로 29		
	업태	도매 및 소매업	종사업장번호			업태	도소매업	종사업장번호	
	종목	의류				종목	의류		

거래일자	미수금액	공급가액	총 합계금액
2023.10.25.		1,600,000	1,600,000

NO	월	일	품목명	규격	수량	단가	공급가액	합계
1	10	25	그루밍 니트 원피스		20	80,000	1,600,000	1,600,000

자료설명	러블리의류에 상품(그루밍 니트 원피스)을 판매하고 대금 중 600,000원은 현금으로 받았으며, 잔액은 외상으로 하였다.
수행과제	거래자료를 입력하시오.

실무수행 3   전표수정

실무프로세스 자료이다. [자료설명]을 참고하여 [수행과제]를 수행하시오.

① 입력자료 수정

자료설명	6월 30일에 입력된 거래는 영업부에서 사용하고 있는 업무용 승용차에 대한 자동차세를 납부한 거래이다.
수행과제	거래자료를 수정하시오.

② 입력자료 수정

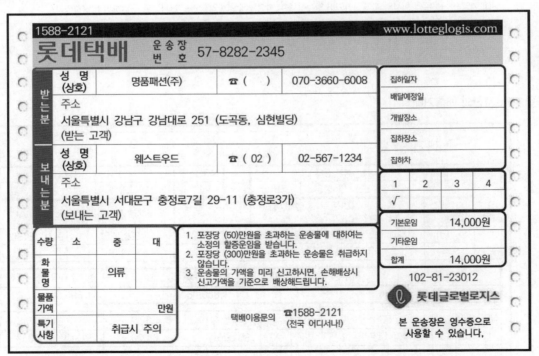

자료설명	[11월 17일] 상품을 매출하고 우리 회사 부담의 택배비를 현금으로 지급하였다.
수행과제	거래자료를 수정하시오.

실무수행 4   결산

[결산자료]를 참고하여 결산을 수행하시오.(단, 제시된 자료 이외의 자료는 없다고 가정함)

1 수동결산 및 자동결산

자료설명	1. 구입 시 비용처리한 소모품 중 기말 현재 미사용 소모품은 800,000원으로 확인되었다. 2. 기말상품재고액은 47,000,000원이다.
수행과제	1. 수동결산 또는 자동결산 메뉴를 이용하여 결산을 완료하시오. 2. 12월 31일을 기준으로 '손익계산서 ➡ 재무상태표'를 순서대로 조회 작성하시오. (단, 손익계산서 조회 작성 시 상단부 [기능모음]의 '추가'를 이용하여 '손익대체분개'를 수행할 것)

입력자료 및 회계정보를 조회하여 [평가문제]의 답안을 입력하시오.

평가문제 답안입력 유의사항		

❶ 답안은 지정된 단위의 숫자로만 입력해 주십시오.

　* 한글 등 문자 금지

	정 답	오답(예)
(1) 금액은 원 단위로 숫자를 입력하되, 천 단위 콤마(,)는 생략 가능합니다. 　(1-1) 답이 0원인 경우 반드시 "0" 입력 　(1-2) 답이 음수(-)인 경우 숫자 앞에 "-" 입력 　(1-3) 답이 소수인 경우 반드시 "." 입력	1,245,000 1245000	1.245.000 1,245,000원 1,245,0000 12,45,000 1,245천원
(2) 질문에 대한 답안은 숫자로만 입력하세요.	4	04 4건/매/명 04건/매/명
(3) 거래처 코드번호는 5자리 숫자로 입력하세요.	00101	101 00101번

❷ 더존 프로그램에서 조회되는 자료를 복사하여 붙여넣기가 가능합니다.

❸ 수행과제를 올바르게 입력하지 않고 작성한 답과 모범답안이 다른 경우 오답처리됩니다.

번호	평가문제	배점
11	**평가문제 [회사등록 조회]** 회사등록과 관련된 내용 중 옳지 않은 것은? ① 회계연도는 '제7기'이다. ② 과세유형은 '일반과세'이다. ③ 사업장세무서는 '역삼'이고, 세무서코드는 '220'이다. ④ 개업년월일은 '2017년 11월 17일'이다.	4
12	**평가문제 [예적금현황 조회]** 12월 말 은행별 예금 잔액으로 옳은 것은? ① 신협은행(보통) 47,993,000원 ② 국민은행(보통) 98,216,880원 ③ 신한은행(보통) 12,649,000원 ④ 우리은행(보통) 61,000,000원	3
13	**평가문제 [거래처원장 조회]** 6월 말 거래처별 '251.외상매입금' 잔액으로 옳지 않은 것은? ① 00103.사랑의류 23,975,000원 ② 00110.(주)빛나패션 6,805,000원 ③ 00112.무신사 3,000,000원 ④ 00120.(주)센스쟁이 15,000,000원	3
14	**평가문제 [거래처원장 조회]** 10월 말 거래처별 '108.외상매출금' 잔액으로 옳지 않은 것은? ① 00102.타라앤코 10,713,500원 ② 00108.(주)라모리타 16,325,000원 ③ 00120.(주)센스쟁이 65,602,400원 ④ 00240.러블리의류 5,500,000원	3
15	**평가문제 [거래처원장 조회]** 3월 말 '99601.신한카드'의 '253.미지급금' 잔액은 얼마인가? ( )원	3
16	**평가문제 [계정별원장 조회]** 6월 말 '146.상품' 잔액은 얼마인가? ( )원	3
17	**평가문제 [지급어음현황 '지급은행별' 조회]** 지급은행이 '98005.국민은행(당좌)'이면서 만기일이 2024년에 도래하는 지급어음 합계는 얼마인가? ( )원	3
18	**평가문제 [일/월계표 조회]** 3월 한 달 동안 발생한 '접대비' 금액은 얼마인가? ( )원	3
19	**평가문제 [일/월계표 조회]** 상반기(1월 ~ 6월)에 발생한 '차량유지비' 금액은 얼마인가? ( )원	3
20	**평가문제 [손익계산서 조회]** 전기와 비교하여 당기 '통신비' 증가금액은 얼마인가? ( )원	3

번호	평가문제	배점
21	**평가문제 [손익계산서 조회]** 전기분 '판매비와관리비'의 금액으로 옳지 않은 것은? ① 접대비 3,730,000원 ② 통신비 2,850,000원 ③ 전력비 7,250,000원 ④ 건물관리비 3,600,000원	3
22	**평가문제 [손익계산서 조회]** 당기분 '판매비와관리비'의 금액으로 옳지 않은 것은? ① 운반비 709,000원 ② 도서인쇄비 240,000원 ③ 소모품비 1,200,000원 ④ 세금과공과금 6,949,000원	4
23	**평가문제 [손익계산서 조회]** 당기에 발생한 '상품매출'은 얼마인가? ( )원	4
24	**평가문제 [손익계산서 조회]** 당기에 발생한 '영업외비용'은 얼마인가? ( )원	3
25	**평가문제 [재무상태표 조회]** 12월 말 계정별 잔액으로 옳지 않은 것은? ① 단기대여금 10,000,000원 ② 미수수익 520,000원 ③ 미수금 13,000,000원 ④ 선급금 1,900,000원	3
26	**평가문제 [재무상태표 조회]** 12월 말 '현금' 잔액은 얼마인가? ( )원	3
27	**평가문제 [재무상태표 조회]** 12월 말 '재고자산' 계정 중 '상품' 잔액은 얼마인가? ( )원	4
28	**평가문제 [재무상태표 조회]** 12월 말 '유동부채' 계정 중 잔액이 가장 적은 계정과목코드를 입력하시오. ( )	3
29	**평가문제 [재무상태표 조회]** 12월 말 '유형자산' 금액은 얼마인가? ( )원	3
30	**평가문제 [재무상태표 조회]** 12월 말 '자본금' 잔액은 얼마인가? ( )원	1
총 점		62

회계정보를 조회하여 [회계정보분석] 답안을 입력하시오.

31 재무상태표 조회 (4점)

유동비율이란 기업의 단기 지급능력을 평가하는 지표이다. 전기 유동비율은 얼마인가?(단, 소숫점 이하는 버림할 것)

$$유동비율(\%) = \frac{유동자산}{유동부채} \times 100$$

① 175%

② 180%

③ 187%

④ 192%

32 재무상태표 조회 (4점)

부채비율은 타인자본의 의존도를 표시하며, 기업의 건전성 정도를 나타내는 지표이다. 전기말 부채비율은 얼마인가?(단, 소숫점 이하는 버림할 것)

$$부채비율(\%) = \frac{부채총계}{자본총계} \times 100$$

① 64%

② 75%

③ 84%

④ 92%

실무이론평가

아래 문제에서 특별한 언급이 없으면 기업의 보고기간(회계기간)은 매년 1월 1일부터 12월 31일까지입니다. 또한 기업은 일반기업회계기준 및 관련 세법을 계속적으로 적용하고 있다고 가정하고 물음에 가장 합당한 답을 고르시기 바랍니다.

01   다음 거래의 결합관계를 나타낸 것으로 옳은 것은?

> 업무출장으로 인한 기차요금 50,000원을 현금으로 지급하였다.

① (차) 자산의 증가   (대) 부채의 증가
② (차) 비용의 발생   (대) 자산의 감소
③ (차) 비용의 발생   (대) 자본의 증가
④ (차) 자산의 증가   (대) 수익의 발생

02   다음은 신문기사의 일부이다. (㉮)에 들어갈 내용으로 가장 적절한 것은?

> 외부감사인이 회계감사 대상 회사의 재무제표 작성 지원을 금지하며 회사가 자체 결산능력을 갖추고
> (㉮)의 책임하에 재무제표를 작성하도록 했다.
>
> (××신문, 2024년 3월 31일)

① 내부감사인
② 경영자
③ 공인회계사
④ 과세당국

03 다음의 대화 내용은 무엇에 관한 것인가?

① 총계정원장
② 손익계산서
③ 재무상태표
④ 시산표

04 다음 자료를 토대로 매출채권 금액을 계산하면 얼마인가?

• 외상매출금	4,000,000원	• 받을어음	3,000,000원
• 미수금	1,500,000원	• 미수수익	2,500,000원

① 4,000,000원
② 5,500,000원
③ 7,000,000원
④ 8,500,000원

05 다음 자료를 토대로 재고자산의 취득원가를 계산하면 얼마인가?

• 상품 매입금액	300,000원	• 판매자 부담운임	60,000원
• 매입운반비	20,000원	• 광고선전비	10,000원

① 300,000원
② 310,000원
③ 320,000원
④ 380,000원

06 다음 중 유형자산의 자본적 지출로 분류되는 것은?

① 건물 외벽에 페인트를 새로 칠하였다.
② 건물에 엘리베이터를 설치하여 건물의 가치가 증가되었다.
③ 태풍으로 파손된 건물 유리창을 교체하였다.
④ 사무실의 오래된 LED 전등을 교체하였다.

07 다음 자료를 토대로 도소매업을 운영하는 한공상사의 영업이익을 계산하면 얼마인가?

손익계산서

한공상사   2024년 1월 1일부터 2024년 12월 31일까지   (단위 : 원)

비 용	금 액	수 익	금 액
매출원가	150,000	매 출	350,000
급 여	50,000		
복리후생비	10,000		
임차료비용	30,000		
기부금	60,000		
당기순이익	50,000		
	350,000		350,000

① 50,000원
② 80,000원
③ 90,000원
④ 110,000원

08 다음 중 손익계산서에 표시되는 계정과목으로 옳은 것은?

① 배당금수익
② 선수수익
③ 미지급비용
④ 미수수익

09 다음은 한공상사의 대손충당금 관련 자료이다. 당기말 대손충당금 잔액은 얼마인가?

> • 전기말 대손충당금 잔액은 40,000원이었다.
> • 당기중 매출채권 15,000원을 대손처리하였다.
> • 기말 결산 시 대손상각비 10,000원을 계상하였다.

① 15,000원
② 20,000원
③ 25,000원
④ 35,000원

10 다음 자료를 토대로 재무상태표에 표시될 현금및현금성자산을 계산하면 얼마인가?

• 현 금	50,000원	• 당좌예금	150,000원	• 보통예금	200,000원
• 단기대여금	300,000원	• 받을어음	400,000원		

① 200,000원
② 400,000원
③ 700,000원
④ 800,000원

비전커피(회사코드 4171)는 커피 도소매업을 운영하는 개인기업으로, 회계기간은 제7기(2024.1.1. ~ 2024.12.31.)이다. 제시된 자료와 자료설명을 참고하여, [수행과제]를 완료하고 [평가문제]의 물음에 답하시오.

실무수행 유의사항	1. 타계정 대체와 관련된 적요는 반드시 코드를 입력하여야 한다. 2. 채권·채무, 예금거래 등 관리대상 거래자료에 대하여는 거래처코드를 반드시 입력한다. 3. 자금관리 등 추가 작업이 필요한 경우 문제의 요구에 따라 추가 작업하여야 한다. 4. 등록된 계정과목 중 가장 적절한 계정과목을 선택한다. 5. 부가가치세는 고려하지 않는다.

실무수행 1   기초정보관리의 이해

회계관련 기초정보는 입력되어 있다. [자료설명]을 참고하여 [수행과제]를 수행하시오.

① 거래처등록

자료설명	하나은행에서 계좌를 개설하고 보통예금(기업자유예금) 통장을 발급받았다.
수행과제	통장을 참고하여 거래처등록을 하시오.(코드 : 98005, 금융기관명 : 하나은행(보통), 구분 : 0.일반으로 할 것)

② 거래처별초기이월 등록 및 수정

미지급금 명세서

코드	거래처명	금액	비 고
32012	(주)우리자동차	16,000,000원	
32013	(주)하나컴퓨터	2,200,000원	
	합 계	18,200,000원	

자료설명	비전커피의 전기분 재무제표는 이월받아 등록되어 있다.
수행과제	미지급금에 대한 거래처별초기이월 사항을 입력하시오.

실무수행 2 거래자료 입력

실무프로세스 자료이다. [자료설명]을 참고하여 [수행과제]를 수행하시오.

① 증빙에 의한 전표입력

NO.	**영 수 증** (공급받는자용)			
		비전커피	귀하	
공급자	사 업 자 등록번호	211-14-24517		
	상 호	수할인마트	성명	김상철
	사 업 장 소 재 지	서울특별시 서대문구 충정로7길 12 (충정로2가)		
	업 태	도소매업	종목	잡화

작성일자	공급대가총액	비고
2024.6.10.	₩ 28,000	

공 급 내 역				
월/일	품명	수량	단가	금액
6/10	형광펜			10,000
6/10	서류파일			18,000
합 계			₩ 28,000	

위 금액을 (영수)(청구)함

자료설명	사무실에서 사용할 문구를 구입하고 대금은 현금으로 지급하였다.
수행과제	거래자료를 입력하시오.(단, '사무용품비'로 처리할 것)

② 증빙에 의한 전표입력

자료. 자동차세 영수증

	2024 년분 자동차세 세액 신고납부서				납세자 보관용 영수증	
납 세 자 주 소	김민영 서울특별시 서대문구 충정로7길 29-13 (충정로3가)					
과세대상	62모 7331 (승용차)	구 분	자동차세	지방교육세	납부할 세액 합계	
		당 초 산 출 세 액	345,000			
		선납공제액(9.15%)			345,000 원	
과세기간	2024.1.1. ~2024.6.30.	요일제감면액(5%)				
		납 부 할 세 액	345,000	0		

<납부장소>

위의 금액을 영수합니다.

2024 년   6 월   30 일

수납일
2024.06.30
농협은행

*수납인이 없으면 이 영수증은 무효입니다   *공무원은 현금을 수납하지 않습니다.

자료설명	영업부의 업무용 승용차에 대한 자동차세를 현금으로 납부한 영수증이다.
수행과제	거래자료를 입력하시오.

③ 통장사본에 의한 거래입력

■ 보통예금(국민은행) 거래내역

번 호	거래일	내 용	찾으신금액	맡기신금액	잔 액	거래점
		계좌번호 096-24-0094-123 비전커피				
1	2024-7-10	(주)비발디커피	50,000,000		***	***

자료설명	거래처 (주)비발디커피에 50,000,000원(상환일 : 2025년 3월 31일)을 대여해주기로 하고 국민은행 보통예금 계좌에서 이체하였다.
수행과제	거래자료를 입력하시오.

④ 재고자산의 매출거래

거래명세서 (공급자 보관용)

공급자	등록번호	109-09-67470			공급받는자	등록번호	214-06-14065		
	상호	비전커피	성명	김민영		상호	커피엔쿡	성명	구한모
	사업장 주소	서울특별시 서대문구 충정로7길 29-13 (충정로3가)				사업장 주소	서울특별시 구로구 구로동로 29 (가리봉동)		
	업태	도소매업	종사업장번호			업태	도소매업	종사업장번호	
	종목	커피외				종목	커피외		

거래일자	미수금액	공급가액	총 합계금액
2024.07.20.		3,000,000	3,000,000

NO	월	일	품목명	규격	수량	단가	공급가액	합계
1	7	20	더치커피		50	60,000	3,000,000	3,000,000

자료설명	커피엔쿡에 상품(더치커피)을 판매하고 대금 중 2,000,000원은 현금으로 받았으며, 잔액은 외상으로 하였다.
수행과제	거래자료를 입력하시오.

⑤ 증빙에 의한 전표입력

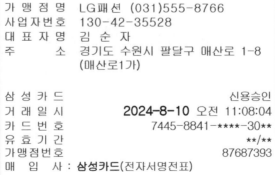

신용카드매출전표

가맹점명	LG패션 (031)555-8766
사업자번호	130-42-35528
대표자명	김순자
주 소	경기도 수원시 팔달구 매산로 1-8 (매산로1가)

삼성카드	신용승인
거래일시	2024-8-10 오전 11:08:04
카드번호	7445-8841-****-30**
유효기간	**/**
가맹점번호	87687393
매입사 : 삼성카드(전자서명전표)	

판매금액	**1,500,000원**
합계	**1,500,000원**

캐셔:032507 김서은

20240810/10062411/00046160

자료설명	직원들의 근무복인 유니폼을 구입하고 신용카드로 결제하였다.
수행과제	거래자료를 입력하시오.(단, '복리후생비'로 처리할 것)

⑥ **단기매매증권 구입 및 매각**

자료 1. 주식매매 내역서

자료 2. 보통예금(신한은행) 거래내역

번 호	거래일	내 용	찾으신금액	맡기신금액	잔 액	거래점
		계좌번호 308-24-374555 비전커피				
1	2024-8-20	주식매각대금 입금		7,000,000	***	***

자료설명	[8월 20일] 단기매매목적으로 보유하고 있는 현대자동차 주식(장부금액 : 8,000,000원)을 7,000,000원에 매각하고 받은 내역이다.
수행과제	주식 매각과 관련된 거래자료를 입력하시오.

화 재 보 험 료 영 수 증

비전커피(김민영) 귀하

보 험 료:	1,870,000 원정				No. 42513876		

보험계약자 (피보험자)	상호 (성명)	비전커피(김민영)		납 세 번 호 (사업자등록번호)		109-09-67470	
	주소	서울특별시 서대문구 충정로7길 29-13 (충정로3가)					

품 명	수량	보험일	요율	보험가입금액 (감정가격)	보험료	공제일
물품보관창고	1	2024.8.25.00:00~2025.8.25.24:00	0.0187	100,000,000	1,870,000	

위의 금액을 정히 영수 (납입) 하였기에 이를 증명합니다.

2024년 8월 25일

 한국손해보험(주)

회 장	김보험
주 민 등 록 번 호	590822-2320917
사 업 자 고 유 번 호	102-82-04254
전 화 번 호	02-123-1234

알 림	1. 이 영수증에는 회장직인 및 취급자인이 있어야 합니다. 2. 이 영수증에 영수일자가 없는 것, 컴퓨터로 기록되지 않은 것, 또는 기재사항을 고쳐쓴 것은 무효입니다. 3. 이 영수증 이외의 어떠한 형태의 사제 영수증은 무효입니다	취급자
		최영한

자료설명	[8월 25일] 상품 보관용으로 사용중인 창고건물을 화재보험에 가입하고 보험료는 현금으로 지급하였다.
수행과제	거래자료를 입력하시오.(단, '비용'으로 처리할 것)

8 **유ㆍ무형자산의 구입**

거래명세서	(공급받는자 보관용)						

거래명세서 (공급받는자 보관용)

공급자	등록번호	119-81-24789			공급받는자	등록번호	109-09-67470		
	상호	(주)더존소프트	성명	박용철		상호	비전커피	성명	김민영
	사업장주소	서울특별시 금천구 가산로 80				사업장주소	서울특별시 서대문구 충정로7길 29-13 (충정로3가)		
	업태	도소매업	종사업장번호			업태	도소매업	종사업장번호	
	종목	소프트웨어				종목	커피외		

거래일자	미수금액	공급가액	총 합계금액
2024.9.29.		3,000,000	3,000,000

NO	월	일	품목명	규격	수량	단가	공급가액	합계
1	9	29	위하고(웹버전)				3,000,000	3,000,000

자료설명	비대면 재택근무를 위한 회계세무 소프트웨어 '위하고(웹버전)'를 구입하고, 구입대금은 다음달 말일에 지급하기로 하였다.
수행과제	거래자료를 입력하시오.

실무수행 3   전표수정

실무프로세스 자료이다. [자료설명]을 참고하여 [수행과제]를 수행하시오.

1 **입력자료 수정**

■ 보통예금(신협은행) 거래내역

번 호	거래일	내 용	찾으신금액	맡기신금액	잔 액	거래점
		계좌번호 1122-098-123143 비전커피				
1	2024-12-10	(주)망고식스	26,810,000		***	***

자료설명	(주)망고식스에 지급해야 할 외상매입금을 신협은행 보통예금 계좌에서 이체하여 지급하였다.
수행과제	통장 거래내역을 확인하고 올바르게 수정하시오.

② 입력자료 수정

영 수 증 (공급받는자용)

비전커피 귀하

공급자	사업자 등록번호	211-14-22014		
	상 호	제일서점	성 명	노기석
	사업장 소재지	서울특별시 강남구 강남대로 312		
	업 태	도소매업	종 목	도서

작성일자	공급대가총액	비고
2024.9.20.	₩ 24,000	

공 급 내 역

월/일	품명	수량	단가	금액
9/20	도서			24,000
합 계			₩ 24,000	

위 금액을 (영수)(청구)함

자료설명	도서구입과 관련된 회계처리가 중복 입력되어 있음을 확인하였다.
수행과제	오류자료를 수정하시오.

실무수행 4 결산

[결산자료]를 참고하여 결산을 수행하시오.(단, 제시된 자료 이외의 자료는 없다고 가정함)

① 수동결산 및 자동결산

자료설명	1. 구입 시 비용처리한 소모품 중 기말 현재 미사용액은 500,000원으로 확인되었다. 2. 기말상품재고액은 43,000,000원이다.
수행과제	1. 수동결산 또는 자동결산 메뉴를 이용하여 결산을 완료하시오. 2. 12월 31일을 기준으로 '손익계산서 ➡ 재무상태표'를 순서대로 조회 작성하시오. (단, 손익계산서 조회 작성 시 상단부 [기능모음]의 '추가'를 이용하여 '손익대체분개'를 수행할 것)

입력자료 및 회계정보를 조회하여 [평가문제]의 답안을 입력하시오.

평가문제 답안입력 유의사항		
❶ 답안은 지정된 단위의 숫자로만 입력해 주십시오.		
* 한글 등 문자 금지		
	정 답	오답(예)
(1) 금액은 원 단위로 숫자를 입력하되, 천 단위 콤마(,)는 생략 가능합니다.	1,245,000 1245000	1.245.000 1,245,000원 1,245,0000 12,45,000 1,245천원
(1-1) 답이 0원인 경우 반드시 "0" 입력 (1-2) 답이 음수(-)인 경우 숫자 앞에 "-" 입력 (1-3) 답이 소수인 경우 반드시 "." 입력		
(2) 질문에 대한 답안은 숫자로만 입력하세요.	4	04 4건/매/명 04건/매/명
(3) 거래처 코드번호는 5자리 숫자로 입력하세요.	00101	101 00101번
❷ 더존 프로그램에서 조회되는 자료를 복사하여 붙여넣기가 가능합니다.		
❸ 수행과제를 올바르게 입력하지 않고 작성한 답과 모범답안이 다른 경우 오답처리됩니다.		

번 호	평가문제	배 점
11	**평가문제 [거래처등록 조회]** 금융 거래처별 계좌번호로 옳지 않은 것은? ① 국민은행(보통) 096-24-0094-123 ② 신한은행(보통) 308-24-374555 ③ 농협은행(보통) 112-42-562489 ④ 하나은행(보통) 527-910004-22456	3
12	**평가문제 [거래처원장 조회]** 12월 말 거래처별 '253.미지급금' 잔액으로 옳지 않은 것은? ① 성진빌딩(주) 7,000,000원 ② (주)더존소프트 2,000,000원 ③ (주)은비까비 2,970,000원 ④ (주)우리자동차 16,000,000원	3
13	**평가문제 [거래처원장 조회]** 12월 말 '103.보통예금' 신한은행(코드 : 98002)의 잔액은 얼마인가? ( )원	3
14	**평가문제 [거래처원장 조회]** 12월 말 '253.미지급금' 삼성카드(코드 : 99605)의 잔액은 얼마인가? ( )원	3
15	**평가문제 [예적금현황 조회]** 12월 말 은행별 예금잔액으로 옳은 것은? ① 신협은행(보통) 62,009,000원 ② 국민은행(보통) 89,824,000원 ③ 신한은행(보통) 37,000,000원 ④ 우리은행(당좌) 13,000,000원	4
16	**평가문제 [분개장 조회]** 9월(9/1 ~ 9/30) 동안의 전표 중 '전표 : 1.일반, 선택 : 1.출금' 전표의 건수는? ( )건	3
17	**평가문제 [일/월계표 조회]** 8월에 발생한 '판매관리비'의 계정과목 중 현금지출이 가장 큰 계정과목의 코드번호 세자리를 입력하시오. ( )	3
18	**평가문제 [현금출납장 조회]** 6월 말 '현금' 잔액은 얼마인가? ( )원	3
19	**평가문제 [현금출납장 조회]** 8월(8/1 ~ 8/31)의 '현금' 출금액은 얼마인가? ( )원	2
20	**평가문제 [손익계산서 조회]** 당기에 발생한 '상품매출' 금액은 얼마인가? ( )원	4

PART 2

번 호	평가문제	배 점
21	**평가문제 [손익계산서 조회]** 당기에 발생한 '판매비와관리비'의 계정별 금액으로 옳은 것은? ① 도서인쇄비 288,000원 ② 사무용품비 28,000원 ③ 소모품비 2,640,000원 ④ 광고선전비 5,000,000원	3
22	**평가문제 [손익계산서 조회]** 당기에 발생한 '상품매출원가' 금액은 얼마인가? (　　　　　)원	4
23	**평가문제 [손익계산서 조회]** 당기에 발생한 '복리후생비' 금액은 얼마인가? (　　　　　)원	4
24	**평가문제 [손익계산서 조회]** 당기에 발생한 '세금과공과금' 금액은 얼마인가? (　　　　　)원	2
25	**평가문제 [손익계산서 조회]** 당기에 발생한 '영업외비용' 금액은 얼마인가? (　　　　　)원	3
26	**평가문제 [재무상태표 조회]** 12월 말 '단기매매증권' 잔액은 얼마인가? (　　　　　)원	3
27	**평가문제 [재무상태표 조회]** 12월 말 '단기대여금' 잔액은 얼마인가? (　　　　　)원	4
28	**평가문제 [재무상태표 조회]** 12월 말 '소모품' 잔액은 얼마인가? (　　　　　)원	4
29	**평가문제 [재무상태표 조회]** 12월 말 '소프트웨어' 잔액은 얼마인가? (　　　　　)원	3
30	**평가문제 [재무상태표 조회]** 12월 말 재무상태표의 '자본금' 금액은 얼마인가? ① 515,250,570원 ② 515,540,570원 ③ 522,904,570원 ④ 523,935,370원	1
총 점		62

회계정보를 조회하여 [답안수록] 메뉴에 해당문제의 답안을 입력하시오.

31 재무상태표 조회 (4점)
유동비율이란 기업의 단기 지급능력을 평가하는 지표이다. 전기분 유동비율은 얼마인가?(단, 소숫점 이하는 버림할 것)

$$유동비율(\%) = \frac{유동자산}{유동부채} \times 100$$

① 18%
② 20%
③ 530%
④ 540%

32 손익계산서 조회 (4점)
매출총이익률은 매출로부터 얼마의 이익을 얻느냐를 나타내는 지표이다. 전기분 매출총이익률은 얼마인가?(단, 소숫점 이하는 버림할 것)

$$매출총이익률(\%) = \frac{매출총이익}{매출액} \times 100$$

① 30%
② 36%
③ 39%
④ 42%

실무이론평가

아래 문제에서 특별한 언급이 없으면 기업의 보고기간(회계기간)은 매년 1월 1일부터 12월 31일까지입니다. 또한 기업은 일반기업회계기준 및 관련 세법을 계속적으로 적용하고 있다고 가정하고 물음에 가장 합당한 답을 고르시기 바랍니다.

01 다음 중 아래 거래요소의 결합관계에 해당하는 거래는 무엇인가?

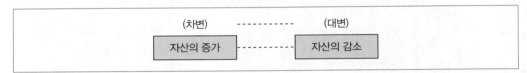

① 투자자로부터 시가 6,000,000원의 건물을 기증받았다.
② 단기차입금 300,000원을 현금으로 상환하였다.
③ 대여금 500,000원이 만기가 되어 현금으로 상환받았다.
④ 종업원급여 2,000,000원을 보통예금 계좌에서 지급하였다.

02 다음 중 회계상 거래에 해당하지 않는 것은?

① 기계장치를 50,000,000원에 취득하고 현금을 지급하였다.
② 창고에 보관중이던 상품 10,000,000원을 분실하였다.
③ 20,000,000원인 업무용차량을 구입하기 위해 거래처에 주문서를 발송하였다.
④ 종업원에게 5,000,000원의 급여를 지급하였다.

03 다음 중 재무상태표에 표시되지 않는 계정은?

① 매출채권

② 선수수익

③ 선급비용

④ 경상개발비

04 다음 대화 중 선생님의 질문에 대하여 바르게 대답한 학생으로 묶은 것은?

① 영수, 진우

② 영수, 민지

③ 민지, 혜민

④ 진우, 혜민

05 다음 자료를 토대로 유형자산처분이익을 계산하면 얼마인가?

<table>
<tr><td colspan="4" align="center">잔액시산표
2024.1.1</td></tr>
<tr><td colspan="4" align="right">(주)한공(단위 : 원)</td></tr>
<tr><th>차 변</th><th>원 면</th><th>계정과목</th><th>대 변</th></tr>
<tr><td align="center">⋮
10,000,000</td><td align="center">생
략</td><td align="center">⋮
건 물
감가상각누계액</td><td align="center">⋮
2,000,000</td></tr>
</table>

- 2024.6.30. 처분 시까지 인식한 감가상각비는 500,000원이다.
- 2024.6.30. 건물을 9,000,000원에 처분하다.

① 500,000원
② 600,000원
③ 1,000,000원
④ 1,500,000원

06 다음 중 재고자산에 대한 설명으로 옳지 않은 것은?

① 재고자산은 판매를 위하여 보유하고 있는 자산이다.
② 재고자산 매입원가는 매입과정에서 정상적으로 발생한 부대원가를 포함한다.
③ 재고자산의 수량결정방법은 실지재고조사법과 계속기록법이 있다.
④ 재고자산 매입과 관련된 할인, 에누리는 영업외비용으로 처리한다.

07 다음 자료를 토대로 매출액을 계산하면 얼마인가?

<table>
<tr><td>• 당기 총매출액</td><td align="right">90,000원</td><td>• 당기 매출할인</td><td align="right">10,000원</td></tr>
<tr><td>• 당기 매출에누리와 환입</td><td align="right">5,000원</td><td></td><td></td></tr>
</table>

① 75,000원
② 80,000원
③ 85,000원
④ 90,000원

08 회사의 업무용승용차에 주유를 하고 신용카드로 결제한 경우 차변 계정과목으로 옳은 것은?

① 차량유지비
② 접대비
③ 복리후생비
④ 광고선전비

09 다음의 오류가 당기 손익계산서에 미치는 영향으로 옳은 것은?

> • 기말재고자산을 150,000원으로 계상하였으나 정확한 기말재고금액은 120,000원이다.

	매출원가	당기순이익
①	과 대	과 대
②	과 대	과 소
③	과 소	과 소
④	과 소	과 대

10 다음 자료를 토대로 손익계산서에 반영될 대손상각비를 계산하면 얼마인가?

<table>
<tr><td colspan="6" align="center">대손충당금</td></tr>
<tr><td colspan="6" align="right">(단위 : 원)</td></tr>
<tr><td>5/31</td><td>외상매출금</td><td>×××</td><td>1/1</td><td>전기이월</td><td>100,000</td></tr>
<tr><td>12/31</td><td>차기이월</td><td>120,000</td><td>12/31</td><td>대손상각비</td><td>×××</td></tr>
<tr><td></td><td></td><td>×××</td><td></td><td></td><td>×××</td></tr>
</table>

• 당기 중 회수가 불가능한 것으로 판명되어 대손처리된 외상매출금은 30,000원이다.

① 10,000원
② 20,000원
③ 30,000원
④ 50,000원

주토피아(회사코드 4173)는 반려동물용품 도소매업을 운영하는 개인기업으로, 회계기간은 제7기(2024.1.1. ~ 2024.12.31.)이다. 제시된 자료와 [자료설명]을 참고하여, [수행과제]를 완료하고 [평가문제]의 물음에 답하시오.

실무수행 유의사항	1. 타계정 대체와 관련된 적요는 반드시 코드를 입력하여야 한다. 2. 채권·채무, 예금거래 등 관리대상 거래자료에 대하여는 거래처코드를 반드시 입력한다. 3. 자금관리 등 추가 작업이 필요한 경우 문제의 요구에 따라 추가 작업하여야 한다. 4. 등록된 계정과목 중 가장 적절한 계정과목을 선택한다. 5. 부가가치세는 고려하지 않는다.

실무수행 1 기초정보관리의 이해

회계관련 기초정보는 입력되어 있다. [자료설명]을 참고하여 [수행과제]를 수행하시오.

① 거래처등록

자료설명	통신요금 자동이체 할인을 위한 신용카드를 신규로 발급받았다.
수행과제	거래처등록을 하시오. ('코드 : 99607, 카드명 : 국민카드, 구분 : 매입, 카드 결제일 : 25일'로 할 것)

② 거래처별초기이월 등록 및 수정

장기차입금 명세서

코 드	거래처명	금 액	비 고
98004	농협은행(차입)	40,000,000원	만기일 2026.10.31.
98006	카카오뱅크(차입)	50,000,000원	만기일 2026.11.30.
	합 계	90,000,000원	

자료설명	주토피아의 전기분 재무제표는 이월받아 입력되어 있다.
수행과제	장기차입금에 대한 거래처별초기이월을 입력하시오.

실무수행 2   거래자료 입력

실무프로세스 자료이다. [자료설명]을 참고하여 [수행과제]를 수행하시오.

① 통장사본에 의한 거래입력

■ 보통예금(기업은행) 거래내역

번 호	거래일	내 용	찾으신금액	맡기신금액	잔 액	거래점
		계좌번호 221-311-456789 주토피아				
1	2024-1-14	대여금 원리금		2,300,000	***	***

자료설명	(주)몰리스펫 단기대여금 원금 2,000,000원과 이자 300,000원을 기업은행 보통예금 계좌로 입금받았다.
수행과제	거래자료를 입력하시오.

② 증빙에 의한 전표입력

NO.	**영 수 증** (공급받는자용)			
	주토피아 귀하			

공급자	사 업 자 등록번호	251-29-13424		
	상 호	선일인쇄	성 명	한영걸
	사 업 장 소 재 지	서울특별시 강남구 논현로 6		
	업 태	제조업	종 목	인쇄

작성일자	공급대가총액	비고
2024.2.5.	₩ 20,000	

공 급 내 역

월/일	품명	수량	단가	금액
2/5	명함			20,000
합 계			20,000	

위 금액을 영수(청구)함

자료설명	신규 입사한 영업부 직원 명함인쇄대금을 현금으로 지급하였다.
수행과제	거래자료를 입력하시오.(단, '도서인쇄비'로 처리할 것)

③ 재고자산의 매입거래

	거래명세서			(공급받는자 보관용)				
공급자	등록번호	214-21-54323		공급받는자	등록번호	318-12-37852		
	상호	헬로댕댕이	성명 이경규		상호	주토피아	성명 강형욱	
	사업장 주소	서울특별시 서초구 사평대로 106			사업장 주소	서울특별시 강남구 강남대로 246, 1층		
	업태	제조업	종사업장번호		업태	도소매업	종사업장번호	
	종목	반려동물용품			종목	반려동물용품		

거래일자	미수금액	공급가액	세액	총 합계금액
2024.3.10.		40,000,000		40,000,000

NO	월	일	품목명	규격	수량	단가	공급가액	세액	합계
1	3	10	강아지 이동가방		1,000	30,000	30,000,000		30,000,000
2	3	10	강아지 방수신발		1,000	10,000	10,000,000		10,000,000

자료설명	헬로댕댕이에서 상품을 매입하고 대금 중 10,000,000원은 현금으로 지급하고, 잔액은 외상으로 하였다.
수행과제	거래자료를 입력하시오.

④ 기타 일반거래

영수증 (입금증, 영수증, 계산서, 전자통장거래확인증 등 겸용)

타행 송금의뢰 확인증

2024 년 4 월 20 일

입금 은행 : 국민은행
입금 계좌 : 151810-125-9110   대   체 :   ₩5,500,000
수 취 인 : 폴리파크
적   요 :   ------------------------
의 뢰 인   주토피아   합   계 :   ₩5,500,000
                          송금수수료 :   0

유성지점   (☎ 1544-9999)

국민은행

자료설명	[4월 20일] 상품을 매입하기 위해 폴리파크에 국민은행 보통예금 계좌에서 계약금을 이체 지급하였다.
수행과제	거래자료를 입력하시오.

⑤ 통장사본에 의한 거래입력

자료 1. 신용카드 이용대금 명세서

4월 이용대금 명세서   결제일: 2024.5.13. / 실제출금일: 2024.5.13.   결제계좌: 하나은행

결제하실 금액	이달의 할인혜택	포인트 및 마일리지
2,151,000원	0 원	포인트리 15,400

할인 서비스   0 원
무이자 혜택금액   0 원

하나카드

자료 2. 보통예금(하나은행) 거래내역

번 호	거래일	내 용	찾으신금액	맡기신금액	잔 액	거래점
		계좌번호 112-420-556641 주토피아				
1	2024-5-13	하나카드	2,151,000		***	***

자료설명	하나카드 4월 사용분 결제대금이 하나은행 보통예금 계좌에서 이체되었음을 확인하였다.
수행과제	거래자료를 입력하시오.

⑥ 기타 일반거래

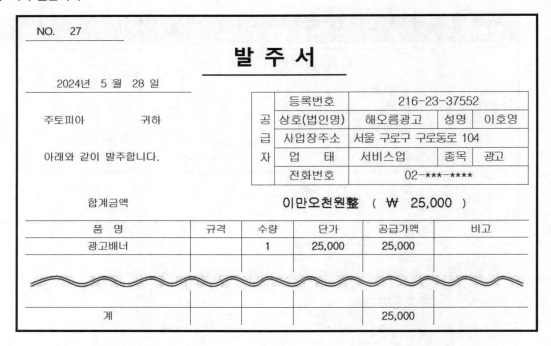

자료설명	[5월 28일] 신제품 홍보목적으로 광고배너를 제작하고, 대금은 현금으로 지급하였다.
수행과제	거래자료를 입력하시오.

⑦ 기타 일반거래

2024년 6월 급여대장

팀 명	성 명	급 여	공제액			차감지급액
			소득세 등	건강보험료 등	공제액합계	
회계팀	손흥민	3,000,000원	81,780원	282,120원	363,900원	2,636,100원
영업팀	류현진	4,000,000원	215,550원	376,160원	591,710원	3,408,290원
합 계		7,000,000원	297,330원	658,280원	955,610원	6,044,390원

■ 보통예금(토스뱅크) 거래내역

번 호	거래일	내 용	찾으신금액	맡기신금액	잔 액	거래점
		계좌번호 1251-1510-12510 주토피아				
1	2024-6-30	급 여	6,044,390		***	***

자료설명	6월분 급여를 토스뱅크 보통예금 계좌에서 이체하여 지급하였다.
수행과제	거래자료를 입력하시오.(공제액합계는 '예수금'으로 처리할 것)

⑧ 기타 일반거래

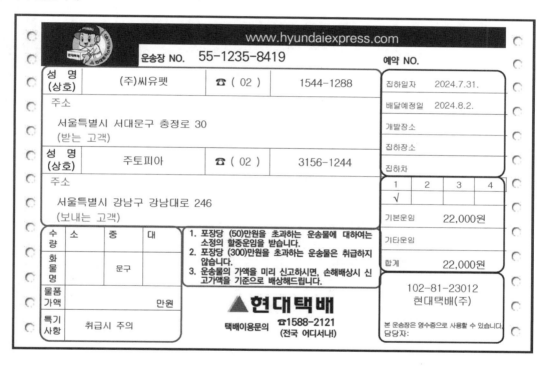

자료설명	[7월 31일] (주)씨유펫에 판매 상품을 발송하고, 당사 부담 운반비를 현금으로 지급하였다.
수행과제	거래자료를 입력하시오.

실무프로세스 자료이다. [자료설명]을 참고하여 [수행과제]를 수행하시오.

① 입력자료 수정

현금영수증
(지출증빙용)

사업자등록번호	: 220-19-24312 김꽃님
사업자명	: 천년플라워
가맹점주소	: 서울특별시 강남구 강남대로 125-1

현금영수증 회원번호
318-12-37852 주토피아

승인번호	: 45457878 (PK)
거래일시	: 2024년 8월 15일

공급금액	100,000원
부가세금액	
총합계	100,000원

휴대전화, 카드번호 등록
http://현금영수증.kr
국세청문의(126)
38036925-GCA10106-3870-U490
<<<<<<이용해 주셔서 감사합니다.>>>>>>

자료설명	거래처 확장이전 축하선물용 화환을 현금으로 구입하고 발급받은 현금영수증이다.
수행과제	거래자료를 확인하고 올바르게 수정하시오.

② 입력자료 수정

NO _20240920_	입 금 표 (공급자용)

(주)에이스가구 귀하

공급자	사 업 자 등록번호	318-12-37852		
	상 호	주토피아	성 명	강형욱
	사 업 장 소 재 지	서울특별시 강남구 강남대로 246,1층		
	업 태	도소매업	종목	반려동물용품

작성일	공급대가총액	비고
2024.9.20.	350,000	

공 급 내 역				
월/일	품명	수량	단가	금액
9/20	중고가구	5	70,000	350,000
합 계	₩350,000			
위 금액을 (영수)청구)함				

자료설명	사무용 가구(비품)를 당근마켓에 중고로 판매하고 발생한 미수금을 현금으로 받고 발급한 입금표이다.
수행과제	9월 20일 거래자료를 참고하여 입력자료를 적절하게 수정하시오.

실무수행 4 결산

[결산자료]를 참고하여 결산을 수행하시오.(단, 제시된 자료 이외의 자료는 없다고 가정함)

① 수동결산 및 자동결산

자료설명	1. 받을어음 잔액에 대하여 1%의 대손충당금을 설정하시오.(보충법을 적용할 것) 2. 기말상품재고액은 5,600,000원이다.
수행과제	1. 수동결산 또는 자동결산 메뉴를 이용하여 결산을 완료하시오. 2. 12월 31일을 기준으로 '손익계산서 ➡ 재무상태표'를 순서대로 조회 작성하시오. 　(단, 손익계산서 조회 작성 시 상단부 [기능모음]의 '추가'를 이용하여 '손익대체분개'를 수행할 것)

입력자료 및 회계정보를 조회하여 [평가문제]의 답안을 입력하시오.

평가문제 답안입력 유의사항		

❶ 답안은 지정된 단위의 숫자로만 입력해 주십시오.

　* 한글 등 문자 금지

	정 답	오답(예)
(1) 금액은 원 단위로 숫자를 입력하되, 천 단위 콤마(,)는 생략 가능합니다. 　(1-1) 답이 0원인 경우 반드시 "0" 입력 　(1-2) 답이 음수(-)인 경우 숫자 앞에 "-" 입력 　(1-3) 답이 소수인 경우 반드시 "." 입력	1,245,000 1245000	1.245.000 1,245,000원 1,245,0000 12,45,000 1,245천원
(2) 질문에 대한 답안은 숫자로만 입력하세요.	4	04 4건/매/명 04건/매/명
(3) 거래처 코드번호는 5자리 숫자로 입력하세요.	00101	101 00101번

❷ 더존 프로그램에서 조회되는 자료를 복사하여 붙여넣기가 가능합니다.

❸ 수행과제를 올바르게 입력하지 않고 작성한 답과 모범답안이 다른 경우 오답처리됩니다.

번 호	평가문제	배 점
11	**평가문제 [거래처등록 조회]** [거래처등록] 관련 내용으로 옳지 않은 것은? ① 우리카드는 매출카드이다. ② 매출카드는 1개이고 매입카드는 4개이다. ③ 국민카드의 결제일은 25일이다. ④ 하나카드의 결제계좌는 하나은행(보통)이다.	3
12	**평가문제 [예적금현황 조회]** 12월 말 은행별 예금 잔액으로 옳지 않은 것은? ① 98000.기업은행(보통) 100,000,000원 ② 98001.신한은행(보통) 45,192,620원 ③ 98002.하나은행(보통) 15,849,000원 ④ 98003.국민은행(보통) 4,500,000원	3
13	**평가문제 [거래처원장 조회]** 12월 말 농협은행(차입)(코드 98004)의 장기차입금 잔액은 얼마인가? <div align="right">( )원</div>	4
14	**평가문제 [거래처원장 조회]** 12월 말 하나카드(코드 99601)의 미지급금 잔액은 얼마인가? ① 0원 ② 1,860,000원 ③ 2,151,000원 ④ 6,872,000원	3
15	**평가문제 [거래처원장 조회]** 12월 말 외상매입금 잔액이 가장 큰 거래처는? ① 폴리파크 ② (주)씨유펫 ③ 헬로댕댕이 ④ 야옹아멍멍	3
16	**평가문제 [현금출납장 조회]** 8월 말 '현금' 잔액은 얼마인가? <div align="right">( )원</div>	3
17	**평가문제 [일/월계표 조회]** 4월 중 '선급금' 증가액은 얼마인가? <div align="right">( )원</div>	3
18	**평가문제 [일/월계표 조회]** 8월 중 '접대비(기업업무추진비)'의 현금 지출액은 얼마인가? <div align="right">( )원</div>	3
19	**평가문제 [총계정원장 조회]** 다음 중 '146.상품' 매입 금액이 가장 많은 달은 몇 월인가? ① 1월 ② 3월 ③ 5월 ④ 8월	3

번호	평가문제	배점
20	**평가문제 [손익계산서 조회]** 당기에 발생한 판매관리비(판매비와관리비)의 계정별 금액으로 옳지 않은 것은? ① 급여 253,139,000원 ② 복리후생비 14,241,200원 ③ 여비교통비 1,324,600원 ④ 광고선전비 5,325,000원	3
21	**평가문제 [손익계산서 조회]** 당기 '상품매출원가' 금액은 얼마인가? ( )원	4
22	**평가문제 [손익계산서 조회]** 판매비와관리비 계정 중 '운반비'의 전기(6기) 대비 증가액은 얼마인가? ( )원	3
23	**평가문제 [손익계산서 조회]** 다음 당기 판매비와관리비 계정 중 발생액이 가장 큰 계정과목은? ① 운반비 ② 도서인쇄비 ③ 사무용품비 ④ 잡 비	3
24	**평가문제 [손익계산서 조회]** 당기에 발생한 '영업외수익' 금액은 얼마인가? ( )원	3
25	**평가문제 [재무상태표 조회]** 12월 말 '보통예금' 잔액으로 옳은 것은? ① 249,850,000원 ② 241,750,000원 ③ 247,550,000원 ④ 249,701,000원	2
26	**평가문제 [재무상태표 조회]** 12월 말 '받을어음의 장부금액(받을어음 − 대손충당금)'은 얼마인가? ( )원	3
27	**평가문제 [재무상태표 조회]** 12월 말 계정별 잔액으로 옳지 않은 것은? ① 단기대여금 50,000,000원 ② 미수수익 600,000원 ③ 미수금 1,100,000원 ④ 선급금 9,200,000원	4
28	**평가문제 [재무상태표 조회]** 12월 말 '미지급금' 잔액은 얼마인가? ( )원	4
29	**평가문제 [재무상태표 조회]** 12월 말 '예수금' 잔액은 얼마인가? ( )원	3

번 호	평가문제	배 점
30	**평가문제 [재무상태표 조회]** 12월 말 '자본금' 금액은 얼마인가? ① 510,660,120원 ② 512,480,120원 ③ 514,188,500원 ④ 523,610,510원	2
총 점		62

회계정보를 조회하여 [회계정보분석] 답안을 입력하시오.

31 재무상태표 조회 (4점)

부채비율은 기업의 지급능력을 측정하는 비율로 높을수록 채권자에 대한 위험이 증가한다. 전기 부채비율은 얼마인가?(단, 소숫점 이하는 버림할 것)

$$부채비율(\%) = \frac{부채총계}{자기자본(자본총계)} \times 100$$

① 55%

② 58%

③ 60%

④ 63%

32 손익계산서 조회 (4점)

영업이익률은 기업의 주된 영업활동에 의한 성과를 판단하는 비율로 판매활동과 직접 관계없는 영업외손익을 제외한 순수 영업활동의 수익성을 나타내는 비율이다. 전기 영업이익률을 계산하면 얼마인가?(단, 소숫점 이하는 버림할 것)

$$영업이익률(\%) = \frac{영업이익}{매출액} \times 100$$

① 48%

② 58%

③ 62%

④ 65%

실무이론평가

아래 문제에서 특별한 언급이 없으면 기업의 보고기간(회계기간)은 매년 1월 1일부터 12월 31일까지입니다. 또한 기업은 일반기업회계기준 및 관련 세법을 계속적으로 적용하고 있다고 가정하고 물음에 가장 합당한 답을 고르시기 바랍니다.

01 다음 거래에 대한 거래 요소의 결합 관계를 나타낸 것으로 옳은 것은?

• 한공상사는 기계장치를 50,000,000원에 취득하고 현금을 지급하였다.

① (차) 자산의 증가   (대) 수익의 발생
② (차) 자산의 증가   (대) 부채의 증가
③ (차) 비용의 발생   (대) 자산의 감소
④ (차) 자산의 증가   (대) 자산의 감소

02 다음 중 당좌자산으로 분류되지 않는 것은?

① 만기가 1년 이내에 도래하는 정기예금
② 판매목적으로 보유하고 있는 상품
③ 상품을 판매하고 받은 어음
④ 단기간 내에 매매차익을 얻을 목적으로 구입한 시장성 있는 주식

03 (주)한공은 종업원기숙사로 사용하기 위해 건물을 취득하였다. 취득한 건물과 관련된 지출이 다음과 같을 때 건물의 취득원가는 얼마인가?

• 취득대금	80,000,000원	• 취득 관련 중개수수료	1,000,000원
• 취득세	3,600,000원	• 재산세	100,000원

① 80,000,000원
② 81,000,000원
③ 84,600,000원
④ 84,700,000원

04 다음은 (주)한공의 사업용 토지 처분에 관한 대화이다. 이에 대한 회계처리 시 대변 계정과목은?

① 토 지
② 가수금
③ 건설중인자산
④ 선수금

05 다음 자료를 토대로 2024년 3월 31일의 대손충당금 잔액을 계산하면 얼마인가?

• 2024년 1월 1일 : 대손충당금 잔액 200,000원 • 2024년 3월 31일 : 거래처 파산으로 매출채권 150,000원이 회수불능으로 판명되어 대손처리하다.

① 50,000원

② 100,000원

③ 150,000원

④ 200,000원

06 다음 중 재무상태표의 계정과목을 모두 고른 것은?

가. 매출채권	나. 매입채무	다. 광고선전비
라. 수수료수익	마. 선수수익	

① 가, 나, 다

② 가, 나, 마

③ 나, 다, 라

④ 다, 라, 마

07 다음 자료를 토대로 매출원가를 계산하면 얼마인가?

• 기초상품재고액	200,000원	• 당기 총매입액	400,000원
• 매입에누리	40,000원	• 기말상품재고액	150,000원

① 410,000원

② 450,000원

③ 500,000원

④ 600,000원

08 다음은 (주)한공이 판매대리점으로 사용할 사무실 임대차계약서의 일부이다. (주)한공이 임대인에게 지급하는 보증금으로 (주)한공의 재무제표에 표시되는 계정과목은?

<table>
<tr><td colspan="7" style="text-align:center">(사 무 실) 임 대 차 계 약 서
□ 임 대 인 용
■ 임 차 인 용
□ 사무소보관용</td></tr>
<tr><td rowspan="2">부동산의
표시</td><td>소재지</td><td colspan="5">서울 용산구 한강로3가 16-49 삼구빌딩 1층 104호</td></tr>
<tr><td>구 조</td><td>철근콘크리트조</td><td>용도</td><td>사무실</td><td>면적</td><td>82㎡</td></tr>
<tr><td colspan="2">전 세 보 증 금</td><td colspan="5">금   50,000,000원정</td></tr>
<tr><td colspan="7">제 1 조 위 부동산의 임대인과 임차인 합의하에 아래와 같이 계약함.
제 2 조 위 부동산의 임대차에 있어 임차인은 보증금을 위와 같이 지불키로 함.</td></tr>
</table>

① 임대보증금

② 임차료

③ 임대료

④ 임차보증금

09 한공상사는 2024년 4월 1일에 임대료 1년분 2,400,000원을 현금으로 받고 전액 임대료수익으로 인식하였다. 2024년 12월 31일 결산 시 계상할 선수수익은 얼마인가?(월할계산하기로 한다)

① 600,000원

② 1,200,000원

③ 1,400,000원

④ 1,800,000원

10 다음 중 손익계산서에 표시되는 계정과목은?

① 개발비

② 미지급비용

③ 선수수익

④ 단기매매증권처분손실

모든스포츠(회사코드 4175)는 스포츠용품 도소매업을 운영하는 개인기업으로, 회계기간은 제7기(2024.1.1. ~ 2024.12.31.)이다. 제시된 자료와 [자료설명]을 참고하여, [수행과제]를 완료하고 [평가문제]의 물음에 답하시오.

실무수행 유의사항	1. 타계정 대체와 관련된 적요는 반드시 코드를 입력하여야 한다. 2. 채권·채무, 예금거래 등 관리대상 거래자료에 대하여는 거래처코드를 반드시 입력한다. 3. 자금관리 등 추가 작업이 필요한 경우 문제의 요구에 따라 추가 작업하여야 한다. 4. 등록된 계정과목 중 가장 적절한 계정과목을 선택한다. 5. 부가가치세는 고려하지 않는다.

PART 2

실무수행 1   기초정보관리의 이해

회계관련 기초정보는 입력되어 있다. [자료설명]을 참고하여 [수행과제]를 수행하시오.

① 사업자등록증에 의한 거래처등록

사 업 자 등 록 증
(일반과세자)
등록번호: 110-81-02129

상   호: (주)세방기계
대 표 자 명: 장은호
개 업 년 월 일: 2019년 1월 24일
사업장   소재지: 서울특별시 강남구 강남대로 246
                  (도곡동, 다림빌딩)

사 업 의 종 류: 업태 제조업   종목   운동기구

교 부 사 유: 정정

사업자단위과세 적용사업자여부: 여(   ) 부(√)
전자세금계산서 전용 메일주소: sebang@naver.com

2024년 3월 15일

역삼 세무서장

국세청

자료설명	거래처 (주)세방기계의 사업자등록증 내용 중 '종목'과 '메일주소'가 변경되어 사업자등록증 사본을 받았다.
수행과제	사업자등록증을 확인하여 변경사항을 수정하시오.

② 거래처별초기이월 등록

계정과목	거래처코드	거래처명	금 액	비 고
외상매출금	00106	건강지킴이	47,500,000원	
	00120	금강기술	22,000,000원	
	03004	클라우드	25,500,000원	
	합 계		95,000,000원	
미지급금	00110	한얼회계법인	1,700,000원	
	02507	(주)소호상사	8,000,000원	
	합 계		9,700,000원	

자료설명	거래처별초기이월 자료는 등록되어 있다.
수행과제	외상매출금, 미지급금에 대한 거래처별초기이월 사항을 등록 및 수정하시오.

실무수행 2   거래자료 입력

실무프로세스 자료이다. [자료설명]을 참고하여 [수행과제]를 수행하시오.

① 증빙에 의한 전표입력

영 수 증

2024/2/6

우리모터스   (T.02-823-1234)
서울특별시 강남구 일원로 2
(대치동)
130-30-88639

품 목	수 량	단 가	금 액
요소수	1	25,000	25,000

합계: 25,000원

감사합니다.

자료설명	업무용 승용차에 요소수를 투입하고 대금은 현금으로 지급하였다.
수행과제	거래자료를 입력하시오.(단, '차량유지비'로 처리할 것)

② 기타 일반거래

자료 1. 사무실 월세계약서 내역

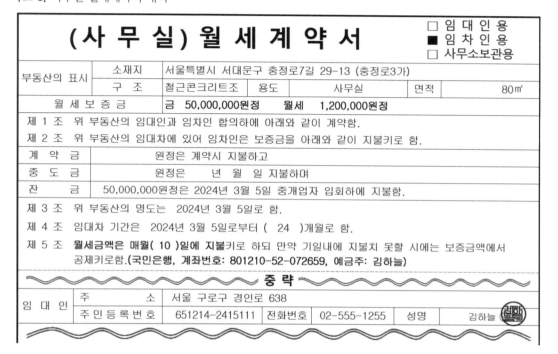

자료 2. 보통예금(신한은행) 거래내역

번 호	거래일	내 용	찾으신금액	맡기신금액	잔 액	거래점
		계좌번호 308-24-374555 모든스포츠				
1	2024-3-5	김하늘	50,000,000		***	***

자료설명	사무실 확장을 위하여 계약했던 건물의 보증금을 신한은행 보통예금 계좌에서 이체한 내역이다.
수행과제	거래자료를 입력하시오.

③ 기타 일반거래

출장비 정산서

일 자	출발지	도착지	교통비(SRT)	숙박비	식 대	계
2024.4.18.	서 울	부 산	47,500원	120,000원	30,000원	197,500원
2024.4.21.	부 산	서 울	47,500원	–	20,000원	67,500원
합 계			95,000원	120,000원	50,000원	265,000원

자료설명	[4월 22일] 출장을 마친 직원 민경진의 출장비 내역을 보고받고, 잔액은 현금으로 회수하였다.
수행과제	4월 17일의 거래를 확인하여 거래자료를 입력하시오. (단, 출장비 지출내역은 '여비교통비'로 처리하고, '가지급금'은 거래처를 입력할 것)

④ 약속어음 수취거래

전 자 어 음

모든스포츠 귀하

00420240514123456789

금 오백만원정

5,000,000원

위의 금액을 귀하 또는 귀하의 지시인에게 지급하겠습니다.

지급기일 2024년 7월 13일
지 급 지 국민은행
지급장소 강남지점

발행일 2024년 5월 14일
발행지 서울특별시 서대문구
주 소 홍제내2나길 29
발행인 클라우드

자료설명	[5월 14일] 클라우드의 상품 외상매출대금 일부를 전자어음으로 수취하였다.
수행과제	1. 거래자료를 입력하시오. 2. 자금관련정보를 입력하여 받을어음현황에 반영하시오.

⑤ 기타 일반거래

■ 보통예금(기업은행) 거래내역

번호	거래일	내용	찾으신금액	맡기신금액	잔액	거래점
		계좌번호 764502-01-047720 모든스포츠				
1	2024-6-7	주식매입	3,012,000		***	***

자료설명	단기매매차익을 목적으로 거래소에 상장된 (주)바이오로직스의 주식 100주(주당 액면금액 10,000원)를 주당 30,000원에 매입하면서 취득수수료 12,000원을 포함한 대금은 기업은행 보통예금 계좌에서 이체하였다.
수행과제	거래자료를 입력하시오.(취득수수료는 '영업외비용' 범위의 계정으로 처리할 것)

⑥ 유·무형자산의 구입

거래명세서 (공급받는자 보관용)

공급자	등록번호	140-81-11779			공급받는자	등록번호	109-09-67470		
	상호	(주)우리전자	성명	조성진		상호	모든스포츠	성명	김혜수
	사업장주소	서울특별시 서대문구 충정로7길 19-70 (충정로2가)				사업장주소	서울특별시 서대문구 충정로7길 29-13 (충정로3가)		
	업태	제조업	종사업장번호			업태	도소매업	종사업장번호	
	종목	전자기기				종목	스포츠용품		

거래일자	미수금액	공급가액	총 합계금액
2024.7.20.		1,800,000	1,800,000

NO	월	일	품목명	규격	수량	단가	공급가액	합계
1	7	20	디지털 복합기		1		1,800,000	1,800,000

자료설명	사무실에서 사용할 디지털 복합기를 구입하고, 구입대금은 다음달 말일에 지급하기로 하였다.
수행과제	거래자료를 입력하시오.(자산으로 처리할 것)

⑦ 증빙에 의한 전표입력

매 출 전 표

카드종류	거래일자					
신한카드	2024.8.10.10:13:42					

카드번호(CARD NO)
4658-1232-****-45**

승인번호	금액	백		천		원
20240810101234	AMOUNT		2 4	0 0	0 0	
일반 / 할부	부가세					
일시불	V.A.T					
전단지	봉사료 CASHBACK					
거래유형	합계 TOTAL		2 4	0 0	0 0	

가맹점명		
예술광고		
대표자명	사업자번호	
임예술	216-23-37552	
전화번호	가맹점번호	
02-439-7248	84566611	
주소		
서울특별시 구로구 구로동로 104		

상기의 거래 내역을 확인합니다.　　　서명　모든스포츠

자료설명	신제품 판매촉진을 위한 광고전단지를 제작하고, 결제한 신용카드 매출전표이다.
수행과제	거래자료를 입력하시오.

⑧ 통장사본에 의한 거래입력

자료 1. 견적서

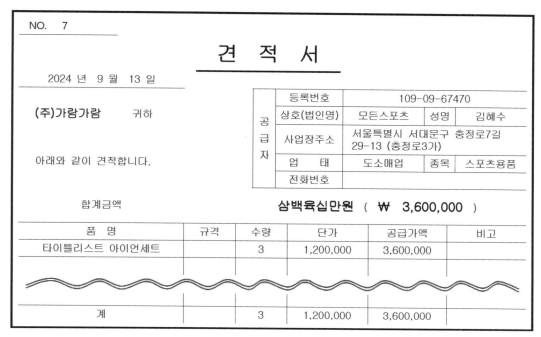

NO. 7					

견 적 서

2024 년 9 월 13 일

(주)가람가람 　　　귀하

아래와 같이 견적합니다.

공급자	등록번호	109-09-67470		
	상호(법인명)	모든스포츠	성명	김혜수
	사업장주소	서울특별시 서대문구 충정로7길 29-13 (충정로3가)		
	업 태	도소매업	종목	스포츠용품
	전화번호			

합계금액　　　　　　　**삼백육십만원 （ ₩ 3,600,000 ）**

품 명	규격	수량	단가	공급가액	비고
타이틀리스트 아이언세트		3	1,200,000	3,600,000	
계		3	1,200,000	3,600,000	

자료 2. 보통예금(국민은행) 거래내역

번 호	거래일	내 용	찾으신금액	맡기신금액	잔 액	거래점
		계좌번호 096-24-0094-123 모든스포츠				
1	2024-9-13	(주)가람가람		360,000	***	***

자료설명	1. 자료 1은 (주)가람가람에 상품을 판매하기 위해 발급한 견적서이다. 2. 자료 2는 공급가액의 10%(계약금)를 국민은행 보통예금 계좌로 입금받은 내역이다.
수행과제	거래자료를 입력하시오.

실무프로세스 자료이다. [자료설명]을 참고하여 [수행과제]를 수행하시오.

① 입력자료 수정

■ 보통예금(신한은행) 거래내역

번 호	거래일	내 용	찾으신금액	맡기신금액	잔 액	거래점
		계좌번호 308-24-374555 모든스포츠				
1	2024-10-15	에코전자		300,000	***	***

자료설명	에코전자의 단기대여금에 대한 이자를 신한은행 보통예금 계좌에 입금받은 내역이다.
수행과제	거래자료를 수정하시오.

② 입력자료 수정

자료설명	11월 4일에 입력된 거래는 영업부에서 사용하고 있는 업무용 승용차에 대한 자동차세를 납부한 거래이다.
수행과제	거래자료를 수정하시오.

[결산자료]를 참고하여 결산을 수행하시오.(단, 제시된 자료 이외의 자료는 없다고 가정함)

① 수동결산 및 자동결산

자료설명	1. 단기대여금에 대한 당기 기간경과분 미수이자 420,000원을 계상하다. 2. 기말상품재고액은 29,000,000원이다.
수행과제	1. 수동결산 또는 자동결산 메뉴를 이용하여 결산을 완료하시오. 2. 12월 31일을 기준으로 '손익계산서 ➡ 재무상태표'를 순서대로 조회 작성하시오. 　(단, 손익계산서 조회 작성 시 상단부 [기능모음]의 '추가'를 이용하여 '손익대체분개'를 수행할 것)

입력자료 및 회계정보를 조회하여 [평가문제]의 답안을 입력하시오.

평가문제 답안입력 유의사항		

❶ 답안은 지정된 단위의 숫자로만 입력해 주십시오.

　* 한글 등 문자 금지

	정 답	오답(예)
(1) 금액은 원 단위로 숫자를 입력하되, 천 단위 콤마(,)는 생략 가능합니다.	1,245,000 1245000	1.245.000 1,245,000원 1,245,0000 12,45,000 1,245천원
(1-1) 답이 0원인 경우 반드시 "0" 입력 　(1-2) 답이 음수(-)인 경우 숫자 앞에 "-" 입력 　(1-3) 답이 소수인 경우 반드시 "." 입력		
(2) 질문에 대한 답안은 숫자로만 입력하세요.	4	04 4건/매/명 04건/매/명
(3) 거래처 코드번호는 5자리 숫자로 입력하세요.	00101	101 00101번

❷ 더존 프로그램에서 조회되는 자료를 복사하여 붙여넣기가 가능합니다.

❸ 수행과제를 올바르게 입력하지 않고 작성한 답과 모범답안이 다른 경우 오답처리됩니다.

번호	평가문제	배점
11	**평가문제 [거래처등록 조회]** (주)세방기계(코드 : 03100)의 거래처등록사항으로 옳지 않은 것은? ① (주)세방기계의 대표자명은 '장은호'이다. ② 메일주소는 'health@naver.com'이다. ③ 업태는 '제조업'이다. ④ 종목은 '운동기구'이다.	4
12	**평가문제 [일/월계표 조회]** 1/4분기(1월 ~ 3월)동안 발생한 '차량유지비' 금액은 얼마인가? ( )원	3
13	**평가문제 [계정별원장 조회]** 9월 말 '259.선수금' 잔액은 얼마인가? ( )원	4
14	**평가문제 [거래처원장 조회]** 5월 말 거래처별 '108.외상매출금' 잔액으로 옳은 것은? ① 건강지킴이 47,500,000원 ② 금강기술 31,230,000원 ③ 클라우드 20,500,000원 ④ (주)프라하 5,000,000원	3
15	**평가문제 [거래처원장 조회]** 6월 말 '134.가지급금' 잔액이 있는 거래처의 코드번호 5자리를 입력하시오. ( )	4
16	**평가문제 [거래처원장 조회]** 7월 말 거래처별 '253.미지급금' 잔액으로 옳은 것은? ① 00110.한얼회계법인 1,700,000원 ② 01016.(주)우리전자 3,000,000원 ③ 02507.(주)소호상사 8,500,000원 ④ 99601.신한카드 1,500,000원	3
17	**평가문제 [현금출납장 조회]** 2월 말 '현금' 잔액은 얼마인가? ( )원	4
18	**평가문제 [재무상태표 조회]** 6월 말 '기타비유동자산'의 금액은 얼마인가? ( )원	4
19	**평가문제 [재무상태표 조회]** 6월 말 '단기매매증권' 금액은 얼마인가? ( )원	3
20	**평가문제 [재무상태표 조회]** 6월 말 '장기차입금' 금액은 얼마인가? ( )원	3

번 호	평가문제	배 점
21	**평가문제 [재무상태표 조회]** 9월 말 '외상매입금' 금액은 얼마인가? ( )원	3
22	**평가문제 [재무상태표 조회]** 12월 말 '받을어음의 장부금액(받을어음 − 대손충당금)'은 얼마인가? ( )원	3
23	**평가문제 [재무상태표 조회]** 12월 말 '선급금' 금액은 얼마인가? ( )원	3
24	**평가문제 [재무상태표 조회]** 12월 말 '자본금' 잔액은 얼마인가? ① 406,290,000원 ② 510,079,000원 ③ 626,920,570원 ④ 838,525,900원	2
25	**평가문제 [손익계산서 조회]** 당기 '상품매출원가' 금액은 얼마인가? ( )원	2
26	**평가문제 [손익계산서 조회]** 당기에 발생한 '판매비와관리비'의 계정별 금액으로 옳은 것은? ① 복리후생비 17,573,000원 ② 통신비 1,650,000원 ③ 운반비 6,930,000원 ④ 광고선전비 5,540,000원	3
27	**평가문제 [손익계산서 조회]** 당기에 발생한 '세금과공과금' 금액은 얼마인가? ( )원	3
28	**평가문제 [손익계산서 조회]** 당기에 발생한 '이자수익' 금액은 전기 대비 얼마나 증가하였는가? ( )원	2
29	**평가문제 [예적금현황 조회]** 12월 말 은행별 보통예금 잔액으로 옳은 것은? ① 신협은행(보통) 115,654,000원 ② 국민은행(보통) 40,022,000원 ③ 신한은행(보통) 98,000,000원 ④ 기업은행(보통) 30,988,000원	2
30	**평가문제 [받을어음현황 조회]** 만기일이 2024년에 도래하는 '받을어음'의 보유금액 합계는 얼마인가? ( )원	4
총 점		62

회계정보를 조회하여 [회계정보분석] 답안을 입력하시오.

31　손익계산서 조회 (4점)

매출총이익률은 매출로부터 얼마의 이익을 얻느냐를 나타내는 비율로 높을수록 판매, 매입활동이 양호한 편이다. 전기 매출총이익률은 얼마인가?(단, 소숫점 이하는 버림할 것)

$$매출총이익률(\%) = \frac{매출총이익}{매출액} \times 100$$

① 28%

② 40%

③ 252%

④ 254%

32　손익계산서 조회 (4점)

영업이익률은 기업의 주된 영업활동에 의한 성과를 판단하는 비율로 판매활동과 직접 관계없는 영업외손익을 제외한 순수 영업활동의 수익성을 나타내는 지표이다. 전기 영업이익률을 계산하면 얼마인가?(단, 소숫점 이하는 버림할 것)

$$영업이익률(\%) = \frac{영업이익}{매출액} \times 100$$

① 20%

② 26%

③ 537%

④ 576%

PART 3
정답 및 해설

제59회	정답 및 해설
제61회	정답 및 해설
제63회	정답 및 해설
제65회	정답 및 해설
제66회	정답 및 해설
제68회	정답 및 해설
제69회	정답 및 해설
제71회	정답 및 해설
제73회	정답 및 해설
제75회	정답 및 해설

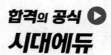
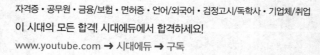

실무이론평가

01	02	03	04	05	06	07	08	09	10
②	④	④	③	③	②	③	④	②	①

01 ② 비용의 발생과 자산의 증가는 모두 차변에 기록된다.

핵심요약	거래의 8요소	346p

02 ④ 시산표에 대한 설명이다. 시산표는 재무제표를 작성하기 전 총계정원장의 차변과 대변 금액이 일치하는지 검증한다. 즉, 차변합계와 대변합계의 일치여부를 검증함으로써 분개와 전기가 올바르게 되었는지 검토할 수 있다.

03 • 회계처리

(차) 외상매출금	300,000	(대) 상품매출	300,000
운반비	10,000	현금	10,000

04 ③ 선급금, 미수금은 당좌자산으로 유동자산에 해당하는 계정과목이다.

핵심요약	재무상태표의 구조	349p
	계정과목 항목찾기	357p

05 • 6월 30일 건물 장부금액 = 취득원가 20,000,000원 − 감가상각누계액 9,000,000원 = 11,000,000원
∴ 유형자산처분이익 = 처분금액 12,000,000원 − 장부금액 11,000,000원 = 1,000,000원

06 ② 할부판매의 경우 대금이 모두 회수되지 않았더라도 상품의 판매시점에서 수익을 인식하므로 판매자의 재고자산에서 제외한다.

핵심요약	기말재고자산 포함여부	353p

07 • 당기 순매입액 = 당기 총매입액 300,000원 + 매입 시 운반비 5,000원 = 305,000원
∴ 매출원가 = 기초상품재고액 60,000원 + 당기 순매입액 305,000원 − 기말상품재고액 70,000원 = 295,000원

핵심요약	매출원가 계산식	350p

08
- 옳은 분개

  (차) 차량유지비(비용의 발생)　　　　　　　80,000　　　(대) 현금(자산의 감소)　　　　　　　　80,000
- 차량유지비(비용)가 누락되고 차량운반구(자산)가 증가하였으므로 비용의 과소계상과 자산의 과대계상이 나타난다.

핵심요약	거래의 8요소	346p
	계정과목 항목찾기	357p

09
- 4월 3일 회계처리

  (차) 대손충당금　　　　　　　　　　　150,000　　　(대) 매출채권　　　　　　　　　　　150,000
- 12월 31일 회계처리

  (차) 대손상각비　　　　　　　　　　　 50,000　　　(대) 대손충당금　　　　　　　　　　　 50,000

  ※ 대손상각비 = 대손예상액 100,000원 − (대손충당금 200,000원 − 대손처리액 150,000원) = 50,000원

핵심요약	대 손	352p

10
- 회계처리

  ① (차) 현금(자산의 증가)　　　　　　　×××　　　(대) 건물(자산의 감소)　　　　　　　×××

  ※ 장부금액과 동일한 금액으로 건물을 매각하였으므로 자산이 감소(건물 매각)하고, 자산이 증가(현금 수령)하는 거래
  이다. 따라서 자본 총액에는 영향이 없다.

  ② 자본금을 인출하였기 때문에 자본의 감소가 발생한다.

  ③ 매입원가를 초과하여 판매한 금액만큼 이익이 발생하므로, 자본(이익잉여금)이 증가한다.

  ④ 사업주가 현금을 추가 출자하였으므로 자본이 증가한다.

핵심요약	거래의 8요소	346p
	재무제표의 기본요소	348p

실무수행 1 기초정보관리의 이해

① **입력** [기초정보관리] – [거래처등록]

• [일반] 탭

– 코드 : 00113, 거래처: 감성커피, 사업자등록번호 : 211-21-12343, 대표자 : 나감성, 구분 : 0.전체, 사용 : 0 입력

• [기본사항] 탭

– 4.업태 : 도소매업, 5.종목 : 커피외, 16.거래시작일 : 2022-02-17 입력

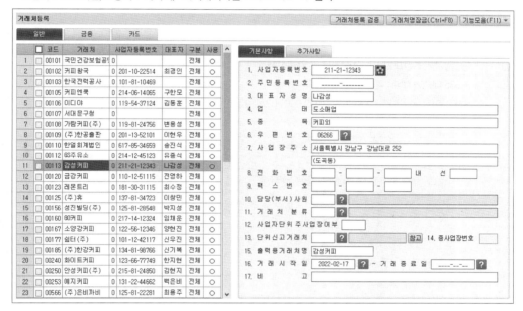

• 6.우편번호, 7.사업장주소

– 우편번호 클릭 후 F2를 눌러 [우편번호 코드도움] 화면 확인

– [도로명주소] 탭에서 시도 : 서울특별시, 시군구 : 강남구, 강남대로 252입력 후 '서울특별시 강남구 강남대로252
(도곡동)' 더블클릭하여 입력

• [추가사항] 탭

– 4.담당자메일주소 : coffee@naver.com 입력

② **입력** [기초정보관리] – [전기분 손익계산서]

• 835.대손상각비 : 4,000,000원 입력

• 901.이자수익 : 250,000원 → 3,250,000원으로 수정입력

• 당기순이익 103,160,000원 확인

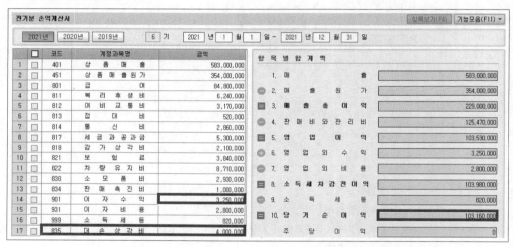

① **입력** [전표입력/장부] – [일반전표입력] – 1월 12일

(차) 826.도서인쇄비 245,000 (대) 101.현금 245,000

또는 (출) 826.도서인쇄비 245,000

	일	번호	구분	코드	계정과목	코드	거래처	적요	차변	대변
☐	12	00001	차변	826	도서인쇄비				245,000	
☐	12	00001	대변	101	현금					245,000

② **입력** [전표입력/장부] – [일반전표입력] – 2월 17일

(차) 813.접대비 28,000 (대) 253.미지급금 28,000

(03500.러브플라워)

	일	번호	구분	코드	계정과목	코드	거래처	적요	차변	대변
☐	17	00001	차변	813	접대비				28,000	
☐	17	00001	대변	253	미지급금	03500	러브플라워			28,000

③ **입력** [전표입력/장부] – [일반전표입력] – 3월 18일

(차) 110.받을어음 7,000,000 (대) 401.상품매출 7,000,000

(02205.드림커피(주))

	일	번호	구분	코드	계정과목	코드	거래처	적요	차변	대변
☐	18	00001	차변	110	받을어음	02205	드림커피(주)		7,000,000	
☐	18	00001	대변	401	상품매출					7,000,000

• 받을어음 클릭 후 [F3]를 눌러 어음관리 화면 활성화

• 어음종류 : 6.전자, 어음번호 : 00420220318123406789, 만기일 : 2022-06-18, 지급은행 : 100.국민은행, 지점 : 강남 입력

받을어음 관리								삭제(F5)
어음상태	1 보관	어음종류	6 전자	어음번호	00420220318123406789		수취구분	1 자수
발행인	02205 드림커피(주)	발행일	2022-03-18	만기일	2022-06-18		배서인	
지급은행	100 국민은행	지점 강남	할인기관			지점	할인율(%)	
지급거래처				* 수령된 어음을 타거래처에 지급하는 경우에 입력합니다.				

④ **입력** [전표입력/장부] – [일반전표입력] – 4월 9일

(차) 146.상품 500,000 (대) 251.외상매입금 500,000

(99602.비씨카드)

	일	번호	구분	코드	계정과목	코드	거래처	적요	차변	대변
☐	09	00001	차변	146	상품				500,000	
☐	09	00001	대변	251	외상매입금	99602	비씨카드			500,000

⑤　**입력**　[전표입력/장부] - [일반전표입력] - 6월 30일

(차)　817.세금과공과금　　　　　345,000　　(대)　101.현금　　　　　345,000

또는　(출)　817.세금과공과금　　　345,000

	일	번호	구분	코드	계정과목	코드	거래처	적요	차변	대변
☐	30	00001	차변	817	세금과공과금				345,000	
☐	30	00001	대변	101	현금					345,000

※ 취득과 직접 관련된 제세공과금이 아니기 때문에 '차량운반구'로 회계처리 하지 않는다.

⑥　**입력**　[전표입력/장부] - [일반전표입력] - 7월 25일

(차)　103.보통예금　　　　　　7,200,000　　(대)　107.단기매매증권　　　8,000,000

　　　(98002.신한은행(보통))

　　　938.단기매매증권처분손　　800,000

	일	번호	구분	코드	계정과목	코드	거래처	적요	차변	대변
☐	25	00001	차변	103	보통예금	98002	신한은행(보통)		7,200,000	
☐	25	00001	차변	938	단기매매증권처분손				800,000	
☐	25	00001	대변	107	단기매매증권					8,000,000

⑦　**입력**　[전표입력/장부] - [일반전표입력] - 8월 27일

(차)　814.통신비　　　　　　　170,000　　(대)　103.보통예금　　　　　170,000

　　　　　　　　　　　　　　　　　　　　　(98001.국민은행(보통))

	일	번호	구분	코드	계정과목	코드	거래처	적요	차변	대변
☐	27	00001	차변	814	통신비				170,000	
☐	27	00001	대변	103	보통예금	98001	국민은행(보통)			170,000

⑧　**입력**　[전표입력/장부] - [일반전표입력] - 9월 10일

(차)　103.보통예금　　　　　　4,500,000　　(대)　108.외상매출금　　　　4,500,000

　　　(98004.농협은행(보통))　　　　　　　　　　(00240.화이트커피)

	일	번호	구분	코드	계정과목	코드	거래처	적요	차변	대변
☐	10	00001	차변	103	보통예금	98004	농협은행(보통)		4,500,000	
☐	10	00001	대변	108	외상매출금	00240	화이트커피			4,500,000

실무수행 3 전표수정

① **조회** [전표입력/장부] – [일반전표입력] – 10월 22일

• 수정 전

	일	번호	구분	코드	계정과목	코드	거래처	적요	차변	대변
☐	22	00001	차변	108	외상매출금	32005	(주)금화상사	상품매출	680,000	
☐	22	00001	대변	401	상품매출			상품매출		680,000

• 수정 후

	일	번호	구분	코드	계정과목	코드	거래처	적요	차변	대변
☐	22	00001	차변	108	외상매출금	32008	금천상사(주)	상품매출	680,000	
☐	22	00001	대변	401	상품매출			상품매출		680,000

② **조회** [전표입력/장부] – [일반전표입력] – 12월 5일

• 수정 전

	일	번호	구분	코드	계정과목	코드	거래처	적요	차변	대변
☐	5	00001	출금	831	수수료비용				5,000	현금

• 수정 후

	일	번호	구분	코드	계정과목	코드	거래처	적요	차변	대변
☐	5	00001	출금	146	상품				5,000	현금

※ 상품(재고자산) 매입 시 운임(택배비)는 재고자산의 취득원가에 포함되므로 '운반비'가 아닌 '상품'으로 회계처리 한다.

① **입력** [전표입력/장부] – [일반전표입력] – 12월 31일

| (차) | 122.소모품 | 300,000 | (대) | 830.소모품비 | 300,000 |

☐	일	번호	구분	코드	계정과목	코드	거래처	적요	차변	대변
☐	31	00001	차변	122	소모품				300,000	
☐	31	00001	대변	830	소모품비					300,000

입력 [결산/재무제표 I] – [결산자료입력] – 1월 ~ 12월

• [매출원가 및 경비선택] 화면에서 확인(Tab) 클릭
• 상품매출원가의 기말 상품 재고액란에 42,000,000원 입력
• 우측 상단의 전표추가(F3) 를 클릭하여 결산분개를 일반전표에 추가

② **조회** [결산/재무제표 I] – [손익계산서] – 12월

• 우측 상단의 기능모음(F11) ▼ 을 클릭하여 '연동 – 추가(Ctrl + F2)'를 클릭하여 전표 데이터 추가

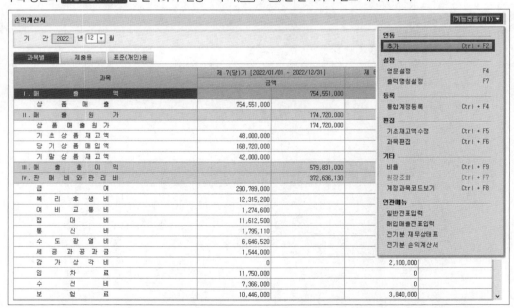

조회 [결산/재무제표 I] – [재무상태표] – 12월

재무상태표
[기능모음(F11)]

| 과목별 | 제출용 | 표준(개인)용 |

기 간 [2022] 년 [12 ▼] 월 [2022년]

과목	제 7(당)기 [2022/01/01 ~ 2022/12/31]		제 6(전)기 [2021/01/01 ~ 2021/12/31]	
	금	액	금	액
자 산				
I. 유 동 자 산		727,369,000		469,300,000
(1) 당 좌 자 산		685,369,000		421,300,000
현 금		32,307,000		12,600,000
보 통 예 금		155,541,000		78,200,000
단 기 매 매 증 권		80,000,000		80,000,000
외 상 매 출 금	286,621,000		149,000,000	
대 손 충 당 금	500,000	286,121,000	500,000	148,500,000
받 을 어 음		19,500,000		2,000,000
단 기 대 여 금		110,000,000		100,000,000
소 모 품		300,000		0
선 급 금		1,600,000		0
(2) 재 고 자 산		42,000,000		48,000,000
상 품		42,000,000		48,000,000
II. 비 유 동 자 산		111,611,200		20,600,000
(1) 투 자 자 산		0		0
(2) 유 형 자 산		56,611,200		15,600,000
차 량 운 반 구	25,000,000		25,000,000	
감 가 상 각 누 계 액	19,400,000	5,600,000	19,400,000	5,600,000
비 품	56,011,200		15,000,000	

11	12	13	14	15	16
③	③	②	5,000,000	32008	①
17	**18**	**19**	**20**	**21**	**22**
02205	14,295,000	639,000	②	11,612,500	1,700,000
23	**24**	**25**	**26**	**27**	**28**
1,980,000	4,950,000	10,461,000	32,307,000	80,000,000	19,500,000
29	**30**	**31**	**32**		
109,425,000	④	③	②		

11 조회 [기초정보관리] – [거래처등록]

③ 00113.감성커피의 업태는 '도소매업'이다.

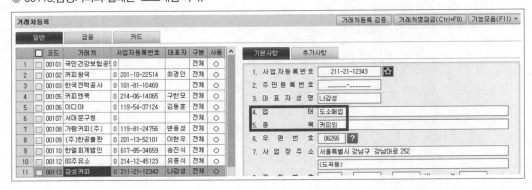

12 조회 [금융/자금관리] – [예적금현황] – 12월 31일

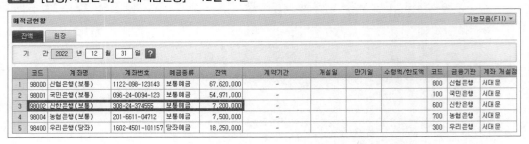

13 조회 [전표입력/장부] – [거래처원장] – 12월 1일 ~ 12월 31일
- 계정과목 : 253.미지급금, 거래처 : 처음 ~ 끝 입력 후 조회
- 03500.러브플라워의 미지급금 잔액은 58,000원이다.

거래처원장 기능모음(F11) ▼

| 잔액 | 내용 | 총괄잔액 | 총괄내용 |

기 간 2022 년 12 월 01 일 ~ 2022 년 12 월 31 일 ? 계정과목 253 ? 미지급금 거래처분류 ? ~ ?
거래처 00101 ? 국민건강보험공단 ~ 99605 ? 삼성카드 부서/사원 ?
금 액 0. 전체 ▼ ~

	코드	거래처	전기(월)이월	차변	대변	잔액	사업자번호	코드	거래처분류명	은행명	계좌번
☐	00106	이디야			143,000	143,000	119-54-37124				
☐	00123	레몬트리	50,000			50,000	181-30-31115				
☐	00156	성진빌딩(주)	7,000,000			7,000,000	125-81-28548				
☐	00250	안성커피(주)	4,500,000			4,500,000	215-81-24850				
☐	00566	(주)은비까비	6,970,000			6,970,000	125-81-22281				
■	03500	러브플라워	58,000			58,000	211-28-35011				
☐	31112	베네치아(주)	-100,000			-100,000	121-81-12646				
☐	41141	KT	232,000			232,000	212-87-55448				
☐	99601	신한카드	2,000,000			2,000,000					
☐	99605	삼성카드	2,208,200		4,290,000	6,498,200					

14 조회 [전표입력/장부] – [거래처원장] – 12월 1일 ~ 12월 31일
- 계정과목 : 108.외상매출금, 거래처 : 00240.화이트커피 입력 후 조회

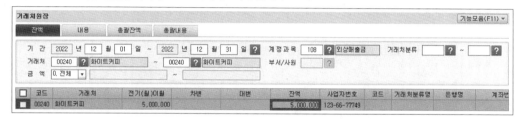

거래처원장 기능모음(F11) ▼

| 잔액 | 내용 | 총괄잔액 | 총괄내용 |

기 간 2022 년 12 월 01 일 ~ 2022 년 12 월 31 일 ? 계정과목 108 ? 외상매출금 거래처분류 ? ~ ?
거래처 00240 ? 화이트커피 ~ 00240 ? 화이트커피 부서/사원 ?
금 액 0. 전체 ▼ ~

	코드	거래처	전기(월)이월	차변	대변	잔액	사업자번호	코드	거래처분류명	은행명	계좌번
■	00240	화이트커피	5,000,000			5,000,000	123-66-77749				

15 조회 [전표입력/장부] – [거래처원장] – 12월 1일 ~ 12월 31일
- 계정과목 : 108.외상매출금, 거래처 : 처음 ~ 끝 입력 후 조회

거래처원장 기능모음(F11) ▼

| 잔액 | 내용 | 총괄잔액 | 총괄내용 |

기 간 2022 년 12 월 01 일 ~ 2022 년 12 월 31 일 ? 계정과목 108 ? 외상매출금 거래처분류 ? ~ ?
거래처 00101 ? 국민건강보험공단 ~ 99605 ? 삼성카드 부서/사원 ?
금 액 0. 전체 ▼ ~

	코드	거래처	전기(월)이월	차변	대변	잔액	사업자번호	코드	거래처분류명	은행명	계좌번
☐	00105	커피앤쿡	6,050,000			6,050,000	214-06-14065				
☐	00106	이디야	109,580,000			109,580,000	119-54-37124				
☐	00120	금강커피	91,480,000	7,150,000		98,630,000	110-12-51115				
☐	00167	소양강커피	3,300,000			3,300,000	122-56-12346				
☐	00185	(주)한강커피		11,000,000		11,000,000	134-81-98766				
☐	00240	화이트커피	5,000,000			5,000,000	123-66-77749				
☐	01121	(주)망고식스	8,800,000			8,800,000	114-81-58741				
☐	02004	인도네시아(주)	3,000,000			3,000,000	513-81-13918				
☐	03004	클라우드	8,000,000	5,500,000		13,500,000	618-21-62535				
☐	03101	조지아	12,331,000			12,331,000	220-32-15113				
☐	03401	벅다방커피(주)	1,250,000			1,250,000	221-81-23346				
☐	05015	(주)맛좋아커피	5,000,000			5,000,000	113-81-77779				
☐	08707	비발디커피(주)	5,500,000			5,500,000	106-86-08702				
☐	30121	(주)VIP커피	3,000,000			3,000,000	107-86-66893				
■	32008	금천상사(주)	680,000			680,000	113-81-22110				

PART 3

16 조회 [전표입력/장부] – [총계정원장]

- 계정과목 : 826.도서인쇄비 입력 후 조회
- 1월 도서인쇄비 발생금액은 265,000원이다.

17 조회 [금융/자금관리] – [받을어음현황]

- 조회구분 : 1.일별, 1.만기일 : 2022년 1월 1일 ~ 2022년 12월 31일, 거래처 : 처음 ~ 끝 입력 후 조회

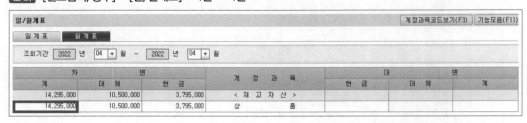

18 조회 [전표입력/장부] – [일/월계표] – 4월 ~ 4월

차	변		계 정 과 목	대	변	
계	대 체	현 금		현 금	대 체	계
14,295,000	10,500,000	3,795,000	< 재 고 자 산 >			
14,295,000	10,500,000	3,795,000	상 품			

19 조회 [결산/재무제표Ⅰ] − [합계잔액시산표] − 12월 31일

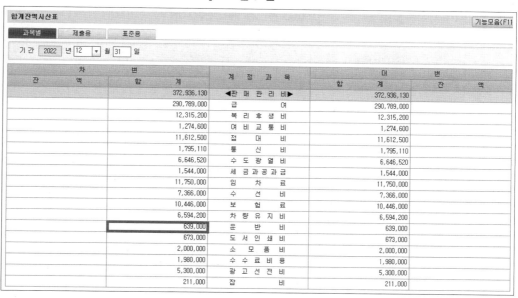

20~23 조회 [결산/재무제표Ⅰ] − [손익계산서] − 12월

• 20. 세금과공과금 금액은 1,544,000원이다.

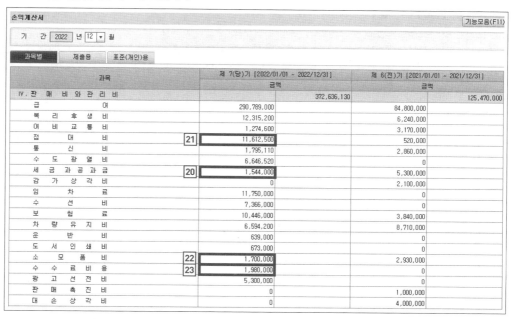

24~25 조회 [결산/재무제표Ⅰ] – [손익계산서] – 12월

• 24. 이자수익 증가금액 = 당기분 8,200,000원 – 전기분 3,250,000원 = 4,950,000원

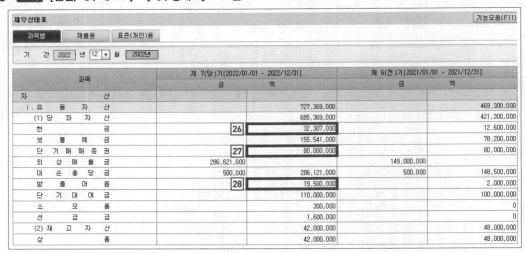

26~28 조회 [결산/재무제표Ⅰ] – [재무상태표] – 12월

재무상태표				기능모음(F11)
과목별	제출용	표준(개인)용		

기 간 2022 년 12 ▼ 월 2022년

과목		제 7(당)기[2022/01/01 ~ 2022/12/31]		제 6(전)기[2021/01/01 ~ 2021/12/31]	
		금	액	금	액
부	채				
Ⅰ. 유 동 부 채			275,746,330		156,600,000
외 상 매 입 금		29	109,425,000		54,000,000
지 급 어 음			4,000,000		0
미 지 급 금			27,351,200		8,200,000
예 수 금			12,060,130		4,400,000
가 수 금			28,000,000		0
선 수 금			4,910,000		0
단 기 차 입 금			90,000,000		90,000,000
Ⅱ. 비 유 동 부 채			25,000,000		0
장 기 차 입 금			25,000,000		0
부 채 총 계			300,746,330		156,600,000
자 본					
Ⅰ. 자 본 금			538,233,870		333,300,000
자 본 금		30	538,233,870		333,300,000

31 조회 [기초정보관리] – [전기분 재무상태표]

- 유동자산 469,300,000원, 유동부채 156,600,000원 확인

∴ (469,300,000 / 156,600,000) × 100 ≒ 299%

32 조회 [기초정보관리] – [전기분 재무상태표]

- 부채총계 156,600,000원, 자기자본(자본총계) 333,300,000원 확인

∴ (156,600,000 / 333,300,000) × 100 ≒ 46%

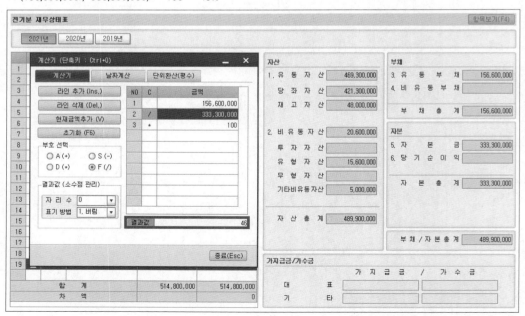

실무이론평가

01	02	03	04	05	06	07	08	09	10
④	③	①	②	①	③	②	①	①	②

01

• 회계처리

④	(차)	현금(자산의 증가)	×××	(대)	매출채권(자산의 감소)	×××
①	(차)	상품(자산의 증가)	×××	(대)	외상매입금(부채의 증가)	×××
②	(차)	단기차입금(부채의 감소)	×××	(대)	현금(자산의 감소)	×××
③	(차)	현금(자산의 증가)	×××	(대)	자본금(자본의 증가)	×××

핵심요약 거래의 8요소   346p

02

③ 자본은 기업의 자산에서 부채를 차감한 후의 잔여지분으로, 순자산 또는 기업실체의 자산에 대한 소유주의 잔여청구권이다.

핵심요약 재무제표의 기본요소   348p

03

• 매출원가 1,000,000원 = 기초상품재고액 90,000원 + 상품 총매입액 1,500,000원 − 매입에누리액 200,000원 − 기말상품재고액

∴ 기말상품재고액 = 390,000원

핵심요약 매출원가 계산식   350p

04

② 외상매출금은 매출채권, 단기매매차익을 목적으로 취득한 주식은 단기매매증권으로 회계처리한다.

핵심요약 현금및현금성자산   351p

05

① 선입선출법에 대한 설명이다. 선입선출법은 먼저 구입한 상품을 먼저 사용하거나 판매하는 것으로 기말재고자산이 현행원가와 유사하게 평가된다.

핵심요약 단가 결정방법   353p

06　•매출액 = 총매출액 100,000원 − 매출할인 5,000원 − 매출에누리와 환입 10,000원 = 85,000원

재고자산 매입·매출의 차감계정　　　　353p

07　② 감가상각은 유·무형자산에 대해서 이루어진다. 상품은 재고자산에 속하므로 감가상각 대상 자산에 해당하지 않는다.

08　•기말 결산회계처리

　　(차) 이자비용　　　　　　　　　　　180,000　　(대) 미지급비용　　　　　　　　　180,000

　•미지급비용 = 차입금 2,000,000원 × 이자율 12% × 9개월/12개월 = 180,000원

09　•감가상각비 = (취득원가 40,000,000원 − 잔존가치 0원) ÷ 10년 × 6개월/12개월 = 2,000,000원

감가상각방법　　　　　　　　　355p

10　② 유형자산처분손실은 영업외비용으로 영업이익이 아닌 당기순이익 산출에 영향을 미친다.

손익계산서의 구조　　　　　　350p
　　　　　　계정과목 항목찾기　　　　　357p

실무수행 1 기초정보관리의 이해

① **입력** [기초정보관리] – [거래처등록]

• [금융] 탭

– 코드 : 98005, 금융기관명 : 하나은행(보통), 계좌번호 : 527-910004-22456, 구분 : 0.일반, 사용 : 0 입력

• [기본사항] 탭

– 2.계좌개설점 : 500.하나은행, 서대문 입력

– 3.예금종류 : 기업자유예금, 0.보통, 17.계좌개설일 : 2023-01-09 입력

② **입력** [기초정보관리] – [거래처별초기이월]

• [253.미지급금] 계정

– 32012.(주)우리자동차 : 16,000,000원 입력

– 32013.(주)하나컴퓨터 : 2,200,000원 입력

	코드	계정과목	전기분재무상태표	차 액	거래처합계금액		코드	거래처	금액
13	251	외상매입금	54,000,000		54,000,000		32012	(주)우리자동차	16,000,000
14	253	미지급금	18,200,000		18,200,000		32013	(주)하나컴퓨터	2,200,000
15	254	예수금	4,400,000	4,400,000					

① **입력** [전표입력/장부] – [일반전표입력] – 6월 10일

(차) 829.사무용품비   25,000   (대) 101.현금   25,000

또는 (출) 829.사무용품비   25,000

□	일	번호	구분	코드	계정과목	코드	거래처	적요	차변	대변
□	10	00001	차변	829	사무용품비				25,000	
□	10	00001	대변	101	현금					25,000

② **입력** [전표입력/장부] – [일반전표입력] – 6월 30일

(차) 817.세금과공과금   345,000   (대) 101.현금   345,000

또는 (출) 817.세금과공과금   345,000

□	일	번호	구분	코드	계정과목	코드	거래처	적요	차변	대변
□	30	00001	차변	817	세금과공과금				345,000	
□	30	00001	대변	101	현금					345,000

※ 취득과 직접 관련된 제세공과금이 아니기 때문에 '차량운반구'로 회계처리 하지 않는다.

③ **입력** [전표입력/장부] – [일반전표입력] – 7월 10일

(차) 114.단기대여금   30,000,000   (대) 103.보통예금   30,000,000

    (08707.(주)비발디커피)   (98001.국민은행(보통))

□	일	번호	구분	코드	계정과목	코드	거래처	적요	차변	대변
□	10	00001	차변	114	단기대여금	08707	(주)비발디커피		30,000,000	
□	10	00001	대변	103	보통예금	98001	국민은행(보통)			30,000,000

※ 상환일이 1년 이내이므로 '단기대여금'으로 회계처리한다.

④ **조회** [전표입력/장부] – [일반전표입력] – 7월 14일

· 선급금 500,000원 확인

□	일	번호	구분	코드	계정과목	코드	거래처	적요	차변	대변
□	14	00001	차변	131	선급금	02205	(주)콜럼비아	계약금 지급	500,000	
□	14	00001	대변	103	보통예금	98000	신협은행	계약금 지급		500,000

입력 [전표입력/장부] – [일반전표입력] – 7월 20일

(차) 146.상품   1,500,000   (대) 131.선급금   500,000

                                         (02205.(주)콜럼비아)

                                         251.외상매입금   1,000,000

                                         (02205.(주)콜럼비아)

□	일	번호	구분	코드	계정과목	코드	거래처	적요	차변	대변
□	20	00001	차변	146	상품				1,500,000	
□	20	00001	대변	131	선급금	02205	(주)콜럼비아			500,000
□	20	00001	대변	251	외상매입금	02205	(주)콜럼비아			1,000,000

⑤ **입력** [전표입력/장부] – [일반전표입력] – 8월 10일

(차) 811.복리후생비   1,200,000   (대) 253.미지급금   1,200,000

(99605.삼성카드)

□	일	번호	구분	코드	계정과목	코드	거래처	적요	차변	대변
□	10	00001	차변	811	복리후생비				1,200,000	
□	10	00001	대변	253	미지급금	99605	삼성카드			1,200,000

⑥ **입력** [전표입력/장부] – [일반전표입력] – 8월 20일

(차) 103.보통예금   8,800,000   (대) 107.단기매매증권   8,000,000

(98002.신한은행(보통))   906.단기매매증권처분익   800,000

□	일	번호	구분	코드	계정과목	코드	거래처	적요	차변	대변
□	20	00001	차변	103	보통예금	98002	신한은행(보통)		8,800,000	
□	20	00001	대변	107	단기매매증권					8,000,000
□	20	00001	대변	906	단기매매증권처분익					800,000

⑦ **입력** [전표입력/장부] – [일반전표입력] – 8월 25일

(차) 821.보험료   1,870,000   (대) 101.현금   1,870,000

또는 (출) 821.보험료   1,870,000

□	일	번호	구분	코드	계정과목	코드	거래처	적요	차변	대변
□	25	00001	차변	821	보험료				1,870,000	
□	25	00001	대변	101	현금					1,870,000

⑧ **입력** [전표입력/장부] – [일반전표입력] – 9월 29일

(차) 814.통신비   120,500   (대) 103.보통예금   120,500

(98004.농협은행(보통))

□	일	번호	구분	코드	계정과목	코드	거래처	적요	차변	대변
□	29	00001	차변	814	통신비				120,500	
□	29	00001	대변	103	보통예금	98004	농협은행(보통)			120,500

① **조회** [전표입력/장부] – [일반전표입력] – 12월 10일

• 수정 전

□	일	번호	구분	코드	계정과목	코드	거래처	적요	차변	대변
□	10	00001	차변	251	외상매입금	01121	(주)망고식스		- 26,810,000	
□	10	00001	대변	103	보통예금	98002	신한은행(보통)			26,810,000

• 수정 후

□	일	번호	구분	코드	계정과목	코드	거래처	적요	차변	대변
□	10	00001	차변	251	외상매입금	01121	(주)망고식스		26,810,000	
□	10	00001	대변	103	보통예금	98000	신협은행(보통)			26,810,000

② **조회** [전표입력/장부] – [일반전표입력] – 9월 20일

• 중복 입력되어 있는 전표 확인

□	일	번호	구분	코드	계정과목	코드	거래처	적요	차변	대변
□	20	00001	출금	826	도서인쇄비				24,000	현금
□	20	00002	출금	826	도서인쇄비				24,000	현금

• 중복 전표 한 건을 체크하여 F5를 누른 뒤 확인(Tab)을 클릭하여 삭제

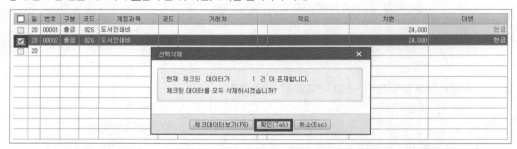

① 　**입력**　[전표입력/장부] – [일반전표입력] – 12월 31일

(차) 172.소모품 　　　　　　　　　　600,000　　(대) 830.소모품비 　　　　　　　　　　600,000

	일	번호	구분	코드	계정과목	코드	거래처	적요	차변	대변
☐	31	00001	차변	172	소모품				600,000	
☐	31	00001	대변	830	소모품비					600,000

입력　[결산/재무제표 I] – [결산자료입력] – 1월 ~ 12월

• [매출원가 및 경비선택] 화면에서 　확인(Tab)　 클릭
• 상품매출원가의 기말 상품 재고액란에 43,200,000원 입력
• 우측 상단의 　전표추가(F3)　 를 클릭하여 결산분개를 일반전표에 추가

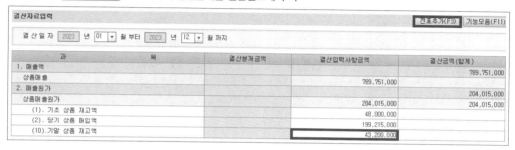

② 　**조회**　[결산/재무제표 I] – [손익계산서] – 12월

• 우측 상단의 　기능모음(F11) ▼　 을 클릭하여 '연동 – 추가(Ctrl + F2)'를 클릭하여 전표 데이터 추가

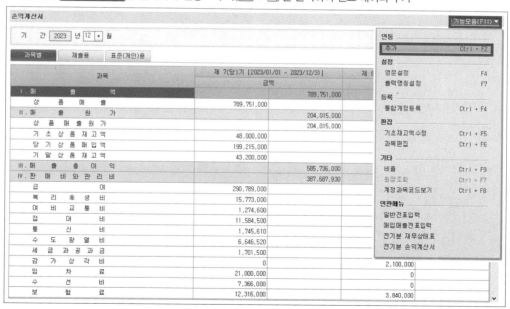

재무상태표 기능모음(F11)

과목별	제출용	표준(개인)용

기 간 2023 년 12 ▼ 월 2023년

과목	제 7(당)기[2023/01/01 ~ 2023/12/31]		제 6(전)기[2022/01/01 ~ 2022/12/31]	
	금	액	금	액
자 산				
Ⅰ. 유 동 자 산		714,779,200		414,300,000
(1) 당 좌 자 산		670,979,200		366,300,000
현 금		62,325,700		7,600,000
보 통 예 금		160,232,500		88,200,000
단 기 매 매 증 권		70,000,000		70,000,000
외 상 매 출 금	228,121,000		91,000,000	
대 손 충 당 금	500,000	227,621,000	500,000	90,500,000
받 을 어 음		9,700,000		10,000,000
단 기 대 여 금		140,000,000		100,000,000
선 급 금		1,100,000		0
(2) 재 고 자 산		43,800,000		48,000,000
상 품		43,200,000		48,000,000
소 모 품		600,000		0
Ⅱ. 비 유 동 자 산		116,611,200		25,600,000
(1) 투 자 자 산		0		0
(2) 유 형 자 산		61,611,200		20,600,000
차 량 운 반 구	25,000,000		25,000,000	
감 가 상 각 누 계 액	19,400,000	5,600,000	19,400,000	5,600,000
비 품	61,011,200		20,000,000	

11	12	13	14	15	16
④	③	②	38,800,000	7,698,200	④
17	**18**	**19**	**20**	**21**	**22**
34	821	19,459,810	6,528,500	①	204,015,000
23	**24**	**25**	**26**	**27**	**28**
15,773,000	1,701,500	9,000,000	70,000,000	140,000,000	600,000
29	**30**	**31**	**32**		
157,015,000	③	④	③		

11　조회 [기초정보관리] – [거래처등록]

④ 98004.농협은행(보통)의 계좌번호는 201–6611–047120이다.

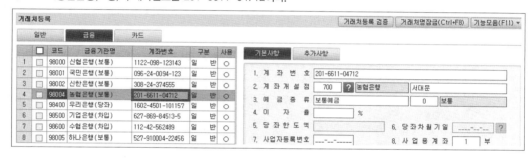

12　조회 [전표입력/장부] – [거래처원장] – 12월 1일 ~ 12월 31일

• 계정과목 : 131.선급금, 거래처 : 처음 ~ 끝 입력 후 조회

• 02205.㈜콜럼비아는 선급금 잔액이 없으므로 거래처원장에 표시되지 않는다.

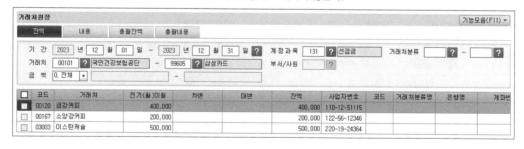

13 조회 [전표입력/장부] – [거래처원장] – 12월 1일 ～ 12월 31일
- 계정과목 : 253.미지급금, 거래처 : 처음 ～ 끝 입력 후 조회
- 32013.(주)하나컴퓨터의 미지급금 잔액은 2,200,000원이다.

14 조회 [전표입력/장부] – [거래처원장] – 12월 1일 ～ 12월 31일
- 계정과목 : 103.보통예금, 거래처 : 98002.신한은행(보통) 입력 후 조회

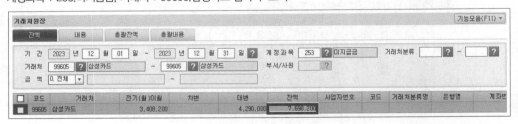

15 조회 [전표입력/장부] – [거래처원장] – 12월 1일 ～ 12월 31일
- 계정과목 : 253.미지급금, 거래처 : 99605.삼성카드 입력 후 조회

16 조회 [금융/자금관리] – [예적금현황] – 12월 31일

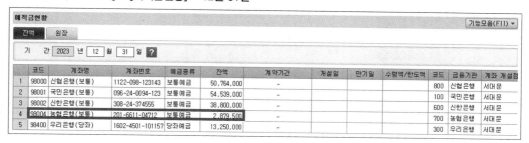

17 조회 [전표입력/장부] – [분개장] – 9월 1일 ~ 9월 30일

• 전표 : 1.일반, 선택 : 1.출금 입력 후 조회

18 조회 [전표입력/장부] – [일/월계표] – 8월 ~ 8월
- 우측 상단 '계정과목코드보기(F3)'를 클릭하여 계정과목코드 조회

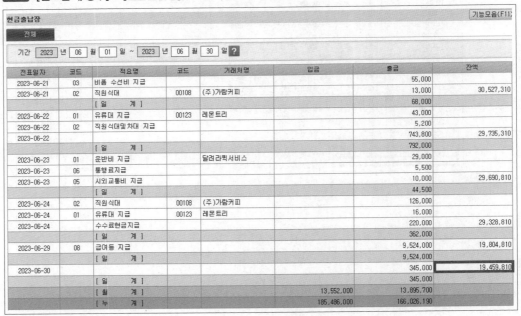

차 변			계 정 과 목		대 변		
계	대 체	현 금			현 금	대 체	계
				[유 동 부 채]	30,000	32,010,200	32,040,200
			251	외 상 매 입 금		24,610,000	24,610,000
			253	미 지 급 금		6,146,200	6,146,200
			254	예 수 금		1,254,000	1,254,000
			259	선 수 금	30,000		30,000
				[매 출]		116,656,000	116,656,000
			401	상 품 매 출		116,656,000	116,656,000
30,502,500	26,974,000	3,528,500		[판 매 관 리 비]			
22,650,000	21,524,000	1,126,000	801	급 여			
1,200,000	1,200,000		811	복 리 후 생 비			
500,000	500,000		815	수 도 광 열 비			
62,500		62,500	817	세 금 과 공 과 금			
3,250,000	3,000,000	250,000	819	임 차 료			
2,620,000	750,000	1,870,000	821	보 험 료			
220,000		220,000	831	수 수 료 비 용			

19 조회 [전표입력/장부] – [현금출납장] – 6월 1일 ~ 6월 30일

현금출납장   기능모음(F11)

전체

기간 2023 년 06 월 01 일 ~ 2023 년 06 월 30 일 ?

전표일자	코드	적요명	코드	거래처명	입금	출금	잔액
2023-06-21	03	비품 수선비 지급				55,000	
2023-06-21	02	직원식대	00108	(주)가람커피		13,000	30,527,310
		[일 계]				68,000	
2023-06-22	01	유류대 지급	00123	레몬트리		43,000	
2023-06-22	02	직원식대및차대 지급				5,200	
2023-06-22						743,800	29,735,310
		[일 계]				792,000	
2023-06-23	01	운반비 지급		달려라퀵서비스		29,000	
2023-06-23	06	통행료지급				5,500	
2023-06-23	05	시외교통비 지급				10,000	29,690,810
		[일 계]				44,500	
2023-06-24	02	직원식대	00108	(주)가람커피		126,000	
2023-06-24	01	유류대 지급	00123	레몬트리		16,000	
2023-06-24		수수료현금지급				220,000	29,328,810
		[일 계]				362,000	
2023-06-29	08	급여등 지급				9,524,000	19,804,810
		[일 계]				9,524,000	
2023-06-30						345,000	19,459,810
		[일 계]				345,000	
		[월 계]			13,552,000	13,895,700	
		[누 계]			185,486,000	166,026,190	

20 조회 [전표입력/장부] – [현금출납장] – 8월 1일 ~ 8월 31일

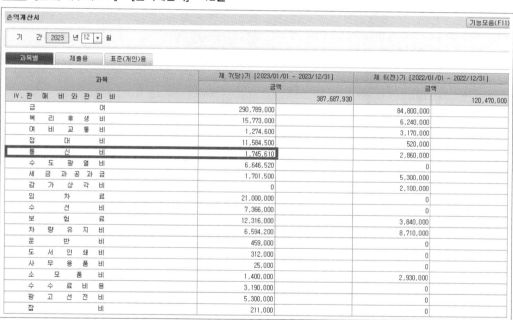

전표일자	코드	적요명	코드	거래처명	입금	출금	잔액
		[전 월 이 월]			41,083,310		41,083,310
2023-08-01		단기대여금 지급(연이자		신협은행(보통)		3,000,000	38,083,310
		[일 계]				3,000,000	
2023-08-02		계약금 입금	00240	화이트커피	30,000		38,113,310
		[일 계]			30,000		
2023-08-06		외상매출금 환수			24,000,000		62,113,310
		[일 계]			24,000,000		
2023-08-24		수수료현금지급				220,000	61,893,310
		[일 계]				220,000	
2023-08-25						1,870,000	60,023,310
		[일 계]				1,870,000	
2023-08-30	08	급여등 지급				1,126,000	
2023-08-30	01	사무실임차료 지급	00156	성진빌딩(주)		250,000	
2023-08-30		사업소분 주민세				62,500	58,584,810
		[일 계]				1,438,500	
		[월 계]			24,030,000	6,528,500	
		[누 계]			239,682,000	181,097,190	

21 조회 [결산/재무제표 I] – [손익계산서] – 12월

과목	제 7(당)기 [2023/01/01 ~ 2023/12/31] 금액	제 6(전)기 [2022/01/01 ~ 2022/12/31] 금액
Ⅳ. 판 매 비 와 관 리 비	387,687,930	120,470,000
급 여	290,789,000	84,800,000
복 리 후 생 비	15,773,000	6,240,000
여 비 교 통 비	1,274,600	3,170,000
접 대 비	11,584,500	520,000
통 신 비	1,745,610	2,860,000
수 도 광 열 비	6,646,520	0
세 금 과 공 과 금	1,701,500	5,300,000
감 가 상 각 비	0	2,100,000
임 차 료	21,000,000	0
수 선 비	7,366,000	0
보 험 료	12,316,000	3,840,000
차 량 유 지 비	6,594,200	8,710,000
운 반 비	459,000	0
도 서 인 쇄 비	312,000	0
사 무 용 품 비	25,000	0
소 모 품 비	1,400,000	2,930,000
수 수 료 비 용	3,190,000	0
광 고 선 전 비	5,300,000	0
잡 비	211,000	0

PART 3

22 조회 [결산/재무제표 I] – [손익계산서] – 12월

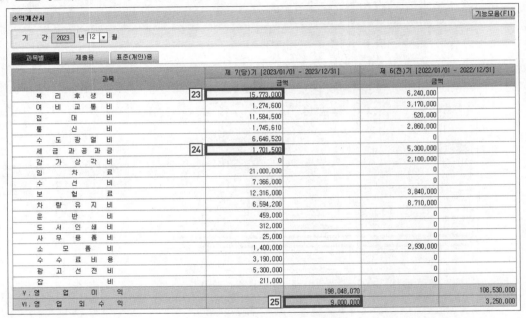

손익계산서　　　　　　　　　　　　　　　　　　　　　　　　　　　　　　　　　　　　　기능모음(F11)

기　간 2023 년 12 ▼ 월

| 과목별 | 제출용 | 표준(개인)용 |

과목	제 7(당)기 [2023/01/01 ~ 2023/12/31]		제 6(전)기 [2022/01/01 ~ 2022/12/31]	
	금액		금액	
Ⅰ. 매　　　출　　　액		789,751,000		583,000,000
상　품　매　출	789,751,000		583,000,000	
Ⅱ. 매　　출　　원　　가		204,015,000		354,000,000
상　품　매　출　원　가		204,015,000		354,000,000
기 초 상 품 재 고 액	48,000,000		20,000,000	
당 기 상 품 매 입 액	199,215,000		382,000,000	
기 말 상 품 재 고 액	43,200,000		48,000,000	

23~25 조회 [결산/재무제표 I] – [손익계산서] – 12월

손익계산서　　　　　　　　　　　　　　　　　　　　　　　　　　　　　　　　　　　　　기능모음(F11)

기　간 2023 년 12 ▼ 월

| 과목별 | 제출용 | 표준(개인)용 |

과목	제 7(당)기 [2023/01/01 ~ 2023/12/31]		제 6(전)기 [2022/01/01 ~ 2022/12/31]	
	금액		금액	
복 리 후 생 비	**23** 15,773,000		6,240,000	
여 비 교 통 비	1,274,600		3,170,000	
접　　　대　　　비	11,584,500		520,000	
통　　　신　　　비	1,745,610		2,860,000	
수 도 광 열 비	6,646,520		0	
세 금 과 공 과 금	**24** 1,701,500		5,300,000	
감 가 상 각 비	0		2,100,000	
임　　　차　　　료	21,000,000		0	
수　　　선　　　비	7,366,000		0	
보　　　험　　　료	12,316,000		3,840,000	
차 량 유 지 비	6,594,200		8,710,000	
운　　　반　　　비	459,000		0	
도 서 인 쇄 비	312,000		0	
사 무 용 품 비	25,000		0	
소　　모　　품　　비	1,400,000		2,930,000	
수 수 료 비 용	3,190,000		0	
광 고 선 전 비	5,300,000		0	
잡　　　　　　　비	211,000		0	
Ⅴ. 영　　업　　이　　익		198,048,070		108,530,000
Ⅵ. 영　업　외　수　익	**25**	9,000,000		3,250,000

26~28 조회 [결산/재무제표 I] – [재무상태표] – 12월

재무상태표   기능모음(F11)

과목별   제출용   표준(개인)용

기 간 2023 년 12 ▼ 월 2023년

과목	제 7(당)기[2023/01/01 ~ 2023/12/31] 금	액	제 6(전)기[2022/01/01 ~ 2022/12/31] 금	액
자 산				
I. 유 동 자 산		714,779,200		414,300,000
(1) 당 좌 자 산		670,979,200		366,300,000
현 금		62,325,700		7,600,000
보 통 예 금		160,232,500		88,200,000
단 기 매 매 증 권	[26]	70,000,000		70,000,000
외 상 매 출 금	228,121,000		91,000,000	
대 손 충 당 금	500,000	227,621,000	500,000	90,500,000
받 을 어 음		9,700,000		10,000,000
단 기 대 여 금	[27]	140,000,000		100,000,000
선 급 금		1,100,000		0
(2) 재 고 자 산		43,800,000		48,000,000
상 품		43,200,000		48,000,000
소 모 품	[28]	600,000		0

29~30 조회 [결산/재무제표 I] – [재무상태표] – 12월

재무상태표   기능모음(F11)

과목별   제출용   표준(개인)용

기 간 2023 년 12 ▼ 월 2023년

과목	제 7(당)기[2023/01/01 ~ 2023/12/31] 금	액	제 6(전)기[2022/01/01 ~ 2022/12/31] 금	액
자 산 총 계		831,390,400		439,900,000
부 채				
I. 유 동 부 채		245,703,330		76,600,000
외 상 매 입 금	[29]	157,015,000		54,000,000
지 급 어 음		4,000,000		0
미 지 급 금		39,718,200		18,200,000
예 수 금		12,060,130		4,400,000
가 수 금		28,000,000		0
선 수 금		4,910,000		0
II. 비 유 동 부 채		65,000,000		40,000,000
장 기 차 입 금		65,000,000		40,000,000
부 채 총 계		310,703,330		116,600,000
자 본				
I. 자 본 금		520,687,070		323,300,000
자 본 금	[30]	520,687,070		323,300,000

31　조회　[기초정보관리] – [전기분 재무상태표]
- 유동자산 414,300,000원, 유동부채 76,600,000원 확인

∴ (414,300,000 / 76,600,000) × 100 ≒ 540%

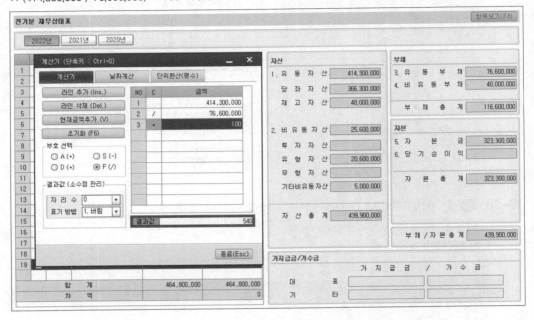

32　조회　[기초정보관리] – [전기분 손익계산서]
- 매출총이익 229,000,000원, 매출액 583,000,000원 확인

∴ (229,000,000 / 583,000,000) × 100 ≒ 39%

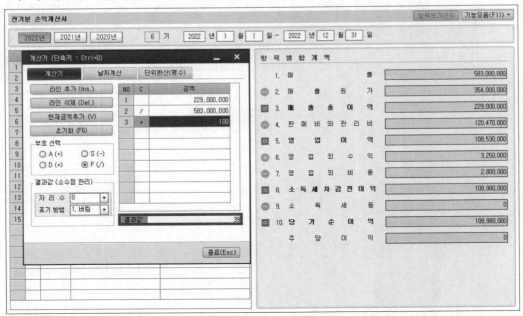

실무이론평가

01	02	03	04	05	06	07	08	09	10
③	②	④	②	②	④	①	①	④	③

01 ③ 경영자는 기업실체 외부정보이용자에게 재무제표를 작성하고 보고할 일차적인 책임을 진다. 경영자는 회계기준에 근거하여 적정한 재무제표를 작성해야 한다.

> 핵심요약 **재무제표의 작성과 표시** 348p

02 ② 종업원을 채용하고 근로계약서를 작성하는 것은 자산, 부채, 자본의 증감이나 수익, 비용을 발생시키지 않으므로 회계상의 거래에 해당하지 않는다.

> 핵심요약 **회계상 거래** 346p

03 ④ 경상연구개발비는 비용에 해당하는 계정과목이므로 재무상태표가 아닌 손익계산서에 표시되는 계정과목이다.

> 핵심요약 **계정과목 항목찾기** 357p

04 • 재고자산의 취득원가 = 상품 매입금액 600,000원 + 매입운반비 8,000원 = 608,000원

　※ 판매수수료와 광고선전비는 재고자산의 취득원가에 포함되지 않는다.

> 핵심요약 **재고자산의 취득원가** 353p

05 ② 무형자산의 잔존가치는 없는 것을 원칙으로 한다.

　※ 단, 경제적 내용연수보다 짧은 상각기간을 정한 경우에 상각기간이 종료될 때 제3자가 자산을 구입하는 약정이 있거나, 그 자산에 대한 거래시장이 존재하여 상각기간이 종료되는 시점에 자산의 잔존가치가 거래시장에서 결정될 가능성이 매우 높은 경우에는 잔존가치를 인식할 수 있다.

06 ④ 건물 엘리베이터 설치는 자산의 가치를 증가시키는 지출이므로 자본적 지출에 해당한다.

　①, ②, ③ 자산의 원상회복, 능률유지를 위한 지출이므로 수익적 지출에 해당한다.

> 핵심요약 **수익적 지출과 자본적 지출** 354p

07   ① 발생주의에 대한 설명이다. 발생주의 회계는 현금거래 뿐만 아니라 외상거래, 재화 및 용역의 교환 또는 무상이전, 자산 및 부채의 가격변동 등과 같이 현금유출입을 수반하지 않는 거래나 사건 모두를 인식하는 것을 말한다.

> **핵심요약** 손익계산서의 작성과 표시   350p

08   • 매출원가 = 기초상품재고액 150,000원 + 당기 총매입액 600,000원 − 매입에누리 60,000원 − 기말상품재고액 100,000원 = 590,000원

> **핵심요약** 매출원가 계산식   350p

09   ④ 기말재고자산이 30,000원 과대계상되면 매출원가는 30,000원 과소계상되고 당기순이익은 30,000원 과대계상된다.

> **핵심요약** 손익계산서의 구조   350p

10   ③ 직원 단합을 위한 가족동반 야유회 개최비는 복리후생비, 직원 업무역량 강화를 위한 영어학원 지원비는 교육훈련비로 회계처리한다.

실무수행 1 기초정보관리의 이해

① **입력** [기초정보관리] – [거래처등록]
- [일반] 탭
  - 코드 : 03100, 거래처 : ㈜리즈온, 사업자등록번호 : 110-81-02129, 대표자 : 김리즈, 구분 : 0.전체, 사용 : 0 입력
- [기본사항] 탭
  - 4.업태 : 도소매업, 5.종목 : 방향제, 16.거래시작일 : 2023-01-01 입력

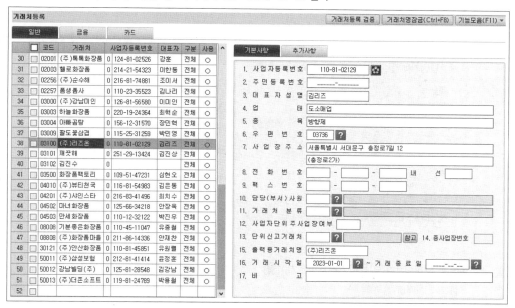

- 6.우편번호, 7.사업장주소
  - 우편번호 클릭 후 F2를 눌러 [우편번호 코드도움] 화면 확인
  - [도로명주소] 탭에서 시도 : 서울특별시, 시군구 : 서대문구, 충정로7길 입력 후 '서울특별시 서대문구 충정로7길 12 (충정로2가)' 더블클릭하여 입력

PART 3

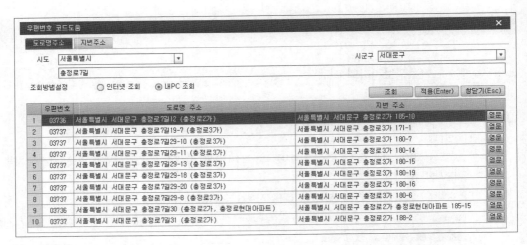

• [추가사항] 탭

－ 4.담당자메일주소 : leeds@naver.com 입력

② 입력 [기초정보관리] – [거래처별초기이월]

• [108.외상매출금] 계정

－ 03000.(주)강남미인 : 41,000,000원 입력

－ 03003.하늘화장품 : 50,000,000원 입력

	코드	계정과목	전기분재무상태표	차 액	거래처합계금액		코드	거래처	금액
1	101	현금	51,200,000	51,200,000			03000	(주)강남미인	41,000,000
2	102	당좌예금	26,200,000		26,200,000		03003	하늘화장품	50,000,000
3	103	보통예금	105,210,000		105,210,000				
4	107	단기매매증권	12,430,000	12,430,000					
5	108	외상매출금	91,000,000		91,000,000				
6	109	대손충당금	910,000	910,000					

• [251.외상매입금] 계정

－ 04010.(주)뷰티천국 : 14,000,000원 입력

－ 04201.(주)샤인스타 : 20,000,000원 입력

	코드	계정과목	전기분재무상태표	차 액	거래처합계금액		코드	거래처	금액
18	213	감가상각누계액	1,000,000	1,000,000			04010	(주)뷰티천국	14,000,000
19	240	소프트웨어	15,000,000	15,000,000			04201	(주)샤인스타	20,000,000
20	251	외상매입금	34,000,000		34,000,000				

① **입력** [전표입력/장부] – [일반전표입력] – 1월 11일

(차) 813.접대비   72,000   (대) 253.미지급금   72,000
                                                          (99601.신한카드)

	일	번호	구분	코드	계정과목	코드	거래처	적요	차변	대변
☐	11	00001	차변	813	접대비				72,000	
☐	11	00001	대변	253	미지급금	99601	신한카드			72,000

② **조회** [전표입력/장부] – [일반전표입력] – 2월 1일

• 선급금 500,000원 확인

	일	번호	구분	코드	계정과목	코드	거래처	적요	차변	대변
☐	1	00001	출금	131	선급금	02256	(주)순수해	01 상품대금 선지급	500,000	현금

입력 [전표입력/장부] – [일반전표입력] – 2월 13일

(차) 146.상품   5,000,000   (대) 131.선급금   500,000
                                                          (02256.(주)순수해)
                                                          251.외상매입금   4,500,000
                                                          (02256.(주)순수해)

	일	번호	구분	코드	계정과목	코드	거래처	적요	차변	대변
☐	13	00001	차변	146	상품				5,000,000	
☐	13	00001	대변	131	선급금	02256	(주)순수해			500,000
☐	13	00001	대변	251	외상매입금	02256	(주)순수해			4,500,000

③ **입력** [전표입력/장부] – [일반전표입력] – 3월 10일

(차) 811.복리후생비   83,750   (대) 103.보통예금   167,500
      254.예수금   83,750   (98001.기업은행(보통))

	일	번호	구분	코드	계정과목	코드	거래처	적요	차변	대변
☐	10	00001	차변	811	복리후생비				83,750	
☐	10	00001	차변	254	예수금				83,750	
☐	10	00001	대변	103	보통예금	98001	기업은행(보통)			167,500

※ 급여지급 시 원천징수한 금액은 '예수금'으로 회계처리한다.

④ **입력** [전표입력/장부] – [일반전표입력] – 4월 18일

(차) 819.임차료   1,500,000   (대) 103.보통예금   1,500,000
                                                          (98002.우리은행(보통))

	일	번호	구분	코드	계정과목	코드	거래처	적요	차변	대변
☐	18	00001	차변	819	임차료				1,500,000	
☐	18	00001	대변	103	보통예금	98002	우리은행(보통)			1,500,000

⑤ 입력 [전표입력/장부] – [일반전표입력] – 7월 20일

(차) 240.소프트웨어   2,700,000   (대) 253.미지급금   2,700,000

(50013.(주)더존소프트)

☐	일	번호	구분	코드	계정과목	코드	거래처	적요	차변	대변
☐	20	00001	차변	240	소프트웨어				2,700,000	
☐	20	00001	대변	253	미지급금	50013	(주)더존소프트			2,700,000

⑥ 조회 [전표입력/장부] – [일반전표입력] – 9월 6일

• 가지급금 400,000원 확인

☐	일	번호	구분	코드	계정과목	코드	거래처	적요	차변	대변
☐	6	00001	출금	134	가지급금	03102	김진수		400,000	현금

입력 [전표입력/장부] – [일반전표입력] – 9월 8일

(차) 812.여비교통비   420,000   (대) 134.가지급금   400,000

(03102.김진수)

101.현금   20,000

☐	일	번호	구분	코드	계정과목	코드	거래처	적요	차변	대변
☐	08	00001	차변	812	여비교통비				420,000	
☐	08	00001	대변	134	가지급금	03102	김진수			400,000
☐	08	00001	대변	101	현금					20,000

⑦ 입력 [전표입력/장부] – [일반전표입력] – 10월 22일

(차) 811.복리후생비   243,000   (대) 101.현금   243,000

또는 (출) 811.복리후생비   243,000

☐	일	번호	구분	코드	계정과목	코드	거래처	적요	차변	대변
☐	22	00001	차변	811	복리후생비				243,000	
☐	22	00001	대변	101	현금					243,000

⑧ 입력 [전표입력/장부] – [일반전표입력] – 11월 24일

(차) 101.현금   2,000,000   (대) 401.상품매출   2,700,000

108.외상매출금   700,000

(00177.에스티마음)

☐	일	번호	구분	코드	계정과목	코드	거래처	적요	차변	대변
☐	24	00001	차변	101	현금				2,000,000	
☐	24	00001	차변	108	외상매출금	00177	에스티마음		700,000	
☐	24	00001	대변	401	상품매출					2,700,000

① **조회** [전표입력/장부] – [일반전표입력] – 6월 30일
  • 수정 전

	일	번호	구분	코드	계정과목	코드	거래처	적요	차변	대변
☐	30	00001	차변	822	차량유지비			자동차세 납부	340,000	
☐	30	00001	대변	103	보통예금	98000	국민은행(보통)	자동차세 납부		340,000

  • 수정 후

	일	번호	구분	코드	계정과목	코드	거래처	적요	차변	대변
☐	30	00001	차변	817	세금과공과금			자동차세 납부	340,000	
☐	30	00001	대변	103	보통예금	98000	국민은행(보통)	자동차세 납부		340,000

※ 차량유지비는 차량 유지 및 관리를 위하여 지출하는 비용에 관련된 계정과목이다. 따라서 자동차세는 '세금과공과금'
  으로 회계처리한다.

② **조회** [전표입력/장부] – [일반전표입력] – 12월 20일
  • 수정 전

	일	번호	구분	코드	계정과목	코드	거래처	적요	차변	대변
☐	20	00003	출금	826	도서인쇄비			계정과목별 회계실무 도서구	60,000	현금

  • 수정 후

	일	번호	구분	코드	계정과목	코드	거래처	적요	차변	대변
☐	20	00003	출금	826	도서인쇄비			계정과목별 회계실무 도서구	30,000	현금

① **입력** [전표입력/장부] – [일반전표입력] – 12월 31일

(차) 830.소모품비   200,000   (대) 122.소모품   200,000

	일	번호	구분	코드	계정과목	코드	거래처	적요	차변	대변
☐	31	00001	차변	830	소모품비				200,000	
☐	31	00001	대변	122	소모품					200,000

입력 [결산/재무제표 I] – [결산자료입력] – 1월 ~ 12월
- [매출원가 및 경비선택] 화면에서 확인(Tab) 클릭
- 상품매출원가의 기말 상품 재고액란에 33,000,000원 입력
- 우측 상단의 전표추가(F3) 를 클릭하여 결산분개를 일반전표에 추가

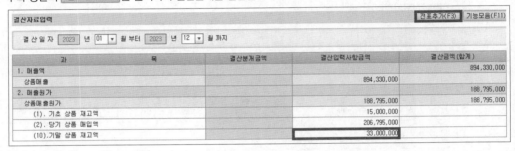

② **조회** [결산/재무제표 I] – [손익계산서] – 12월
- 우측 상단의 기능모음(F11) ▼ 을 클릭하여 '연동 – 추가(Ctrl + F2)'를 클릭하여 전표 데이터 추가

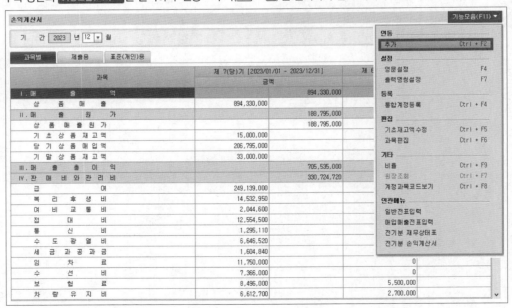

조회 [결산/재무제표 I] – [재무상태표] – 12월

재무상태표　　　　　　　　　　　　　　　　　　　　　　　　　　　　　　　　　**기능모음(F11)**

| 과목별 | 제출용 | 표준(개인)용 |

기　간　2023　년　12　▼　월　　2023년

과목	제 7(당)기 [2023/01/01 ~ 2023/12/31]		제 6(전)기 [2022/01/01 ~ 2022/12/31]	
	금	액	금	액
자　　　　　　　산				
Ⅰ. 유　동　자　산		779,865,410		335,130,000
(1) 당　좌　자　산		746,865,410		320,130,000
현　　　　　금		133,669,550		51,200,000
당　좌　예　금		26,200,000		26,200,000
보　통　예　금		150,719,660		105,210,000
단 기 매 매 증 권		17,430,000		12,430,000
외　상　매　출　금	325,600,000		91,000,000	
대　손　충　당　금	910,000	324,690,000	910,000	90,090,000
받　을　어　음	31,800,000		30,000,000	
대　손　충　당　금	300,000	31,500,000	300,000	29,700,000
단　기　대　여　금		55,000,000		5,000,000
미　　수　　금		3,300,000		300,000
소　　모　　품		1,556,200		0
선　　급　　금		2,800,000		0
(2) 재　고　자　산		33,000,000		15,000,000
상　　　　　품		33,000,000		15,000,000
Ⅱ. 비　유　동　자　산		375,211,200		201,000,000
(1) 투　자　자　산		112,000,000		52,000,000
장　기　대　여　금		112,000,000		52,000,000

PART 3

11	12	13	14	15	16
③	②	③	③	00177	3,700,000
17	**18**	**19**	**20**	**21**	**22**
267,582,450	①	3	600,000	327,000	50,000
23	**24**	**25**	**26**	**27**	**28**
③	894,330,000	188,795,000	1,604,840	1,556,200	2,800,000
29	**30**	**31**	**32**		
18,700,000	④	②	②		

11　조회 [기초정보관리] – [거래처등록]

③ '03101.깨끗해'의 사업자등록번호는 '251-29-13424'이다.

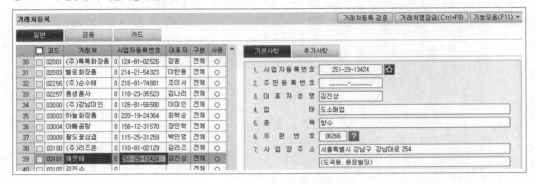

12　조회 [금융/자금관리] – [예적금현황] – 12월 31일

13 조회 [전표입력/장부] – [거래처원장] – 6월 1일 ~ 6월 30일

- 계정과목 : 251.외상매입금, 거래처 : 처음 ~ 끝 입력 후 조회
- 04010.(주)뷰티천국의 외상매입금 잔액은 15,000,000원이다.

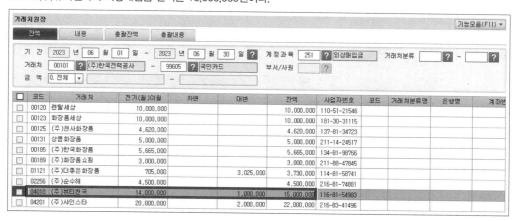

14 조회 [전표입력/장부] – [거래처원장] – 6월 1일 ~ 6월 30일

- 계정과목 : 253.미지급금, 거래처 : 처음 ~ 끝 입력 후 조회
- 99601.신한카드의 미지급금 잔액은 80,000원이다.

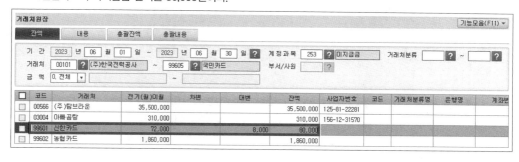

15 [조회] [전표입력/장부] – [거래처원장] – 12월 1일 ~ 12월 31일
• 계정과목 : 108.외상매출금, 거래처 : 처음 ~ 끝 입력 후 조회

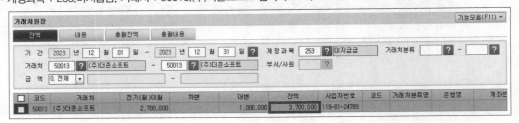

	코드	거래처	전기(월)이월	차변	대변	잔액	사업자번호	코드	거래처분류명	은행명	계조
☐	00102	(주)생생화장품	2,000,000			2,000,000	110-81-25419				
☐	00105	피부사랑	1,650,000			1,650,000	181-31-31112				
☐	00106	뷰티쁠화장품	24,480,000			24,480,000	119-54-37124				
☐	00110	(주)사랑화장품	1,003,000			1,003,000	617-85-34659				
☐	00120	렌탈세상	41,480,000	7,150,000		48,630,000	110-51-21546				
☐	00167	천냥화장품	3,300,000			3,300,000	122-56-12346				
☐	00177	에스티마음	700,000			700,000	101-12-42117				
☐	00185	(주)한국화장품	4,000,000			4,000,000	134-81-98766				
☐	01008	(주)싸다화장품	10,000,000			10,000,000	216-81-15295				
☐	01009	소연화장품	3,000,000			3,000,000	143-01-13814				
☐	01010	(주)루비이통	1,500,000			1,500,000	130-81-17456				
☐	01121	(주)더좋은화장품	8,800,000			8,800,000	114-81-58741				
☐	02003	헬로화장품	30,000,000			30,000,000	214-21-54323				
☐	03000	(주)강남미인	41,000,000	500,000		41,500,000	126-81-56580				
☐	03003	하늘화장품	50,000,000	900,000		50,900,000	220-19-24364				
☐	03004	아빠곰탕		5,500,000		5,500,000	156-12-31570				
☐	03101	깨끗해	8,855,000			8,855,000	251-29-13424				
☐	04010	(주)뷰티천국	2,500,000			2,500,000	116-81-54983				
☐	04201	(주)샤인스타	2,000,000			2,000,000	216-83-41496				
☐	04503	만세화장품	2,500,000			2,500,000	110-12-32122				
☐	08808	(주)화장품마을	11,452,000			11,452,000	211-86-14336				
☐	30121	(주)안산화장품	3,000,000			3,000,000	110-81-45851				
☐	99601	신한카드	1,430,000			1,430,000					
☐	99602	농협카드	56,900,000			56,900,000					
	합 계		311,550,000	14,050,000		325,600,000					

16 [조회] [전표입력/장부] – [거래처원장] – 12월 1일 ~ 12월 31일
• 계정과목 : 253.미지급금, 거래처 : 50013.(주)더존소프트 입력 후 조회

	코드	거래처	전기(월)이월	차변	대변	잔액	사업자번호	코드	거래처분류명	은행명	계좌번
☐	50013	(주)더존소프트	2,700,000		1,000,000	3,700,000	119-81-24789				

17 `조회` [전표입력/장부] – [현금출납장] – 1월 1일 ~ 12월 31일

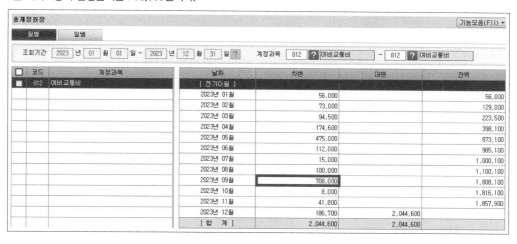

현금출납장   기능모음(F11)

전체

기간 `2023` 년 `01` 월 `01` 일 ~ `2023` 년 `12` 월 `31` 일 `?`

전표일자	코드	적요명	코드	거래처명	입금	출금	잔액
2023-12-25	02	직원식대	00108	(주)꽃을든여자		112,000	
2023-12-25	01	유류대 지급	00123	화장품세상		55,000	
2023-12-25	01	전기요금 납부				94,500	144,036,850
		[일 계]				261,500	
2023-12-26	06	통행료지급				17,000	144,019,850
		[일 계]				17,000	
2023-12-27	01	유류대 지급	00123	화장품세상		54,000	
2023-12-27		장기차입금 이자 지급	98001	기업은행(보통)		131,000	143,834,850
		[일 계]				185,000	
2023-12-28	02	차량수리비 지급				65,000	
2023-12-28		직원야근시 간식대지급				101,000	143,668,850
		[일 계]				166,000	
2023-12-29	02	직원식대	00108	(주)꽃을든여자		13,300	
2023-12-29	01	전화료및 전신료 납부				88,000	
2023-12-29	05	핸드폰요금				60,000	
2023-12-29	02	직원식대및차대 지급				64,000	
2023-12-29	08	급여등 지급				9,524,000	
2023-12-29	01	사무실임차료 지급	00156	(주)브디화장품		250,000	133,669,550
		[일 계]				9,999,300	
		[월 계]				13,794,720	
		[누 계]			401,252,000	267,582,450	

18 `조회` [전표입력/장부] – [총계정원장]

• 계정과목 : 812.여비교통비 입력 후 조회
• 9월 여비교통비 발생금액은 708,000원이다.

총계정원장   기능모음(F11) ▼

월별   일별

조회기간 `2023` 년 `01` 월 `01` 일 ~ `2023` 년 `12` 월 `31` 일 `?`   계정과목 `812` `?` 여비교통비 ~ `812` `?` 여비교통비

코드	계정과목	날자	차변	대변	잔액
812	여비교통비	[전기이월]			
		2023년 01월	56,000		56,000
		2023년 02월	73,000		129,000
		2023년 03월	94,500		223,500
		2023년 04월	174,600		398,100
		2023년 05월	475,000		873,100
		2023년 06월	112,000		985,100
		2023년 07월	15,000		1,000,100
		2023년 08월	100,000		1,100,100
		2023년 09월	708,000		1,808,100
		2023년 10월	8,000		1,816,100
		2023년 11월	41,800		1,857,900
		2023년 12월	186,700	2,044,600	
		[합 계]	2,044,600	2,044,600	

19 조회 [전표입력/장부] – [총계정원장]

• 계정과목 : 254.예수금 입력 후 조회

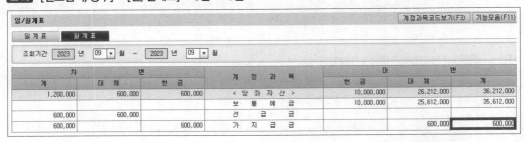

20 조회 [전표입력/장부] – [일/월계표] – 9월 ~ 9월

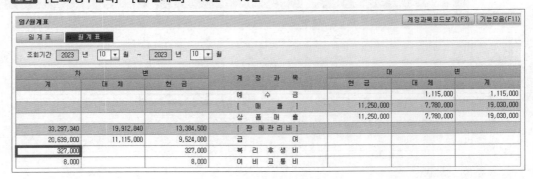

21 조회 [전표/장부입력] – [일/월계표] – 10월 ~ 10월

22 조회 [전표입력/ 장부] – [일/월계표] – 12월 ~ 12월

일/월계표　　　　　　　　　　　　　　　　　　　　　　　　계정과목코드보기(F3)　기능모음(F11)

일계표　**월계표**

조회기간 2023 년 12 ▼ 월 ~ 2023 년 12 ▼ 월

차		변	계 정 과 목	대		변
계	대 체	현 금		현 금	대 체	계
30,594,720	17,259,000	13,335,720	[판 매 관 리 비]		330,724,720	330,724,720
20,650,000	11,126,000	9,524,000	급 　 여		249,139,000	249,139,000
1,594,300	473,000	1,121,300	복 리 후 생 비		14,532,950	14,532,950
186,700		186,700	여 비 교 통 비		2,044,600	2,044,600
480,000		480,000	접 대 비		12,554,500	12,554,500
198,000		198,000	통 신 비		1,295,110	1,295,110
394,220		394,220	수 도 광 열 비		6,646,520	6,646,520
			세 금 과 공 과 금		1,604,840	1,604,840
1,750,000	1,500,000	250,000	임 차 료		11,750,000	11,750,000
			수 선 비		7,366,000	7,366,000
3,960,000	3,960,000		보 험 료		8,496,000	8,496,000
898,000		898,000	차 량 유 지 비		6,612,700	6,612,700
230,000		230,000	운 반 비		669,000	669,000
50,000		50,000	도 서 인 쇄 비		280,000	280,000
200,000	200,000		소 모 품 비		200,000	200,000
3,500		3,500	수 수 료 비 용		1,983,500	1,983,500
			광 고 선 전 비		5,300,000	5,300,000

23 조회 [결산/재무제표 I] – [손익계산서] – 12월

• 당기 임차료 발생금액은 11,750,000원이다.

손익계산서　　　　　　　　　　　　　　　　　　　　　　　　　　　　기능모음(F11)

기 간 2023 년 12 ▼ 월

과목별　제출용　표준(개인)용

과목	제 7(당)기 [2023/01/01 ~ 2023/12/31]		제 6(전)기 [2022/01/01 ~ 2022/12/31]	
	금액		금액	
Ⅳ. 판 매 비 와 관 리 비		330,724,720		96,530,000
급 여	249,139,000		59,150,000	
복 리 후 생 비	14,532,950		15,200,000	
여 비 교 통 비	2,044,600		1,300,000	
접 대 비	12,554,500		5,500,000	
통 신 비	1,295,110		1,230,000	
수 도 광 열 비	6,646,520		2,850,000	
세 금 과 공 과 금	1,604,840		2,700,000	
임 차 료	11,750,000		0	
수 선 비	7,366,000		0	
보 험 료	8,496,000		5,500,000	
차 량 유 지 비	6,612,700		2,700,000	
운 반 비	669,000		400,000	
도 서 인 쇄 비	280,000		0	
소 모 품 비	200,000		0	
수 수 료 비 용	1,983,500		0	
광 고 선 전 비	5,300,000		0	
잡 비	250,000		0	

24~26 조회 [결산/재무제표 I] – [손익계산서] – 12월

손익계산서　　　　　　　　　　　　　　　　　　　　　　　　　　기능모음(F11)

기 간 2023 년 12 ▼ 월

| 과목별 | 제출용 | 표준(개인)용 |

과목	제 7(당)기 [2023/01/01 ~ 2023/12/31] 금액		제 6(전)기 [2022/01/01 ~ 2022/12/31] 금액	
Ⅰ. 매　　　출　　　액		894,330,000		600,000,000
상　품　매　출	**24** 894,330,000		600,000,000	
Ⅱ. 매　　출　　원　가		188,795,000		307,000,000
상　품　매　출　원　가	**25** 188,795,000		307,000,000	
기 초 상 품 재 고 액	15,000,000		20,000,000	
당 기 상 품 매 입 액	206,795,000		302,000,000	
기 말 상 품 재 고 액	33,000,000		15,000,000	
Ⅲ. 매　　출　　총　　이　익		705,535,000		293,000,000
Ⅳ. 판 매 비 와 관 리 비		330,724,720		96,530,000
급　　　　　　　　여	249,139,000		59,150,000	
복　리　후　생　비	14,532,950		15,200,000	
여　비　교　통　비	2,044,600		1,300,000	
접　　대　　비	12,554,500		5,500,000	
통　　신　　비	1,295,110		1,230,000	
수　도　광　열　비	6,646,520		2,850,000	
세　금　과　공　과　금	**26** 1,604,840		2,700,000	
임　　차　　료	11,750,000		0	
수　　선　　비	7,366,000		0	
보　　험　　료	8,496,000		5,500,000	
차　량　유　지　비	6,612,700		2,700,000	

27~29 조회 [결산/재무제표 I] – [재무상태표] – 12월

재무상태표　　　　　　　　　　　　　　　　　　　　　　　　　　기능모음(F11)

| 과목별 | 제출용 | 표준(개인)용 |

기 간 2023 년 12 ▼ 월 2023년

과목	제 7(당)기 [2023/01/01 ~ 2023/12/31] 금　　　　　액		제 6(전)기 [2022/01/01 ~ 2022/12/31] 금　　　　　액	
소　　모　　품	**27**	1,556,200		0
선　　급　　금		2,800,000 **28**		0
(2) 재　고　자　산		33,000,000		15,000,000
상　　　　品		33,000,000		15,000,000
Ⅱ. 비 유 동 자 산		375,211,200		201,000,000
(1) 투　자　자　산		112,000,000		52,000,000
장　기　대　여　금		112,000,000		52,000,000
(2) 유　형　자　산		174,511,200		114,000,000
건　　　　물	100,000,000		100,000,000	
감 가 상 각 누 계 액	8,000,000	92,000,000	10,000,000	90,000,000
차　량　운　반　구	107,700,000		50,000,000	
감 가 상 각 누 계 액	30,000,000	77,700,000	30,000,000	20,000,000
비　　　　품	5,811,200		5,000,000	
감 가 상 각 누 계 액	1,000,000	4,811,200	1,000,000	4,000,000
(3) 무　형　자　산	**29**	18,700,000		15,000,000
소　프　트　웨　어		18,700,000		15,000,000
(4) 기 타 비 유 동 자 산		70,000,000		20,000,000
임　차　보　증　금		70,000,000		20,000,000

30 [결산/재무제표 Ⅰ] – [재무상태표] – 12월

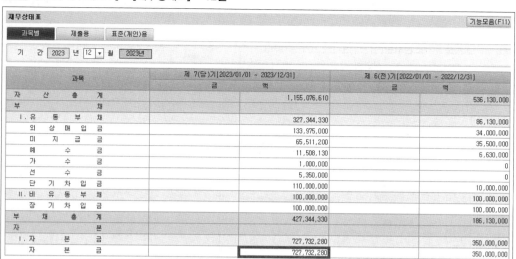

과목	제 7(당)기 [2023/01/01 ~ 2023/12/31] 금액	제 6(전)기 [2022/01/01 ~ 2022/12/31] 금액
자 산 총 계	1,155,076,610	536,130,000
부 채		
Ⅰ. 유 동 부 채	327,344,330	86,130,000
외 상 매 입 금	133,975,000	34,000,000
미 지 급 금	65,511,200	35,500,000
예 수 금	11,508,130	6,630,000
가 수 금	1,000,000	0
선 수 금	5,350,000	0
단 기 차 입 금	110,000,000	10,000,000
Ⅱ. 비 유 동 부 채	100,000,000	100,000,000
장 기 차 입 금	100,000,000	100,000,000
부 채 총 계	427,344,330	186,130,000
자 본		
Ⅰ. 자 본 금	727,732,280	350,000,000
자 본 금	727,732,280	350,000,000

31   [조회] [기초정보관리] – [전기분 재무상태표]
- 당좌자산 320,130,000원, 유동부채 86,130,000원 확인

∴ (320,130,000 / 86,130,000) × 100 ≒ 371%

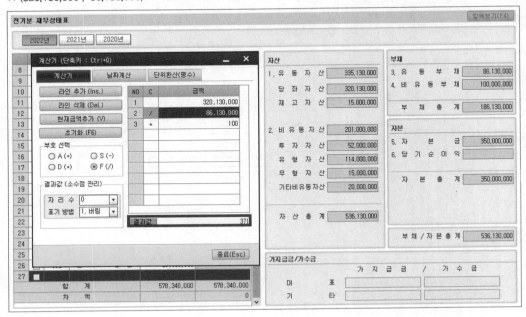

32   [조회] [기초정보관리] – [전기분 손익계산서]
- 영업이익 196,470,000원, 매출액 600,000,000원 확인

∴ (196,470,000 / 600,000,000) × 100 ≒ 32%

제65회 정답 및 해설

실무이론평가

01	02	03	04	05	06	07	08	09	10
③	①	④	①	③	④	③	①	①	④

01

• 회계처리

③	(차)	보통예금(자산의 증가)	1,000,000	(대)	단기차입금(부채의 증가)	1,000,000
①	(차)	급여(비용의 발생)	5,000,000	(대)	현금(자산의 감소)	5,000,000
②	(차)	외상매출금(자산의 증가)	300,000	(대)	상품매출(수익의 발생)	300,000
④	(차)	현금(자산의 증가)	200,000	(대)	매출채권(자산의 감소)	200,000

핵심요약 거래의 8요소   346p

02

• 회계처리

①	(차)	현금(자산의 증가)	100,000	(대)	받을어음(자산의 감소)	100,000
②	(차)	보통예금(자산의 증가)	200,000	(대)	이자수익(수익의 발생)	200,000
③	(차)	급여(비용의 발생)	2,000,000	(대)	미지급비용(부채의 증가)	2,000,000
④	(차)	복리후생비(비용의 발생)	500,000	(대)	현금(자산의 감소)	500,000

핵심요약 거래의 8요소   346p

03

④ 재무상태표의 기본요소는 자산, 부채, 자본이다. 수익은 손익계산서의 기본요소이다.

핵심요약 재무상태표의 작성과 표시   349p

04

• 외상매출금 회수액 = 기초금액 40,000원 + 당기외상매출액 180,000원 − 기말금액 60,000원 = 160,000원

05

• 건물 취득원가 = 구입금액 20,000,000원 + 중개수수료 200,000원 + 취득세 920,000원 = 21,120,000원

※ 화재 보험료는 당기 비용으로 처리된다.

핵심요약 유형자산의 취득원가   354p

06 ④ 건설중인자산은 유형자산에 포함되는 항목이다.

| 핵심요약 | 계정과목 항목찾기 | 357p |

07 • 매출총이익 = 매출액 400,000원 − 매출원가 200,000원 = 200,000원
   • 영업이익 = 매출총이익 200,000원 − 판매비와관리비 120,000원(= 급여 60,000원 + 복리후생비 10,000원 + 임차료 50,000원) = 80,000원
   ※ 기부금은 영업외비용으로 판매비와관리비에 해당하지 않는다.

| 핵심요약 | 손익계산서의 구조 | 350p |

08 ① 사업과 관련없이 무상으로 제공한 경우 기부금 계정으로 회계처리한다.

09 ① 단기차입금의 상환은 결산정리사항이 아니다.

10 • 당기말 대손충당금 잔액 = 기초 잔액 30,000원 − 대손처리 10,000원 + 결산 보충 20,000원 = 40,000원

| 핵심요약 | 대 손 | 352p |

실무수행 1 기초정보관리의 이해

① **입력** [기초정보관리] – [회사등록]

• 8.사업장주소

　– 우편번호 클릭 후 F2를 눌러 [우편번호 코드도움] 화면 확인

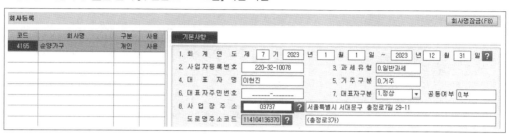

　– [도로명주소] 탭에서 시도 : 서울특별시, 시군구 : 서대문구, 충정로7길 입력 후 '서울특별시 서대문구 충정로7길
　　29–11 (충정로3가)' 더블클릭

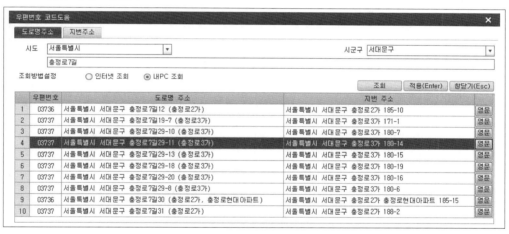

　– 14.사업장세무서 : 220.역삼 → 110.서대문으로 자동 변경 확인

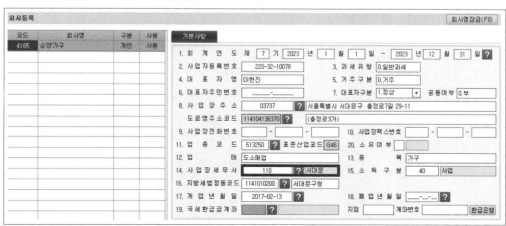

② **입력** [기초정보관리] – [계정과목및적요등록]

- 850.회사설정계정과목 → 850.협회비로 수정입력
- 구분 : 4.경비, 표준코드 : 058.①기타, 현금적요 : 01.가구협회 회비 현금 납부 입력

계정과목및적요등록   기능모음(F11) ▾

전체		코드	계정과목		구분	사용	과목	관계	관리항목	표준코드	표준
자산 ▾	☐	850	협 회 비		경 비	○	850		거래처,부서/사원	058	①
	☐	851	회 사 설 정 계 정 과 목				○	851		거래처,부서/사원		
부채 ▾	☐	852	회 사 설 정 계 정 과 목				○	852		거래처,부서/사원		
자본 ▾	☐	853	회 사 설 정 계 정 과 목				○	853		거래처,부서/사원		
	☐	854	회 사 설 정 계 정 과 목				○	854		거래처,부서/사원		
매출 ▾	☐	855	회 사 설 정 계 정 과 목				○	855		거래처,부서/사원		
매출원가 ▾	☐	856	회 사 설 정 계 정 과 목				○	856		거래처,부서/사원		
	☐	857	회 사 설 정 계 정 과 목				○	857		거래처,부서/사원		
판관비 ▾	☐	858	회 사 설 정 계 정 과 목				○	858		거래처,부서/사원		
기타 ▾	☐	859	회 사 설 정 계 정 과 목				○	859		거래처,부서/사원		
	☐	860	회 사 설 정 계 정 과 목				○	860		거래처,부서/사원		
제조 ▾	☐	861	회 사 설 정 계 정 과 목				○	861		거래처,부서/사원		
도급 ▾	☐	862	회 사 설 정 계 정 과 목				○	862		거래처,부서/사원		
	☐	863	회 사 설 정 계 정 과 목				○	863		거래처,부서/사원		
분양 ▾	☐	864	회 사 설 정 계 정 과 목				○	864		거래처,부서/사원		
	☐	865	회 사 설 정 계 정 과 목				○	865		거래처,부서/사원		

● 현금적요

No	적요내용	비고
01	가구협회 회비 현금 납부 ✎	

● 대체적요

No	적요내용	비고

① 　**입력** [전표입력/장부] – [일반전표입력] – 3월 21일

(차) 830.소모품비　　　　　　　　　200,000　　(대) 253.미지급금　　　　　　　　200,000
　　　　　　　　　　　　　　　　　　　　　　　　　　(99600.국민카드)

□	일	번호	구분	코드	계정과목	코드	거래처	적요	차변	대변
□	21	00001	차변	830	소모품비				200,000	
□	21	00001	대변	253	미지급금	99600	국민카드			200,000

② 　**입력** [전표입력/장부] – [일반전표입력] – 4월 11일

(차) 824.운반비　　　　　　　　　　17,000　　(대) 101.현금　　　　　　　　　　17,000

또는 (출) 824.운반비　　　　　　　　17,000

□	일	번호	구분	코드	계정과목	코드	거래처	적요	차변	대변
□	11	00001	차변	824	운반비				17,000	
□	11	00001	대변	101	현금					17,000

③ 　**입력** [전표입력/장부] – [일반전표입력] – 5월 9일

(차) 251.외상매입금　　　　　　　3,300,000　　(대) 103.보통예금　　　　　　3,300,000
　　　(00167.재벌가구)　　　　　　　　　　　　　　　　　(98000.국민은행(보통))

□	일	번호	구분	코드	계정과목	코드	거래처	적요	차변	대변
□	9	00001	차변	251	외상매입금	00167	재벌가구		3,300,000	
□	9	00001	대변	103	보통예금	98000	국민은행(보통)			3,300,000

④ 　**입력** [전표입력/장부] – [일반전표입력] – 6월 7일

(차) 107.단기매매증권　　　　　　3,000,000　　(대) 103.보통예금　　　　　　3,000,000
　　　　　　　　　　　　　　　　　　　　　　　　　(98004.신협은행(보통))

□	일	번호	구분	코드	계정과목	코드	거래처	적요	차변	대변
□	07	00001	차변	107	단기매매증권				3,000,000	
□	07	00001	대변	103	보통예금	98004	신협은행(보통)			3,000,000

⑤ 　**입력** [전표입력/장부] – [일반전표입력] – 9월 13일

(차) 108.외상매출금　　　　　　　2,500,000　　(대) 401.상품매출　　　　　　2,500,000
　　　(01131.가구천국)

□	일	번호	구분	코드	계정과목	코드	거래처	적요	차변	대변
□	13	00001	차변	108	외상매출금	01131	가구천국		2,500,000	
□	13	00001	대변	401	상품매출					2,500,000

⑥　**입력** [전표입력/장부] – [일반전표입력] – 10월 23일

(차) 146.상품　　　　　　　　7,000,000　　(대) 252.지급어음　　　　　　　7,000,000

　　　　　　　　　　　　　　　　　　　　　　(01121.(주)가구나라)

□	일	번호	구분	코드	계정과목	코드	거래처	적요	차변	대변
□	23	00001	차변	146	상품				7,000,000	
□	23	00001	대변	252	지급어음	01121	(주)가구나라			7,000,000

• 지급어음 클릭 후 F3를 눌러 어음관리 화면 활성화
• 어음번호 : F2를 눌러 등록된 어음 선택, 만기일 : 2023–12–31으로 수정

● 지급어음 관리										삭제(F5)
어음상태	2	발행	어음번호	00420231023123456789			어음종류	4 전자	발 행 일	2023-10-23
만 기 일		2023-12-31	지급은행	98400	국민은행(당좌)		지　　점	강남		

⑦　**입력** [전표입력/장부] – [일반전표입력] – 11월 22일

(차) 103.보통예금　　　　　　　4,400,000　　(대) 259.선수금　　　　　　　　4,400,000

　　(98001.농협은행(보통))　　　　　　　　　　　(05015.(주)서영전자)

□	일	번호	구분	코드	계정과목	코드	거래처	적요	차변	대변
□	22	00001	차변	103	보통예금	98001	농협은행(보통)		4,400,000	
□	22	00001	대변	259	선수금	05015	(주)서영전자			4,400,000

⑧　**입력** [전표입력/장부] – [일반전표입력] – 12월 26일

(차) 801.급여　　　　　　　　6,500,000　　(대) 254.예수금　　　　　　　　　849,290

　　　　　　　　　　　　　　　　　　　　　　103.보통예금　　　　　　　5,650,710

　　　　　　　　　　　　　　　　　　　　　　(98002.신한은행(보통))

□	일	번호	구분	코드	계정과목	코드	거래처	적요	차변	대변
□	26	00001	차변	801	급여				6,500,000	
□	26	00001	대변	254	예수금					849,290
□	26	00001	대변	103	보통예금	98002	신한은행(보통)			5,650,710

① **조회** [전표입력/장부] – [일반전표입력] – 1월 13일

- 미수금 6,600,000원 확인

	일	번호	구분	코드	계정과목	코드	거래처	적요	차변	대변
☐	13	00001	차변	120	미수금	02110	대한자동차		6,600,000	
☐	13	00001	대변	208	차량운반구		대한자동차	배달용 차량 매각		6,600,000

조회 [전표입력/장부] – [일반전표입력] – 2월 15일

- 수정 전

	일	번호	구분	코드	계정과목	코드	거래처	적요	차변	대변
☐	15	00001	입금	108	외상매출금	02110	대한자동차		현금	6,600,000

- 수정 후

	일	번호	구분	코드	계정과목	코드	거래처	적요	차변	대변
☐	15	00001	입금	120	미수금	02110	대한자동차		현금	6,600,000

※ 해당 거래는 주된 영업활동(상거래) 외의 거래에서 발생한 기타채권으로 외상매출금이 아닌 미수금으로 회계처리
한다.

② **조회** [전표입력/장부] – [일반전표입력] – 10월 1일

- 중복 입력되어 있는 전표 확인

	일	번호	구분	코드	계정과목	코드	거래처	적요	차변	대변
☐	1	00001	차변	814	통신비			9월분통신비	232,000	
☐	1	00001	대변	253	미지급금	01515	(주)케이티 서대문지점	9월분통신비		232,000
☐	1	00002	차변	814	통신비			9월분통신비	232,000	
☐	1	00002	대변	253	미지급금	01515	(주)케이티 서대문지점	9월분통신비		232,000

- 중복 전표 한 건을 체크하여 F5를 누른 뒤 확인(Tab)을 클릭하여 삭제

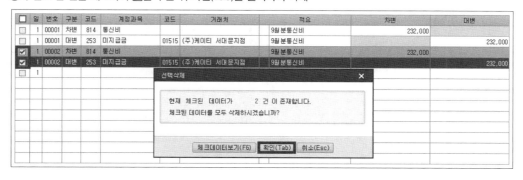

① **입력** [전표입력/장부] – [일반전표입력] – 12월 31일

(차) 116.미수수익　　　　790,000　　(대) 901.이자수익　　　　790,000

☐	일	번호	구분	코드	계정과목	코드	거래처	적요	차변	대변
☐	31	00001	차변	116	미수수익				790,000	
☐	31	00001	대변	901	이자수익					790,000

입력 [결산/재무제표 I] – [결산자료입력] – 1월 ~ 12월

• [매출원가 및 경비선택] 화면에서 확인(Tab) 클릭
• 상품매출원가의 기말 상품 재고액란에 34,000,000원 입력
• 우측 상단의 전표추가(F3) 를 클릭하여 결산분개를 일반전표에 추가

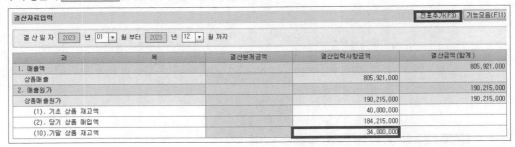

② **조회** [결산/재무제표 I] – [손익계산서] – 12월

• 우측 상단의 기능모음(F11) ▼ 을 클릭하여 '연동 – 추가(Ctrl + F2)'를 클릭하여 전표 데이터 추가

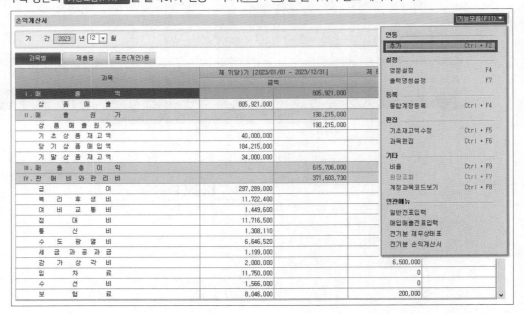

재무상태표

기능모음(F11)

| 과목별 | 제출용 | 표준(개인)용 |

기 간 2023 년 12 ▼ 월 2023년

과목	제 7(당)기[2023/01/01 ~ 2023/12/31]		제 6(전)기[2022/01/01 ~ 2022/12/31]	
	금	액	금	액
자 산				
Ⅰ. 유 동 자 산		598,501,690		356,300,000
(1) 당 좌 자 산		564,501,690		316,300,000
현 금		95,101,400		7,600,000
보 통 예 금		56,259,290		78,200,000
단 기 매 매 증 권		92,000,000		80,000,000
외 상 매 출 금	221,691,000		91,000,000	
대 손 충 당 금	500,000	221,191,000	500,000	90,500,000
받 을 어 음		84,800,000		60,000,000
단 기 대 여 금		10,000,000		0
미 수 수 익		1,230,000		0
미 수 금		2,000,000		0
선 급 금		1,920,000		0
(2) 재 고 자 산		34,000,000		40,000,000
상 품		34,000,000		40,000,000
Ⅱ. 비 유 동 자 산		219,411,200		135,000,000
(1) 투 자 자 산		100,000,000		100,000,000
장 기 대 여 금		100,000,000		100,000,000
(2) 유 형 자 산		59,411,200		25,000,000
차 량 운 반 구	13,400,000		20,000,000	

11	12	13	14	15	16
③	②	④	00167	2,000,000	532,000
17	**18**	**19**	**20**	**21**	**22**
10,500,000	33,229,500	17,000,000	464,000	②	805,921,000
23	**24**	**25**	**26**	**27**	**28**
2,200,000	9,430,000	92,000,000	1,230,000	2,000,000	14,035,420
29	**30**	**31**	**32**		
8,580,000	①	②	①		

11　조회 [기초정보관리] – [회사등록]

③ 사업장은 '서울특별시 서대문구'에 위치하고 있다.

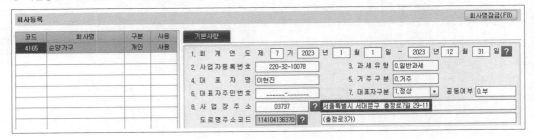

12　조회 [기초정보관리] – [계정과목및적요등록]

② 표준재무제표항목의 표준코드 '058.①기타'를 사용하고 있다.

코드		계정과목		구분	사용	과목	관계	관리항목	표준코드	표준재무제표항목
850	협	회	비	경 비	○	850		거래처,부서/사원	058	① 기타

13　조회 [금융/자금관리] – [예적금현황] – 12월 31일

• 98004.신협은행(보통)의 예금 잔액은 3,000,000원이다.

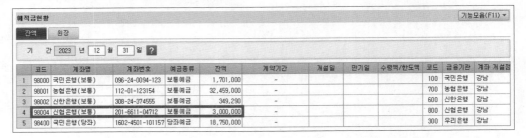

14 조회 [전표입력/장부] – [거래처원장] – 5월 1일 ~ 5월 31일

• 계정과목 : 251.외상매입금, 거래처 : 처음 ~ 끝 입력 후 조회

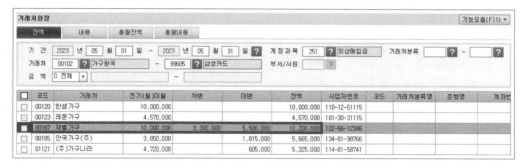

15 조회 [전표입력/장부] – [거래처원장] – 9월 1일 ~ 9월 30일

• 계정과목 : 108.외상매출금, 거래처 : 01131.가구천국 입력 후 조회

16 조회 [전표입력/장부] – [거래처원장] – 12월 1일 ~ 12월 31일

• 계정과목 : 253.미지급금, 거래처 : 99600.국민카드 입력 후 조회

17 조회 [금융/자금관리] – [지급어음현황]

• 조회구분 : 1.일별, 만기일 : 2023년 1월 1일 ~ 2023년 12월 31일, 어음구분 : 1.전체, 거래처 : 처음 ~ 끝 입력 후
조회

18 조회 [전표입력/장부] – [현금출납장] – 4월 1일 ~ 4월 30일

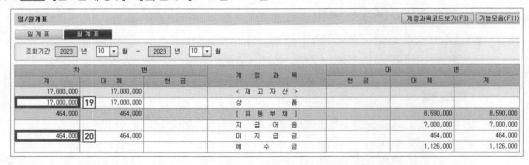

전표일자	코드	적요명	코드	거래처명	입금	출금	잔액
2023-04-23	04	보통예금 현금인출	98001	농협은행(보통)	10,000,000		
2023-04-23	01	신문구독료 지급				10,000	38,280,900
		[일 계]			10,000,000	10,000	
2023-04-24	01	유류대 지급				55,000	38,225,900
		[일 계]				55,000	
2023-04-25		외상매출금 환수			3,200,000		
2023-04-25	02	직원 식대및 차대 지급				45,000	
2023-04-25		상품 배송				26,400	
2023-04-25	01	보통예금 현금입금	98001	농협은행(보통)		3,000,000	
2023-04-25		수수료현금지급				220,000	38,134,500
		[일 계]			3,200,000	3,291,400	
2023-04-27	01	차입금이자 지급				131,000	38,003,500
		[일 계]				131,000	
2023-04-28	01	사무실임차료 지급	00156	슬금비빌딩(주)		250,000	37,753,500
		[일 계]				250,000	
2023-04-29	04	보통예금 현금인출	98001	농협은행(보통)	5,000,000		42,753,500
		[일 계]			5,000,000		
2023-04-30	08	급여등 지급				9,524,000	33,229,500
		[일 계]				9,524,000	
		[월 계]			25,892,000	32,349,360	
		[누 계]			156,890,000	123,660,500	

19~20 조회 [전표입력/장부] – [일/월계표] – 10월 ~ 10월

차		변		계 정 과 목		대		변
계	대 체	현 금			현 금	대 체	계	
17,000,000		17,000,000		< 재 고 자 산 >				
17,000,000	**19**	17,000,000		상 품				
464,000		464,000		[유 동 부 채]		8,590,000	8,590,000	
				지 급 어 음		7,000,000	7,000,000	
464,000	**20**	464,000		미 지 급 금		464,000	464,000	
				예 수 금		1,126,000	1,126,000	

21 조회 [결산/재무제표 I] − [손익계산서] − 12월

• 통신비 발생금액은 1,308,110원이다.

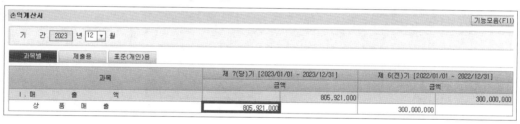

손익계산서   기능모음(F11)

기 간 2023 년 12 ▼ 월

과목별   제출용   표준(개인)용

과목	제 7(당)기 [2023/01/01 ~ 2023/12/31] 금액		제 6(전)기 [2022/01/01 ~ 2022/12/31] 금액	
Ⅳ.판 매 비 와 관 리 비		371,603,730		94,730,000
급 여	297,289,000		60,000,000	
복 리 후 생 비	11,722,400		10,200,000	
여 비 교 통 비	1,449,600		1,300,000	
접 대 비	11,716,500		4,500,000	
통 신 비	1,308,110		1,230,000	
수 도 광 열 비	6,646,520		2,850,000	
세 금 과 공 과 금	1,199,000		3,700,000	
감 가 상 각 비	2,000,000		6,500,000	
임 차 료	11,750,000		0	
수 선 비	1,566,000		0	
보 험 료	8,046,000		200,000	
차 량 유 지 비	6,357,200		2,500,000	
운 반 비	794,400		1,750,000	
도 서 인 쇄 비	288,000		0	
소 모 품 비	2,200,000		0	
수 수 료 비 용	1,760,000		0	
광 고 선 전 비	5,300,000		0	
잡 비	211,000		0	

22 조회 [결산/재무제표 I] − [손익계산서] − 12월

손익계산서   기능모음(F11)

기 간 2023 년 12 ▼ 월

과목별   제출용   표준(개인)용

과목	제 7(당)기 [2023/01/01 ~ 2023/12/31] 금액		제 6(전)기 [2022/01/01 ~ 2022/12/31] 금액	
Ⅰ.매 출 액		805,921,000		300,000,000
상 품 매 출	805,921,000		300,000,000	

23~24 조회 [결산/재무제표 I] – [손익계산서] – 12월

손익계산서 기능모음(F11)

기 간 2023 년 12 ▼ 월

| 과목별 | 제출용 | 표준(개인)용 |

과목		제 7(당)기 [2023/01/01 ~ 2023/12/31] 금액	제 6(전)기 [2022/01/01 ~ 2022/12/31] 금액
감 가 상 각 비		2,000,000	6,500,000
임 차 료		11,750,000	0
수 선 비		1,566,000	0
보 험 료		8,046,000	200,000
차 량 유 지 비		6,357,200	2,500,000
운 반 비		794,400	1,750,000
도 서 인 쇄 비		288,000	0
소 모 품 비	23	2,200,000	0
수 수 료 비 용		1,760,000	0
광 고 선 전 비		5,300,000	0
잡 비		211,000	0
V. 영 업 이 익		244,102,270	63,270,000
VI. 영 업 외 수 익		9,630,000	1,200,000
이 자 수 익	24	9,430,000	1,200,000
단 기 매 매 증 권 처 분 익		200,000	0

25~27 조회 [결산/재무제표 I] – [재무상태표] – 12월

재무상태표 기능모음(F11)

| 과목별 | 제출용 | 표준(개인)용 |

기 간 2023 년 12 ▼ 월 2023년

과목		제 7(당)기 [2023/01/01 ~ 2023/12/31] 금 액		제 6(전)기 [2022/01/01 ~ 2022/12/31] 금 액	
자 산					
I. 유 동 자 산			598,501,690		356,300,000
(1) 당 좌 자 산			564,501,690		316,300,000
현 금			95,101,400		7,600,000
보 통 예 금			56,259,290		78,200,000
단 기 매 매 증 권	25		92,000,000		80,000,000
외 상 매 출 금		221,691,000		91,000,000	
대 손 충 당 금		500,000	221,191,000	500,000	90,500,000
받 을 어 음			84,800,000		60,000,000
단 기 대 여 금			10,000,000		0
미 수 수 익	26		1,230,000		0
미 수 금	27		2,000,000		0
선 급 금			1,920,000		0

28~30 조회 [결산/재무제표 I] - [재무상태표] - 12월

재무상태표   기능모음(F11)

| 과목별 | 제출용 | 표준(개인)용 |

기 간 2023 년 12 ▼ 월 2023년

과목		제 7(당)기[2023/01/01 ~ 2023/12/31]		제 6(전)기[2022/01/01 ~ 2022/12/31]	
		금	액	금	액
부 채					
Ⅰ. 유 동 부 채			224,373,620		166,600,000
외 상 매 입 금			61,695,000		54,000,000
지 급 어 음			10,500,000		0
미 지 급 금			21,563,200		8,200,000
예 수 금	28		14,035,420		4,400,000
가 수 금			8,000,000		0
선 수 금	29		8,580,000		0
단 기 차 입 금			100,000,000		100,000,000
Ⅱ. 비 유 동 부 채			25,000,000		0
장 기 차 입 금			25,000,000		0
부 채 총 계			249,373,620		166,600,000
자 본					
Ⅰ. 자 본 금			568,539,270		324,700,000
자 본 금	30		568,771,270		324,700,000

31 조회 [기초정보관리] – [전기분 손익계산서]

- 영업이익 63,270,000원, 이자비용 4,250,000원 확인

∴ (63,270,000 / 4,250,000) × 100 ≒ 1,488%

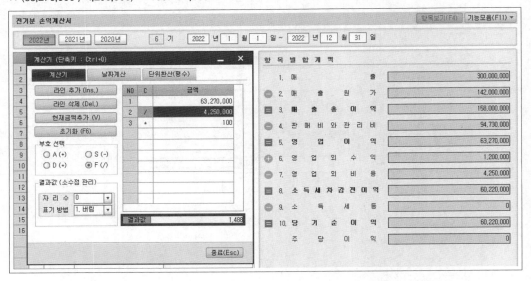

32 조회 [기초정보관리] – [전기분 재무상태표]

- 부채총계 166,600,000원, 자기자본(자본총계) 324,700,000원 확인

∴ (166,600,000 / 324,700,000) × 100 ≒ 51%

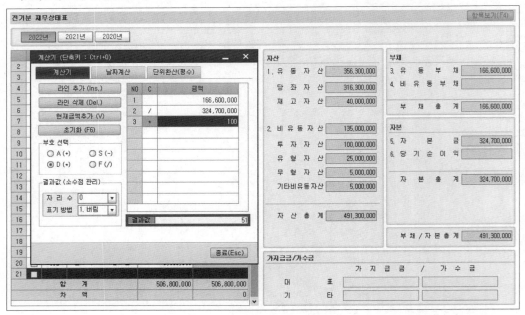

실무이론평가

01	02	03	04	05	06	07	08	09	10
③	④	④	②	②	③	④	②	①	③

01 • 회계처리

③	(차)	현금(자산의 증가)	800,000	(대)	받을어음(자산의 감소)		800,000
①	(차)	건물(자산의 증가)	5,000,000	(대)	자산수증이익(수익의 발생)		5,000,000
②	(차)	단기차입금(부채의 감소)	600,000	(대)	현금(자산의 감소)		600,000
④	(차)	급여(비용의 발생)	1,500,000	(대)	보통예금(자산의 감소)		1,500,000

핵심요약 거래의 8요소　　　　　　346p

02 ④ 부채는 과거 사건에 의하여 발생하였으며, 경제적 효익이 내재된 자원이 기업으로부터 유출됨으로써 이행될 것으로 기대되는 현재 의무이다.

핵심요약 재무제표의 기본요소　　　　348p

03 ④ 기간별 보고의 가정에 대한 설명이다.

핵심요약 회계의 기본가정　　　　　348p

04 ② 재무제표는 분개장 → 총계정원장 → 시산표 → 재무제표 순서로 작성된다.

핵심요약 회계의 순환과정　　　　　347p

05 • 외상매출금 당기 회수액 = 기초금액 32,000원 + 당기 외상매출액 200,000원 − 기말금액 40,000원 = 192,000원

06 • 건물 취득원가 = 건물 구입금액 10,000,000원 + 중개수수료 100,000원 + 취득세 70,000원 = 10,170,000원
• 화재보험료는 비용처리한다.

핵심요약 유형자산의 취득원가　　　　354p

07
- 기초자본 = 기초자산 250,000원 − 기초부채 120,000원 = 130,000원(재무상태표 등식)
- 당기순이익 = 기말자본 160,000원 − 기초자본 130,000원 = 30,000원(재산법 등식)
∴ 비용총액 = 수익총액 80,000원 − 당기순이익 30,000원 = 50,000원(손익계산서 등식)

핵심요약	회계등식	347p

08
② 거래처 직원의 결혼식 화환 구입은 '접대비'로, 한공상사 직원의 결혼식 화환 구입은 '복리후생비'로 회계처리한다.

09
- 대손충당금 잔액 = 대손충당금 250,000원 − 매출채권 회수불능액 170,000원(= 120,000원 + 50,000원) = 80,000원

핵심요약	대 손	352p

10
- 11월 2일 회계처리

(차) 가지급금	300,000	(대) 현 금	300,000

- 11월 5일 회계처리

(차) 여비교통비	350,000	(대) 가지급금	300,000
		현 금	50,000

실무수행 1 기초정보관리의 이해

① **입력** [기초정보관리] – [거래처등록]
- [기본사항] 탭 – 6.우편번호, 7.사업장주소
  - 우편번호 클릭 후 F2를 눌러 [우편번호 코드도움] 화면 확인

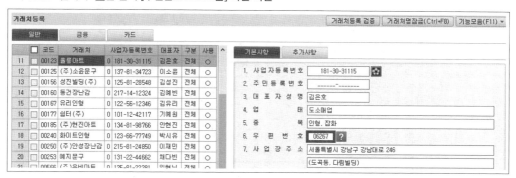

  - [도로명주소] 탭에서 시도 : 서울특별시, 시군구 : 강남구, 강남대로 246 입력 후 '서울특별시 강남구 강남대로 246 (도곡동, 다림빌딩)' 더블클릭하여 입력

- [추가사항] 탭
  - 4.담당자메일주소 : art1004@naver.com 입력

② **입력** [기초정보관리] – [전기분 재무상태표]

- 111.대손충당금 : 129,000원 → 129,280원으로 수정입력
- 213.감가상각누계액 : 2,400,000원 입력
- 차액 0원 확인

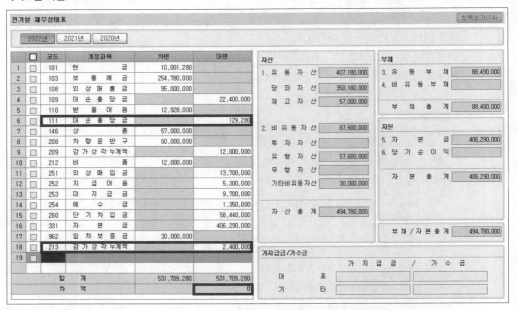

실무수행 2 거래자료 입력

① **입력** [전표입력/장부] – [일반전표입력] – 2월 17일

(차) 931.이자비용	584,400	(대) 103.보통예금	584,400
		(98005.기업은행(보통))	

	일	번호	구분	코드	계정과목	코드	거래처	적요	차변	대변
☐	17	00001	차변	931	이자비용				584,400	
☐	17	00001	대변	103	보통예금	98005	기업은행(보통)			584,400

② **입력** [전표입력/장부] – [일반전표입력] – 3월 2일

(차) 822.차량유지비	30,000	(대) 253.미지급금	30,000
		(02117.성보카정비)	

	일	번호	구분	코드	계정과목	코드	거래처	적요	차변	대변
☐	02	00001	차변	822	차량유지비				30,000	
☐	02	00001	대변	253	미지급금	02117	성보카정비			30,000

③ 조회 [전표입력/장부] − [일반전표입력] − 3월 15일

가지급금 250,000원 확인

	일	번호	구분	코드	계정과목	코드	거래처	적요	차변	대변
□	15	00001	출금	134	가지급금	03050	김태연	출장비 가지급	250,000	현금

입력 [전표입력/장부] − [일반전표입력] − 3월 22일

(차) 812.여비교통비 295,000 (대) 134.가지급금 250,000
  (03050.김태연)
  101.현금 45,000

	일	번호	구분	코드	계정과목	코드	거래처	적요	차변	대변
□	22	00001	차변	812	여비교통비				295,000	
□	22	00001	대변	134	가지급금	03050	김태연			250,000
□	22	00001	대변	101	현금					45,000

④ 입력 [전표입력/장부] − [일반전표입력] − 4월 26일

(차) 110.받을어음 5,000,000 (대) 108.외상매출금 5,000,000
  (00185.(주)현진아트) (00185.(주)현진아트)

	일	번호	구분	코드	계정과목	코드	거래처	적요	차변	대변
□	26	00001	차변	110	받을어음	00185	(주)현진아트		5,000,000	
□	26	00001	대변	108	외상매출금	00185	(주)현진아트			5,000,000

• 받을어음 클릭 후 F3를 눌러 어음관리 화면 활성화
• 어음종류 : 6.전자, 어음번호 : 00420230426123456789, 만기일 : 2023-07-31, 지급은행 : 100.국민은행, 지점 : 강남 입력

● 받을어음 관리									삭제(F5)
어음상태	1 보관	어음종류	6 전자		어음번호	00420230426123456789		수취구분	1 자수
발행인	00185	(주)현진아트		발행일	2023-04-26	만기일	2023-07-31	배서인	
지급은행	100	국민은행	지점	강남	할인기관		지점	할인율(%)	
지급거래처						* 수령된 어음을 타거래처에 지급하는 경우에 입력합니다.			

⑤ 입력 [전표입력/장부] − [일반전표입력] − 5월 27일

(차) 108.외상매출금 800,000 (대) 401.상품매출 800,000
  (00106.장난감나라)

	일	번호	구분	코드	계정과목	코드	거래처	적요	차변	대변
□	27	00001	차변	108	외상매출금	00106	장난감나라		800,000	
□	27	00001	대변	401	상품매출					800,000

⑥ 입력 [전표입력/장부] − [일반전표입력] − 7월 20일

(차) 251.외상매입금 5,665,000 (대) 103.보통예금 5,665,000
  (00125.(주)소윤문구) (98001.국민은행(보통))

	일	번호	구분	코드	계정과목	코드	거래처	적요	차변	대변
□	20	00001	차변	251	외상매입금	00125	(주)소윤문구		5,665,000	
□	20	00001	대변	103	보통예금	98001	국민은행(보통)			5,665,000

7 입력 [전표입력/장부] – [일반전표입력] – 8월 10일

(차) 833.광고선전비   490,000   (대) 253.미지급금   490,000

                                                         (99601.신한카드)

□	일	번호	구분	코드	계정과목	코드	거래처	적요	차변	대변
□	10	00001	차변	833	광고선전비				490,000	
□	10	00001	대변	253	미지급금	99601	신한카드			490,000

8 입력 [전표입력/장부] – [일반전표입력] – 12월 15일

(차) 103.보통예금   1,600,000   (대) 259.선수금   1,600,000

    (98004.농협은행(보통))   (03401.(주)인선팬시)

□	일	번호	구분	코드	계정과목	코드	거래처	적요	차변	대변
□	15	00001	차변	103	보통예금	98004	농협은행(보통)		1,600,000	
□	15	00001	대변	259	선수금	03401	(주)인선팬시			1,600,000

실무수행 3   전표수정

1 조회 [전표입력/장부] – [일반전표입력] – 11월 10일

• 수정 전

□	일	번호	구분	코드	계정과목	코드	거래처	적요	차변	대변
□	10	00001	차변	813	접대비				77,000	
□	10	00001	대변	253	미지급금	99600	국민카드			77,000

• 수정 후

□	일	번호	구분	코드	계정과목	코드	거래처	적요	차변	대변
□	10	00001	차변	813	접대비				77,000	
□	10	00001	대변	253	미지급금	99605	삼성카드			77,000

2 입력 [전표입력/장부] – [일반전표입력] – 12월 1일

(차) 821.보험료   960,000   (대) 103.보통예금   960,000

                                                           (98000.신협은행(보통))

□	일	번호	구분	코드	계정과목	코드	거래처	적요	차변	대변
□	01	00001	차변	821	보험료				960,000	
□	01	00001	대변	103	보통예금	98000	신협은행(보통)			960,000

①   입력   [전표입력/장부] – [일반전표입력] – 12월 31일

(차) 116.미수수익   500,000   (대) 901.이자수익   500,000

☐	일	번호	구분	코드	계정과목	코드	거래처	적요	차변	대변
☐	31	00001	차변	116	미수수익				500,000	
☐	31	00001	대변	901	이자수익					500,000

입력   [결산/재무제표Ⅰ] – [결산자료입력] – 1월 ~ 12월

• [매출원가 및 경비선택] 화면에서   확인(Tab)   클릭

• 상품매출원가의 기말 상품 재고액란에 27,000,000원 입력

• 우측 상단의   전표추가(F3) 를 클릭하여 결산분개를 일반전표에 추가

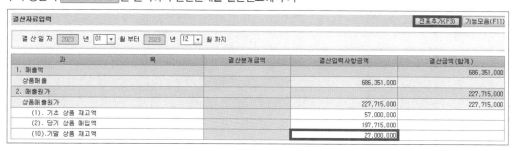

②   조회   [결산/재무제표Ⅰ] – [손익계산서] – 12월

• 우측 상단의   기능모음(F11)▼ 을 클릭하여 '연동 – 추가(Ctrl + F2)'를 클릭하여 전표 데이터 추가

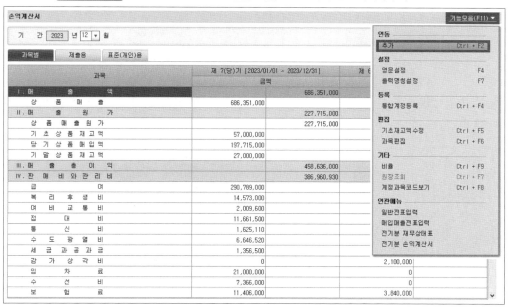

조회 [결산/재무제표 I] – [재무상태표] – 12월

재무상태표　　　　　　　　　　　　　　　　　　　　　　　　　　　　　　　　　　　　　　기능모음(F11)

과목별　　제출용　　표준(개인)용

기　간　2023　년　12　▼　월　2023년

과목	제 7(당)기 [2023/01/01 ~ 2023/12/31]		제 6(전)기 [2022/01/01 ~ 2022/12/31]	
	금	액	금	액
자　　　　　　　　　산				
Ⅰ. 유　동　자　산		499,839,800		407,180,000
(1) 당　좌　자　산		472,839,800		350,180,000
현　　　　　　금		71,990,480		10,001,280
당　좌　예　금		7,628,000		0
보　통　예　금		257,579,600		254,780,000
단　기　매　매　증　권		8,000,000		0
외　상　매　출　금	128,371,000		95,000,000	
대　손　충　당　금	22,400,000	105,971,000	22,400,000	72,600,000
받　을　어　음	9,700,000		12,928,000	
대　손　충　당　금	129,280	9,570,720	129,280	12,798,720
단　기　대　여　금		10,000,000		0
미　수　수　익		500,000		0
선　급　금		1,600,000		0
(2) 재　고　자　산		27,000,000		57,000,000
상　　　　　　품		27,000,000		57,000,000
Ⅱ. 비　유　동　자　산		178,611,200		87,600,000
(1) 투　자　자　산		0		0
(2) 유　형　자　산		98,611,200		57,600,000
차　량　운　반　구	60,000,000		60,000,000	

11	12	13	14	15	16
②	03050	③	03401	④	8,000,000
17	18	19	20	21	22
③	35,352,640	37,014,000	960,400	227,715,000	④
23	24	25	26	27	28
11,406,000	5,450,000	57,600,000	12,798,720	215,000	96,750,000
29	30	31	32		
500,000	①	②	①		

11 조회 [기초정보관리] – [거래처등록]

② 00123.울릉아트의 메일주소는 art1004@naver.com이다.

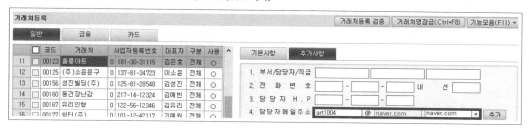

12 조회 [전표입력/장부] – [계정별원장] – 1월 1일 ~ 6월 30일

• 계정과목 : 134.가지급금 입력 후 조회

• 가지급금의 감소는 대변에 입력되는 항목이므로 03050.김태연의 3월 22일 대변금액 250,000원이 가지급금의 감소에 해당한다.

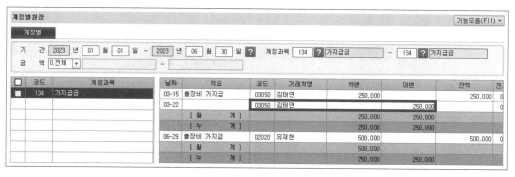

13 조회 [전표입력/장부] – [거래처원장] – 12월 1일 ~ 12월 31일
- 계정과목 : 108.외상매출금, 거래처 : 처음 ~ 끝 입력 후 조회
- 00185.(주)현진아트의 외상매출금 잔액은 16,000,000원이다.

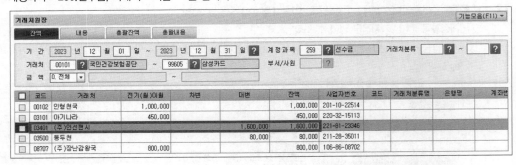

14 조회 [전표입력/장부] – [거래처원장] – 12월 1일 ~ 12월 31일
- 계정과목 : 259.선수금, 거래처 : 처음 ~ 끝 입력 후 조회

15 조회 **[전표입력/장부] – [거래처원장] – 12월 1일 ~ 12월 31일**

• 계정과목 : 253.미지급금, 거래처 : 처음 ~ 끝 입력 후 조회

16 조회 **[금융/자금관리] – [받을어음현황]**

• 조회구분 : 1.일별, 1.만기일 : 2023년 1월 1일 ~ 2023년 12월 31일, 거래처 : 처음 ~ 끝 입력 후 조회

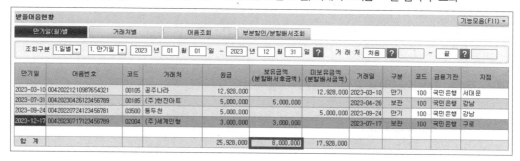

17 조회 **[금융/자금관리] – [예적금현황] – 12월 31일**

• 98004.농협은행(보통)의 예금 잔액은 51,600,000원이다.

	코드	계좌명	계좌번호	예금종류	잔액	계약기간	개설일	만기일	수령액/한도액	코드	금융기관	계좌 개설점
1	98000	신협은행(보통)	1122-098-123143	보통예금	108,920,000	~				800	신협은행	서대문
2	98001	국민은행(보통)	096-24-0094-123	보통예금	64,574,000	~				100	국민은행	서대문
3	98002	신한은행(보통)	308-24-374555	보통예금	3,460,000	~				600	신한은행	서대문
4	98004	농협은행(보통)	201-6611-04712	보통예금	51,600,000	~				700	농협은행	서대문
5	98005	기업은행(보통)	764502-01-047720	보통예금	25,975,000	~				400	IBK기업은	서대문
6	98400	우리은행(당좌)	1602-4501-101157	당좌예금	10,678,000	~				300	우리은행	서대문

18 조회 [전표입력/장부] – [현금출납장] – 3월 1일 ~ 3월 31일

현금출납장   기능모음(F11)

전체

기간 2023 년 03 월 01 일 ~ 2023 년 03 월 31 일 ?

전표일자	코드	적요명	코드	거래처명	입금	출금	잔액
2023-03-24		상품매출			1,500,000		
2023-03-24	02	직원식대및차대 지급				33,000	
2023-03-24	02	직원식대및차대 지급				5,500	
2023-03-24	04	난방용 유류대 지급				188,840	20,676,140
		[일 계]			1,500,000	227,340	
2023-03-25		지급수수료현금지급				220,000	20,456,140
		[일 계]				220,000	
2023-03-27	01	전화료및 전신료 납부				85,000	
2023-03-27	05	핸드폰요금				68,000	
2023-03-27	01	유류대 지급				41,500	20,261,640
		[일 계]				194,500	
2023-03-28	02	직원식대및차대 지급				10,000	
2023-03-28	01	차입금이자 지급				125,000	20,126,640
		[일 계]				135,000	
2023-03-30	08	급여등 지급				9,524,000	
2023-03-30	01	사무실임차료 지급				250,000	10,352,640
		[일 계]				9,774,000	
2023-03-31			98600	수협은행(차입)	25,000,000		35,352,640
		[일 계]			25,000,000		
		[월 계]			34,200,000	47,770,340	
		[누 계]			126,799,280	91,446,640	

19 조회 [전표입력/장부] – [일/월계표] – 5월 ~ 5월

일/월계표   계정과목코드보기(F3) 기능모음(F11)

일계표   월계표

조회기간 2023 년 05 ▼ 월 ~ 2023 년 05 ▼ 월

차	변		계 정 과 목	대	변	
계	대 체	현 금		현 금	대 체	계
			[매 출]	1,144,000	35,870,000	37,014,000
			상 품 매 출	1,144,000	35,870,000	37,014,000

20 조회 [전표입력/장부] – [일/월계표] – 1월 ～ 3월

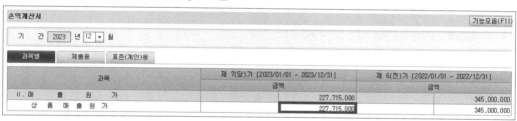

차	변		계 정 과 목	대	변	
계	대 체	현 금		현 금	대 체	계
439,800		439,800	통 신 비			
2,130,040		2,130,040	수 도 광 열 비			
294,000		294,000	세 금 과 공 과 금			
5,250,000	4,500,000	750,000	임 차 료			
167,000		167,000	수 선 비			
836,000		836,000	보 험 료			
2,124,400	30,000	2,094,400	차 량 유 지 비			
167,000		167,000	운 반 비			
50,000		50,000	도 서 인 쇄 비			
856,200		856,200	소 모 품 비			
660,000		660,000	수 수 료 비 용			
5,000,000		5,000,000	광 고 선 전 비			
125,000		125,000	잡 비			
			[영 업 외 수 익]	8,200,000		8,200,000
			이 자 수 익	8,200,000		8,200,000
960,400	584,400	376,000	[영 업 외 비 용]			
960,400	584,400	376,000	이 자 비 용			

21 조회 [결산/재무제표 I] – [손익계산서] – 12월

과목	제 7(당)기 [2023/01/01 – 2023/12/31]	제 6(전)기 [2022/01/01 – 2022/12/31]
	금액	금액
II. 매 출 원 가	227,715,000	345,000,000
상 품 매 출 원 가	227,715,000	345,000,000

22~23 조회 [결산/재무제표 I] - [손익계산서] - 12월

- 22. 당기 광고선전비 발생금액은 5,790,000원이다.

손익계산서   기능모음(F11)

기 간 2023 년 12 ▼ 월

과목별   제출용   표준(개인)용

과목	제 7(당)기 [2023/01/01 ~ 2023/12/31] 금액		제 6(전)기 [2022/01/01 ~ 2022/12/31] 금액	
Ⅳ. 판 매 비 와 관 리 비		386,960,930		120,470,000
급 여	290,789,000		84,800,000	
복 리 후 생 비	14,573,000		6,240,000	
여 비 교 통 비	2,009,600		3,170,000	
접 대 비	11,661,500		520,000	
통 신 비	1,625,110		2,860,000	
수 도 광 열 비	6,646,520		0	
세 금 과 공 과 금	1,356,500		5,300,000	
감 가 상 각 비	0		2,100,000	
임 차 료	21,000,000		0	
수 선 비	7,366,000		0	
보 험 료 **[23]**	11,406,000		3,840,000	
차 량 유 지 비	6,618,700		8,710,000	
운 반 비	430,000		0	
도 서 인 쇄 비	288,000		0	
소 모 품 비	2,000,000		2,930,000	
수 수 료 비 용	3,190,000		0	
광 고 선 전 비 **[22]**	5,790,000		0	
잡 비	211,000		0	

24 조회 [결산/재무제표 I] - [손익계산서] - 12월

- 이자수익 증가 금액 = 당기분 8,700,000원 - 전기분 3,250,000원 = 5,450,000원

손익계산서   기능모음(F11)

기 간 2023 년 12 ▼ 월

과목별   제출용   표준(개인)용

과목	제 7(당)기 [2023/01/01 ~ 2023/12/31] 금액		제 6(전)기 [2022/01/01 ~ 2022/12/31] 금액	
세 금 과 공 과 금	1,356,500		5,300,000	
감 가 상 각 비	0		2,100,000	
임 차 료	21,000,000		0	
수 선 비	7,366,000		0	
보 험 료	11,406,000		3,840,000	
차 량 유 지 비	6,618,700		8,710,000	
운 반 비	430,000		0	
도 서 인 쇄 비	288,000		0	
소 모 품 비	2,000,000		2,930,000	
수 수 료 비 용	3,190,000		0	
광 고 선 전 비	5,790,000		0	
잡 비	211,000		0	
Ⅴ. 영 업 이 익		71,675,070		117,530,000
Ⅵ. 영 업 외 수 익		8,700,000		3,250,000
이 자 수 익	8,700,000		3,250,000	
Ⅶ. 영 업 외 비 용		10,245,400		2,800,000
이 자 비 용	10,245,400		2,800,000	

25~26 [조회] [결산/재무제표Ⅰ] – [재무상태표] – 1월

- 26. 받을어음 장부금액 = 받을어음 12,928,000원 – 대손충당금 129,280원 = 12,798,720원

재무상태표 기능모음(F11)

과목별 제출용 표준(개인)용

기 간 2023 년 01 월 2023년

과목	제 7(당)기 [2023/01/01 ~ 2023/01/31] 금	액	제 6(전)기 [2022/01/01 ~ 2022/12/31] 금	액
(1) 당 좌 자 산		628,547,600		350,180,000
현 금		40,758,880		10,001,280
보 통 예 금		493,450,000		254,780,000
외 상 매 출 금	103,940,000		95,000,000	
대 손 충 당 금	22,400,000	81,540,000	22,400,000	72,600,000
받 을 어 음	12,928,000		12,928,000	
대 손 충 당 금	129,280	12,798,720 **26**	129,280	12,798,720
(2) 재 고 자 산		71,180,000		57,000,000
상 품		71,180,000		57,000,000
Ⅱ. 비 유 동 자 산		87,600,000		87,600,000
(1) 투 자 자 산		0		0
(2) 유 형 자 산	**25**	57,600,000		57,600,000
차 량 운 반 구	60,000,000		60,000,000	
감 가 상 각 누 계 액	12,000,000	48,000,000	12,000,000	48,000,000
비 품	12,000,000		12,000,000	
감 가 상 각 누 계 액	2,400,000	9,600,000	2,400,000	9,600,000

27 [조회] [결산/재무제표Ⅰ] – [재무상태표] – 4월

재무상태표 기능모음(F11)

과목별 제출용 표준(개인)용

기 간 2023 년 04 월 2023년

과목	제 7(당)기 [2023/01/01 ~ 2023/04/30] 금	액	제 6(전)기 [2022/01/01 ~ 2022/12/31] 금	액
자 산 총 계		869,782,000		494,780,000
부 채				
Ⅰ. 유 동 부 채		175,797,000		88,490,000
외 상 매 입 금		90,170,000		13,700,000
지 급 어 음		4,000,000		5,300,000
미 지 급 금		215,000		9,700,000
예 수 금		2,972,000		1,350,000
가 수 금		20,000,000		0
단 기 차 입 금		58,440,000		58,440,000

28 [조회] [결산/재무제표Ⅰ] – [재무상태표] – 7월

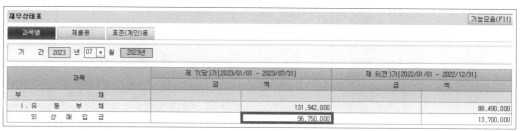

29 조회 [결산/재무제표 I] – [재무상태표] – 12월

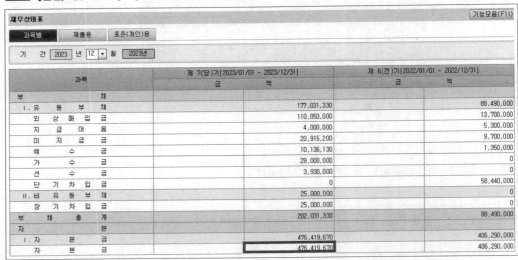

과목	제 7(당)기[2023/01/01 ~ 2023/12/31]		제 6(전)기[2022/01/01 ~ 2022/12/31]	
	금	액	금	액
미 수 수 익		500,000		0

30 조회 [결산/재무제표 I] – [재무상태표] – 12월

과목	제 7(당)기[2023/01/01 ~ 2023/12/31]		제 6(전)기[2022/01/01 ~ 2022/12/31]	
	금	액	금	액
부 채				
Ⅰ. 유 동 부 채		177,031,330		88,490,000
외 상 매 입 금		110,050,000		13,700,000
지 급 어 음		4,000,000		5,300,000
미 지 급 금		20,915,200		9,700,000
예 수 금		10,136,130		1,350,000
가 수 금		28,000,000		0
선 수 금		3,930,000		0
단 기 차 입 금		0		58,440,000
Ⅱ. 비 유 동 부 채		25,000,000		0
장 기 차 입 금		25,000,000		0
부 채 총 계		202,031,330		88,490,000
자 본				
Ⅰ. 자 본 금		476,419,670		406,290,000
자 본 금		476,419,670		406,290,000

31 조회 [기초정보관리] – [전기분 손익계산서]

• 매출총이익 238,000,000원, 매출액 583,000,000원 확인

∴ (238,000,000 / 583,000,000) × 100 ≒ 40%

32 조회 [기초정보관리] – [전기분 손익계산서]

• 영업이익 117,530,000원, 매출액 583,000,000원 확인

∴ (117,530,000 / 583,000,000) × 100 ≒ 20%

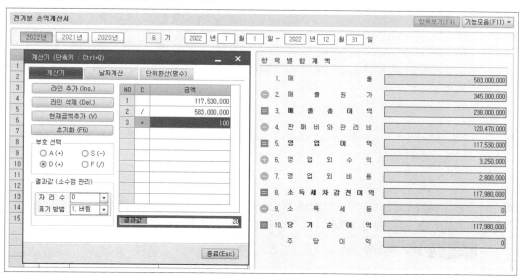

PART 3

실무이론평가

01	02	03	04	05	06	07	08	09	10
②	④	④	①	①	②	④	③	①	④

01
- 회계처리

② (차) 단기차입금(부채의 감소)	500,000	(대) 현금(자산의 감소)	500,000
① (차) 현금(자산의 증가)	500,000	(대) 매출채권(자산의 감소)	500,000
③ (차) 건물(자산의 증가)	10,000,000	(대) 자산수증이익(수익의 발생)	10,000,000
④ (차) 급여(비용의 발생)	5,000,000	(대) 보통예금(자산의 감소)	5,000,000

핵심요약   거래의 8요소   346p

02
④ 물품창고를 임차하는 계약은 자산, 부채, 자본의 증감이나 수익, 비용을 발생시키지 않으므로 회계상의 거래에 해당하지 않는다.

핵심요약   회계상 거래   346p

03
- 회계처리

(차) 미수금   ×××   (대) 비품   ×××

※ 해당 거래의 경우 일반적인 상거래 이외의 거래(비품 구매)에서 발생한 기타채권이므로 받을어음이 아닌 미수금으로 회계처리한다.

04
- 기말 매출채권 = 기초 매출채권 200,000원 + 외상매출액 900,000원 − 현금회수 300,000원 − 대손처리 100,000원
  = 700,000원

05
① 선입선출법에 대한 설명이다. 선입선출법은 먼저 구입한 상품을 먼저 사용하거나 판매하는 것으로 기말재고자산이 현행원가와 유사하게 평가된다.

핵심요약   단가 결정방법   353p

06 ② 유형자산 중에서 토지와 건설중인자산은 감가상각 대상이 아니다.

> **핵심요약** 감가상각방법   355p

07 ④ 발생주의에 대한 설명이다. 발생주의 회계는 현금거래 뿐만 아니라 외상거래, 재화 및 용역의 교환 또는 무상이전, 자산 및 부채의 가격변동 등과 같이 현금유출입을 수반하지 않는 거래나 사건 모두를 인식하는 것을 말한다.

> **핵심요약** 손익계산서의 작성과 표시   350p

08 • 재고자산 금액 = 매입금액 2,000,000원 + 매입운임 1,200,000원 − 매입에누리 400,000원 = 2,800,000원
- 매입운임은 재고자산 취득시 부대비용으로 매입금액에 포함된다. 매입에누리, 매입할인, 매입환출은 재고자산 매입 시 차감계정이다.

> **핵심요약** 재고자산 매입 · 매출의 차감계정   353p
>   재고자산의 취득원가   353p

09 ① 업무와 관련한 임직원 교육비는 교육훈련비 계정과목으로 회계처리한다.

10 • 회계처리

④	(차)	이자비용(비용의 발생)	400,000	(대)	미지급비용(부채의 증가)	400,000
①	(차)	선급비용(자산의 증가)	300,000	(대)	임차료(비용의 이연)	300,000
②	(차)	임대료(수익의 이연)	200,000	(대)	선수수익(부채의 증가)	200,000
③	(차)	미수수익(자산의 증가)	100,000	(대)	이자수익(수익의 발생)	100,000

> **핵심요약** 거래의 8요소   346p
>   결산 시 수익과 비용의 이연과 발생   356p

실무수행 1   기초정보관리의 이해

① **입력** [기초정보관리] – [거래처등록]
- [기본사항] 탭
  - 3.대표자성명 : 김나라 → 김민정으로 수정입력

- [추가사항] 탭
  - 4.담당자메일주소 : nara@bill36524.com → minjeong@bill36524.com으로 수정입력

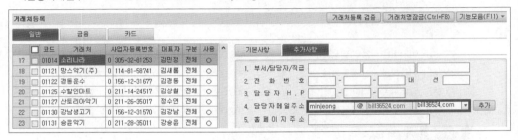

② **입력** [기초정보관리] – [전기분 손익계산서]
- 822.차량유지비 : 500,000원 → 2,500,000원으로 수정입력
- 820.수선비 : 800,000원 추가입력
- 당기순이익 40,420,000원 확인

	코드	계정과목명	금액
1	401	상 품 매 출	300,000,000
2	451	상 품 매 출 원 가	160,000,000
3	801	급 여	60,000,000
4	811	복 리 후 생 비	10,200,000
5	812	여 비 교 통 비	1,300,000
6	813	접 대 비	4,500,000
7	814	통 신 비	1,230,000
8	815	수 도 광 열 비	2,850,000
9	817	세 금 과 공 과 금	3,700,000
10	818	감 가 상 각 비	6,500,000
11	821	보 험 료	1,200,000
12	822	차 량 유 지 비	2,500,000
13	824	운 반 비	1,750,000
14	901	이 자 수 익	1,200,000
15	931	이 자 비 용	4,250,000
16	820	수 선 비	800,000
17			

	항 목 별 합 계 액	
1. 매 출		300,000,000
2. 매 출 원 가		160,000,000
3. 매 출 총 이 익		140,000,000
4. 판 매 비 와 관 리 비		96,530,000
5. 영 업 이 익		43,470,000
6. 영 업 외 수 익		1,200,000
7. 영 업 외 비 용		4,250,000
8. 소 득 세 차 감 전 이 익		40,420,000
9. 소 득 세 등		0
10. 당 기 순 이 익		40,420,000
주 당 이 익		0

① **입력** [전표입력/장부] – [일반전표입력] – 7월 15일

(차) 821.보험료   950,000   (대) 103.보통예금   950,000

(98004.신협은행(보통))

	일	번호	구분	코드	계정과목	코드	거래처	적요	차변	대변
☐	15	00001	차변	821	보험료				950,000	
☐	15	00001	대변	103	보통예금	98004	신협은행(보통)			950,000

② **입력** [전표입력/장부] – [일반전표입력] – 8월 10일

(차) 824.운반비   30,000   (대) 101.현금   30,000

또는 (출) 824.운반비   30,000

	일	번호	구분	코드	계정과목	코드	거래처	적요	차변	대변
☐	10	00001	차변	824	운반비				30,000	
☐	10	00001	대변	101	현금				.	30,000

③ **입력** [전표입력/장부] – [일반전표입력] – 8월 22일

(차) 212.비품   3,000,000   (대) 253.미지급금   3,000,000

(99600.국민카드)

	일	번호	구분	코드	계정과목	코드	거래처	적요	차변	대변
☐	22	00001	차변	212	비품				3,000,000	
☐	22	00001	대변	253	미지급금	99600	국민카드			3,000,000

④ **입력** [전표입력/장부] – [일반전표입력] – 8월 29일

(차) 146.상품   10,000,000   (대) 251.외상매입금   10,000,000

(01131.승윤악기)

	일	번호	구분	코드	계정과목	코드	거래처	적요	차변	대변
☐	29	00001	차변	146	상품				10,000,000	
☐	29	00001	대변	251	외상매입금	01131	승윤악기			10,000,000

PART 3

⑤ 　**입력**　[전표입력/장부] – [일반전표입력] – 9월 26일

(차) 110.받을어음　　　　　　　　5,000,000　　(대) 108.외상매출금　　　　　　　　5,000,000

　　(03200.수연플롯)　　　　　　　　　　　　　　(03200.수연플롯)

□	일	번호	구분	코드	계정과목	코드	거래처	적요	차변	대변
□	26	00001	차변	110	받을어음	03200	수연플롯		5,000,000	
□	26	00001	대변	108	외상매출금	03200	수연플롯			5,000,000

• 받을어음 클릭 후 F3를 눌러 어음관리 화면 활성화
• 어음종류 : 6.전자, 어음번호 : 00420230926123456789, 만기일 : 2023-12-26, 지급은행 : 100.국민은행, 지점 : 서대문 입력

● 받을어음 관리									삭제(F5)
어음상태	1 보관	어음종류	6 전자	어음번호	00420230926123456789			수취구분	1 자수
발행인	03200 수연플롯		발행일	2023-09-26	만기일	2023-12-26		배서인	
지급은행	100 국민은행	지점 서대문	할인기관			지점		할인율(%)	
지급거래처				* 수령된 어음을 타거래처에 지급하는 경우에 입력합니다.					

⑥ 　**입력**　[전표입력/장부] – [일반전표입력] – 10월 15일

(차) 103.보통예금　　　　　　　　2,000,000　　(대) 257.가수금　　　　　　　　2,000,000

　　(98001.농협은행(보통))

□	일	번호	구분	코드	계정과목	코드	거래처	적요	차변	대변
□	15	00001	차변	103	보통예금	98001	농협은행(보통)		2,000,000	
□	15	00001	대변	257	가수금					2,000,000

⑦ 　**입력**　[전표입력/장부] – [일반전표입력] – 10월 25일

(차) 240.소프트웨어　　　　　　　　5,000,000　　(대) 103.보통예금　　　　　　　　5,000,000

　　　　　　　　　　　　　　　　　　　　　　　(98002.신한은행(보통))

□	일	번호	구분	코드	계정과목	코드	거래처	적요	차변	대변
□	25	00001	차변	240	소프트웨어				5,000,000	
□	25	00001	대변	103	보통예금	98002	신한은행(보통)			5,000,000

⑧ 　**입력**　[전표입력/장부] – [일반전표입력] – 10월 28일

(차) 819.임차료　　　　　　　　2,000,000　　(대) 103.보통예금　　　　　　　　2,000,000

　　　　　　　　　　　　　　　　　　　　　　　(98000.국민은행(보통))

□	일	번호	구분	코드	계정과목	코드	거래처	적요	차변	대변
□	28	00001	차변	819	임차료				2,000,000	
□	28	00001	대변	103	보통예금	98000	국민은행(보통)			2,000,000

① 조회 [전표입력/장부] – [일반전표입력] – 3월 13일

• 수정 전

	일	번호	구분	코드	계정과목	코드	거래처	적요	차변	대변
☐	13	00001	차변	253	미지급금	03210	찬미악기		420,000	
☐	13	00001	대변	103	보통예금	98001	농협은행(보통)			420,000

• 수정 후

	일	번호	구분	코드	계정과목	코드	거래처	적요	차변	대변
☐	13	00001	차변	131	선급금	03210	찬미악기		420,000	
☐	13	00001	대변	103	보통예금	98001	농협은행(보통)			420,000

② 조회 [전표입력/장부] – [일반전표입력] – 7월 14일

• 전표를 체크한 뒤 우측 상단의 '이동(Ctrl + F4)' 클릭

• 전표이동일자 : 2023년 9월 13일 입력 후 '이동(F3)' 클릭

• 9월 13일 전표에 입력되었는지 확인

	일	번호	구분	코드	계정과목	코드	거래처	적요	차변	대변
☐	13	00001	차변	146	상품			상품외상매입	200,000	
☐	13	00001	대변	251	외상매입금	01121	망스악기(주)	상품외상매입		200,000

① **조회** [전표입력/장부] – [일반전표입력] – 10월 14일
- 보험료 2,500,000원 확인

	일	번호	구분	코드	계정과목	코드	거래처	적요	차변	대변
☐	14	00001	차변	821	보험료			차량보험료 지급	2,500,000	
☐	14	00001	대변	101	현금			보험료 지급		2,500,000

입력 [전표입력/장부] – [일반전표입력] – 12월 31일

(차) 133.선급비용   1,875,000   (대) 821.보험료   1,875,000

	일	번호	구분	코드	계정과목	코드	거래처	적요	차변	대변
☐	31	00001	차변	133	선급비용				1,875,000	
☐	31	00001	대변	821	보험료					1,875,000

입력 [결산/재무제표Ⅰ] – [결산자료입력] – 1월 ~ 12월
- [매출원가 및 경비선택] 화면에서 확인(Tab) 클릭
- 상품매출원가의 기말 상품 재고액란에 25,000,000원 입력
- 우측 상단의 전표추가(F3) 를 클릭하여 결산분개를 일반전표에 추가

결산자료입력   전표추가(F3) 기능모음(F11)

결 산 일 자 2023 년 01 ▼ 월 부터 2023 년 12 ▼ 월 까지

과	목	결산분개금액	결산입력사항금액	결산금액(합계)
1. 매출액				746,921,000
상품매출			746,921,000	
2. 매출원가				196,715,000
상품매출원가			196,715,000	196,715,000
(1). 기초 상품 재고액			40,000,000	
(2). 당기 상품 매입액			181,715,000	
(10).기말 상품 재고액			25,000,000	

② 조회 [결산/재무제표Ⅰ] – [손익계산서] – 12월

• 우측 상단의 기능모음(F11) ▼ 을 클릭하여 '연동 – 추가(Ctrl + F2)'를 클릭하여 전표 데이터 추가

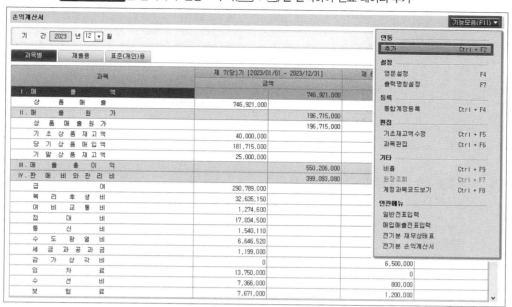

조회 [결산/재무제표Ⅰ] – [재무상태표] – 12월

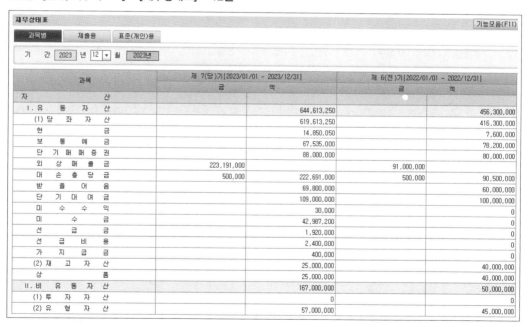

11	12	13	14	15	16
④	③	③	①	④	②
17	18	19	20	21	22
24,835,860	212	69,800,000	9	16	1,500,000
23	24	25	26	27	28
196,715,000	13,750,000	420,000	8,200,000	10,000,000	2,400,000
29	30	31	32		
15,000,000	②	①	②		

11   조회   [기초정보관리] – [거래처등록]

④ 01014.소리나라의 담당자메일주소는 minjeong@bill36524.com이다.

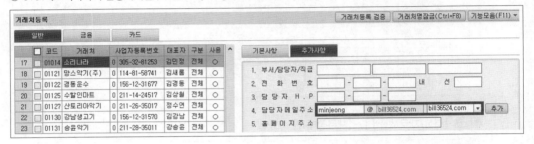

12   조회   [전표입력/장부] – [거래처원장] – 8월 1일 ~ 8월 31일

• 계정과목 : 251.외상매입금, 거래처 : 처음 ~ 끝 입력 후 조회
• 01131.승윤악기의 외상매입금 잔액은 10,100,000원이다.

13 조회 [전표입력/장부] – [거래처원장] – 12월 1일 ～ 12월 31일

• 계정과목 : 108.외상매출금, 거래처 : 처음 ～ 끝 입력 후 조회

14 조회 [전표입력/장부] – [거래처원장] – 12월 1일 ～ 12월 31일

• 계정과목 : 253.미지급금, 거래처 : 처음 ～ 끝 입력 후 조회

• 99600.국민카드의 미지급금 잔액은 4,976,000원이다.

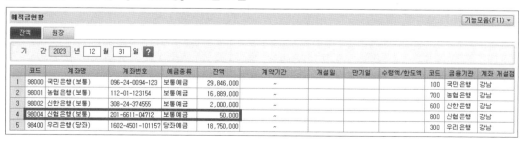

15 조회 [금융/자금관리] – [예적금현황] – 12월 31일

	코드	계좌명	계좌번호	예금종류	잔액	계약기간	개설일	만기일	수령액/한도액	코드	금융기관	계좌 개설점
1	98000	국민은행(보통)	096-24-0094-123	보통예금	29,846,000	~				100	국민은행	강남
2	98001	농협은행(보통)	112-01-123154	보통예금	16,889,000	~				700	농협은행	강남
3	98002	신한은행(보통)	308-24-374555	보통예금	2,000,000	~				600	신한은행	강남
4	98004	신협은행(보통)	201-6611-04712	보통예금	50,000	~				800	신협은행	강남
5	98400	우리은행(당좌)	1602-4501-101157	당좌예금	18,750,000	~				300	우리은행	강남

PART 3

16 조회 [결산/재무제표 I] – [손익계산서] – 12월

• 운반비 금액은 714,000원이다.

손익계산서			기능모음(F11)

기 간 2023 년 12 ▼ 월

과목별 제출용 표준(개인)용

과목	제 7(당)기 [2023/01/01 ~ 2023/12/31] 금액		제 6(전)기 [2022/01/01 ~ 2022/12/31] 금액	
Ⅳ. 판 매 비 와 관 리 비		399,093,080		96,530,000
급 여	290,789,000		60,000,000	
복 리 후 생 비	32,635,150		10,200,000	
여 비 교 통 비	1,274,600		1,300,000	
접 대 비	17,034,500		4,500,000	
통 신 비	1,540,110		1,230,000	
수 도 광 열 비	6,646,520		2,850,000	
세 금 과 공 과 금	1,199,000		3,700,000	
감 가 상 각 비	0		6,500,000	
임 차 료	13,750,000		0	
수 선 비	7,366,000		800,000	
보 험 료	7,671,000		1,200,000	
차 량 유 지 비	6,594,200		2,500,000	
운 반 비	714,000		1,750,000	
도 서 인 쇄 비	388,000		0	
소 모 품 비	4,000,000		0	
수 수 료 비 용	1,980,000		0	
광 고 선 전 비	5,300,000		0	
잡 비	211,000		0	

17 조회 [금융/자금관리] – [일일자금명세(경리일보)] – 8월 10일

• 자금항목 : 0.전체, 일일거래 구분 : 0.전체 입력 후 조회

일일자금명세(경리일보)						경리일보(F8) 기능모음(F11)	

일 자 2023 년 08 월 10 일 ? 자금항목 0. 전체 ▼ 일일거래 구분 0. 전체 ▼ < 08월10일 >

구분	계정과목	현금수입	차변대체	현금지출	대변대체	적요	거래처
일일거래	운 반 비		30,000				
	현 금				30,000		
계	전일현금:24,865,860		30,000		30,000	당일현금:24,835,860	

18 [조회] [결산/재무제표 I] – [합계잔액시산표] – 12월 31일
- 우측 상단 '기능모음(F11) – 기타 – 계정과목코드보기([Ctrl] + [F4])'를 클릭하여 계정과목코드 조회

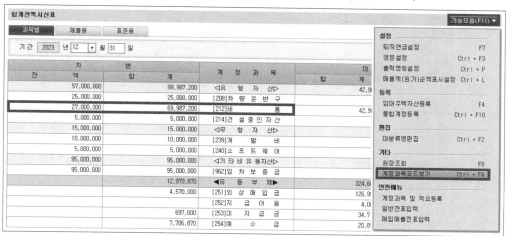

19 [조회] [결산/재무제표 I] – [합계잔액시산표] – 12월 31일

20 [조회] [전표입력/장부] – [총계정원장]
- 계정과목 : 251.외상매입금 입력 후 조회

코드	계정과목	날짜	차변	대변	잔액
251	외상매입금	[전기이월]		54,000,000	
		2023년 01월		10,000,000	64,000,000
		2023년 02월		9,290,000	73,290,000
		2023년 03월	4,570,000	3,850,000	72,570,000
		2023년 04월		10,000,000	82,570,000
		2023년 05월		2,420,000	84,990,000
		2023년 06월		3,025,000	88,015,000
		2023년 07월		8,610,000	96,625,000
		2023년 08월		10,100,000	106,725,000
		2023년 09월		10,200,000	116,925,000
		2023년 10월			116,925,000
		2023년 11월		5,500,000	122,425,000
		2023년 12월			122,425,000
		[합 계]	4,570,000	126,995,000	

21 조회 [전표입력/장부] – [분개장] – 1월 1일 ~ 12월 31일

- 전표 : 0.전체, 선택 : 2.입금 입력 후 조회

	일자	전표번호	구분	코드	계정과목	차변	대변	코드	거래처	코드	적요	코드	신용
	2023-01-10	00002	입금	103	보통예금		630,000	98000	국민은행		현금인출		
	2023-01-10	00002	입금	101	현금	630,000		98000	국민은행		현금인출		
	2023-01-16	00004	입금	103	보통예금		30,000,000	98400	우리은행(당좌)		보통예금현금인출		
	2023-01-16	00004	입금	101	현금	30,000,000		98400	우리은행(당좌)		보통예금현금인출		
	2023-01-20	00004	입금	103	보통예금		20,000,000	98001	농협은행	04	보통예금 현금인		
	2023-01-20	00004	입금	101	현금	20,000,000		98001	농협은행	04	보통예금 현금인		
	2023-01-27	00001	입금	103	보통예금		4,000,000	98001	농협은행	04	보통예금 현금인		
	2023-01-27	00001	입금	101	현금	4,000,000		98001	농협은행	04	보통예금 현금인		
	2023-02-25	00004	입금	103	보통예금		5,000,000	98001	농협은행	04	보통예금 현금인		
	2023-02-25	00004	입금	101	현금	5,000,000		98001	농협은행	04	보통예금 현금인		
	2023-03-31	00001	입금	293	장기차입금		25,000,000	98400	우리은행(당좌)				
	2023-03-31	00001	입금	101	현금	25,000,000		98400	우리은행(당좌)				
	2023-04-20	00003	입금	103	보통예금		1,000,000	98001	농협은행	04	보통예금 현금인		
	2023-04-20	00003	입금	101	현금	1,000,000		98001	농협은행	04	보통예금 현금인		
	2023-04-23	00005	입금	103	보통예금		10,000,000	98001	농협은행	04	보통예금 현금인		
	2023-04-23	00005	입금	101	현금	10,000,000		98001	농협은행	04	보통예금 현금인		
	2023-04-29	00001	입금	103	보통예금		5,000,000	98001	농협은행	04	보통예금 현금인		
	2023-04-29	00001	입금	101	현금	5,000,000		98001	농협은행	04	보통예금 현금인		
	2023-05-10	00002	입금	103	보통예금		6,700,000	98001	농협은행		보통예금 현금인		
	합계 (건수 : 16)					143,810,000	143,810,000						

22 조회 [전표입력/장부] – [일/월계표] – 7월 ~ 7월

조회기간 2023 년 07 월 ~ 2023 년 07 월

차 변			계 정 과 목	대 변		
계	대 체	현 금		현 금	대 체	계
1,406,000	1,126,000	280,000	[유 동 부 채]		10,866,000	10,866,000
			외 상 매 입 금		8,610,000	8,610,000
280,000		280,000	미 지 급 금		330,000	330,000
1,126,000	1,126,000		예 수 금		1,126,000	1,126,000
			선 수 금		800,000	800,000
			[매 출]	22,166,000	27,300,000	49,466,000
			상 품 매 출	22,166,000	27,300,000	49,466,000
25,673,500	12,466,000	13,207,500	[판 매 관 리 비]			
20,650,000	11,126,000	9,524,000	급 여			
2,034,000	60,000	1,974,000	복 리 후 생 비			
15,000		15,000	여 비 교 통 비			
350,000		350,000	접 대 비			
450,000		450,000	세 금 과 공 과 금			
1,500,000	950,000	550,000	보 험 료			
444,500	330,000	114,500	차 량 유 지 비			
10,000		10,000	도 서 인 쇄 비			
220,000		220,000	수 수 료 비 용			

23~24 조회 [결산/재무제표 I] - [손익계산서] - 12월

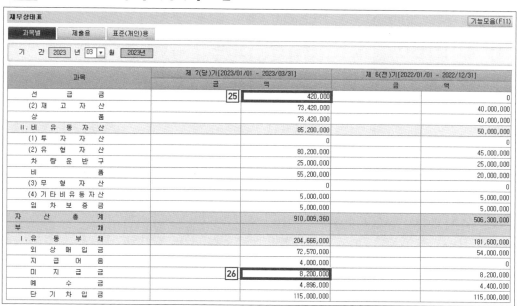

손익계산서

기 간 2023 년 12 ▼ 월

과목별 | 제출용 | 표준(개인)용

과목	제 7(당)기 [2023/01/01 ~ 2023/12/31] 금액	제 6(전)기 [2022/01/01 ~ 2022/12/31] 금액
II. 매 출 원 가	196,715,000	160,000,000
상 품 매 출 원 가	23 196,715,000	160,000,000
기 초 상 품 재 고 액	40,000,000	20,000,000
당 기 상 품 매 입 액	181,715,000	180,000,000
기 말 상 품 재 고 액	25,000,000	40,000,000
III. 매 출 총 이 익	550,206,000	140,000,000
IV. 판 매 비 와 관 리 비	399,093,080	96,530,000
급 여	290,789,000	60,000,000
복 리 후 생 비	32,635,150	10,200,000
여 비 교 통 비	1,274,600	1,300,000
접 대 비	17,034,500	4,500,000
통 신 비	1,540,110	1,230,000
수 도 광 열 비	6,646,520	2,850,000
세 금 과 공 과 금	1,199,000	3,700,000
감 가 상 각 비	0	6,500,000
임 차 료	24 13,750,000	0
수 선 비	7,366,000	800,000
보 험 료	7,671,000	1,200,000
차 량 유 지 비	6,594,200	2,500,000
운 반 비	714,000	1,750,000

25~26 조회 [결산/재무제표 I] - [재무상태표] - 3월

재무상태표

과목별 | 제출용 | 표준(개인)용

기 간 2023 년 03 ▼ 월 2023년

과목	제 7(당)기 [2023/01/01 ~ 2023/03/31] 금 액	제 6(전)기 [2022/01/01 ~ 2022/12/31] 금 액
선 급 금	25 420,000	0
(2) 재 고 자 산	73,420,000	40,000,000
상 품	73,420,000	40,000,000
II. 비 유 동 자 산	85,200,000	50,000,000
(1) 투 자 자 산	0	0
(2) 유 형 자 산	80,200,000	45,000,000
차 량 운 반 구	25,000,000	25,000,000
비 품	55,200,000	20,000,000
(3) 무 형 자 산	0	0
(4) 기 타 비 유 동 자 산	5,000,000	5,000,000
임 차 보 증 금	5,000,000	5,000,000
자 산 총 계	910,009,360	506,300,000
부 채		
I. 유 동 부 채	204,666,000	181,600,000
외 상 매 입 금	72,570,000	54,000,000
지 급 어 음	4,000,000	0
미 지 급 금	26 8,200,000	8,200,000
예 수 금	4,896,000	4,400,000
단 기 차 입 금	115,000,000	115,000,000

PART 3

27 조회 [결산/재무제표 I] – [재무상태표] – 10월

재무상태표 기능모음(F11)

| 과목별 | 제출용 | 표준(개인)용 |

기 간 2023 년 10 ▼ 월 2023년

과목	제 7(당)기[2023/01/01 ~ 2023/10/31]		제 6(전)기[2022/01/01 ~ 2022/12/31]	
	금	액	금	액
부 채				
Ⅰ. 유 동 부 채		296,011,200		181,600,000
외 상 매 입 금		116,925,000		54,000,000
지 급 어 음		4,000,000		0
미 지 급 금		27,725,200		8,200,000
예 수 금		11,081,000		4,400,000
가 수 금		10,000,000		0
선 수 금		1,280,000		0
단 기 차 입 금		125,000,000		115,000,000

28~29 조회 [결산/재무제표 I] – [재무상태표] – 12월

재무상태표 기능모음(F11)

| 과목별 | 제출용 | 표준(개인)용 |

기 간 2023 년 12 ▼ 월 2023년

과목	제 7(당)기[2023/01/01 ~ 2023/12/31]		제 6(전)기[2022/01/01 ~ 2022/12/31]	
	금	액	금	액
선 급 비 용		**28** 2,400,000		0
가 지 급 금		400,000		0
(2) 재 고 자 산		25,000,000		40,000,000
상 품		25,000,000		40,000,000
Ⅱ. 비 유 동 자 산		167,000,000		50,000,000
(1) 투 자 자 산		0		0
(2) 유 형 자 산		57,000,000		45,000,000
차 량 운 반 구		25,000,000		25,000,000
비 품		27,000,000		20,000,000
건 설 중 인 자 산		5,000,000		0
(3) 무 형 자 산		**29** 15,000,000		0
개 발 비		10,000,000		0
소 프 트 웨 어		5,000,000		0

30 조회 [결산/재무제표 I] – [재무상태표] – 12월

재무상태표 기능모음(F11)

| 과목별 | 제출용 | 표준(개인)용 |

기 간 2023 년 12 ▼ 월 2023년

과목	제 7(당)기[2023/01/01 ~ 2023/12/31]		제 6(전)기[2022/01/01 ~ 2022/12/31]	
	금	액	금	액
부 채				
Ⅰ. 유 동 부 채		311,706,330		181,600,000
외 상 매 입 금		122,425,000		54,000,000
지 급 어 음		4,000,000		0
미 지 급 금		34,015,200		8,200,000
예 수 금		13,186,130		4,400,000
가 수 금		10,000,000		0
선 수 금		3,080,000		0
단 기 차 입 금		125,000,000		115,000,000
Ⅱ. 비 유 동 부 채		25,000,000		0
장 기 차 입 금		25,000,000		0
부 채 총 계		336,706,330		181,600,000
자 본				
Ⅰ. 자 본 금		474,906,920		324,700,000
자 본 금		474,906,920		324,700,000

31 조회 [기초정보관리] – [전기분 재무상태표]

• 당좌자산 416,300,000원, 유동부채 181,600,000원 확인

∴ (416,300,000 / 181,600,000) × 100 ≒ 229%

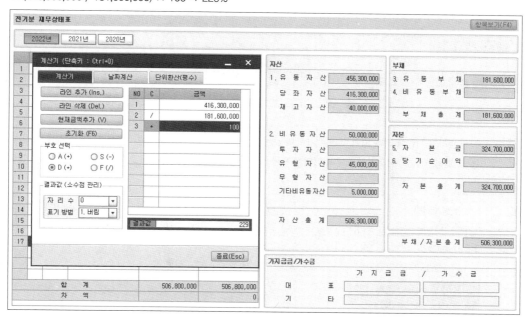

32 조회 [기초정보관리] – [전기분 손익계산서]

• 영업이익 43,470,000원, 매출액 300,000,000원 확인

∴ (43,470,000 / 300,000,000) × 100 ≒ 14%

실무이론평가

01	02	03	04	05	06	07	08	09	10
①	③	④	③	①	④	②	④	④	③

01 ① 채권자는 기업에 대해 법적 채권을 가지고 있는 자금대여자 등을 말하며, 일반적으로 은행 등 금융기관을 말한다. 즉, 채권자는 자금대여자이기 때문에 대여한 자금에 대한 이자 지급 능력과 원금 회수 능력에 대한 정보를 필요로 한다.

02 • (가) 회계처리

   (차) 보통예금(자산의 증가)   100,000   (대) 이자수익(수익의 발생)   100,000

  • (나) 회계처리

   (차) 선급금(자산의 증가)   300,000   (대) 보통예금(자산의 감소)   300,000

핵심요약	거래의 종류	346p
	거래의 8요소	346p

03 • 매출채권 = 외상매출금 5,800,000원 + 받을어음 3,000,000원 = 8,800,000원

핵심요약	매출채권과 매입채무	352p

04 • 상품취득원가 = 매입액 100,000원 + 매입운임 5,000원 + 보험료 7,000원 = 112,000원

  • 상품 판매 관련 판매운임은 운반비로 판매비와관리비(비용)로 처리한다.

핵심요약	재고자산의 취득원가	353p

05 • 상품매입 회계처리

   (차) 상 품   500,000   (대) (가) 선급금   50,000

                                  (나) 외상매입금   450,000

  • 상품 주문 시 지급했던 계약금은 선급금으로 처리하고, 잔액은 외상매입금으로 회계처리한다.

06 ④ 기부금은 영업외비용에 해당하는 계정과목이다.

핵심요약	계정과목 항목찾기	357p

07   • 순매입액 = 총매입액 3,500,000원 − 매입에누리 60,000원 − 매입할인 40,000원 = 3,400,000원

∴ 매출원가 = 기초상품재고액 100,000원 + 순매입액 3,400,000원 − 기말상품재고액 200,000원 = 3,300,000원

핵심요약	매출원가 계산식	350p

08   ④ 유동성배열법은 재무상태표(자산, 부채) 작성과 표시의 기준에 해당한다.

핵심요약	재무상태표의 작성과 표시	349p
	손익계산서의 작성과 표시	350p

09   • 현금과부족 발생일 회계처리

(차) 현금과부족   70,000   (대) 현 금   70,000

• 결산 시 회계처리

(차) 여비교통비   30,000   (대) 현금과부족   70,000

잡손실   40,000

• 현금과부족은 임시계정으로 결산일까지 원인을 알 수 없는 경우 잡이익 또는 잡손실로 처리한다.

핵심요약	현금과부족	351p

10   • 감가상각비 = (취득금액 10,000,000원 − 잔존가치 1,000,000원) ÷ 5년 = 1,800,000원

핵심요약	감가상각방법	355p

실무수행 1   기초정보관리의 이해

① **입력** [기초정보관리] – [회사등록]

• 8.사업장주소

– 우편번호 클릭 후 F2를 눌러 [우편번호 코드도움] 화면 확인

– [도로명주소] 탭에서 시도 : 서울특별시, 시군구 : 서대문구, 충정로7길 입력 후 '서울특별시 서대문구 충정로7길
29-11 (충정로3가)' 더블클릭

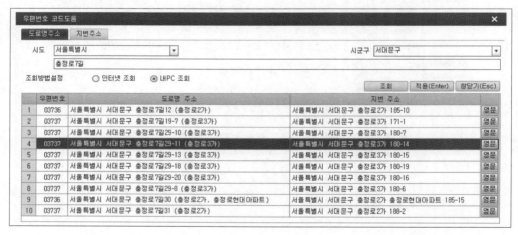

- 14.사업장세무서 : 220.역삼 → 110.서대문으로 자동 변경 확인

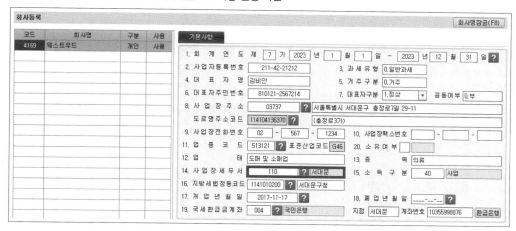

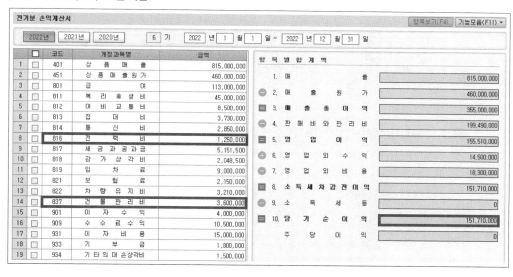

② **입력** [기초정보관리] – [전기분 손익계산서]

- 816.전력비 : 250,000원 → 1,250,000원으로 수정입력
- 837.건물관리비 : 3,300,000원 → 3,600,000원으로 수정입력
- 당기순이익 151,710,000원 확인

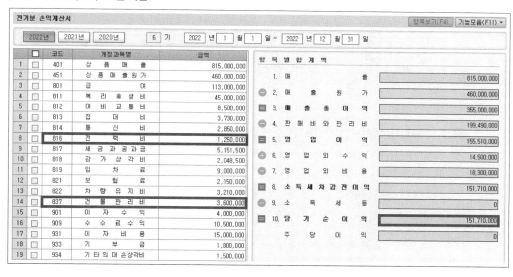

① **입력** [전표입력/장부] – [일반전표입력] – 3월 11일

| (차) 813.접대비 | 52,000 | (대) 253.미지급금 | 52,000 |
| | | (99601.신한카드) | |

	일	번호	구분	코드	계정과목	코드	거래처	적요	차변	대변
☐	11	00001	차변	813	접대비				52,000	
☐	11	00001	대변	253	미지급금	99601	신한카드			52,000

② **조회** [전표입력/장부] – [일반전표입력] – 4월 4일

• 선급금 420,000원 확인

	일	번호	구분	코드	계정과목	코드	거래처	적요	차변	대변
☐	4	00001	출금	131	선급금	00110	(주)빛나패션	01 상품대금 선지급	420,000	현금

입력 [전표입력/장부] – [일반전표입력] – 4월 5일

(차) 146.상품	4,200,000	(대) 131.선급금	420,000
		(00110.(주)빛나패션)	
		251.외상매입금	3,780,000
		(00110.(주)빛나패션)	

	일	번호	구분	코드	계정과목	코드	거래처	적요	차변	대변
☐	05	00001	차변	146	상품				4,200,000	
☐	05	00001	대변	131	선급금	00110	(주)빛나패션			420,000
☐	05	00001	대변	251	외상매입금	00110	(주)빛나패션			3,780,000

③ **입력** [전표입력/장부] – [일반전표입력] – 5월 10일

| (차) 251.외상매입금 | 5,000,000 | (대) 252.지급어음 | 5,000,000 |
| (00120.(주)센스쟁이) | | (00120.(주)센스쟁이) | |

	일	번호	구분	코드	계정과목	코드	거래처	적요	차변	대변
☐	10	00001	차변	251	외상매입금	00120	(주)센스쟁이		5,000,000	
☐	10	00001	대변	252	지급어음	00120	(주)센스쟁이			5,000,000

• 지급어음 클릭 후 F3를 눌러 어음관리 화면 활성화

• 어음번호 : F2를 눌러 등록된 어음 선택, 만기일 : 2024-01-10으로 수정

● 지급어음 관리								삭제(F5)
어음상태	2 발행	어음번호	00420230510123456789	어음종류	4 전자	발 행 일		2023-05-10
만 기 일	2024-01-10	지급은행	98005 국민은행(당좌)	지 점				

④　**입력**　[전표입력/장부] – [일반전표입력] – 6월 20일

(차) 814.통신비　　　　　　　　　210,000　　(대) 103.보통예금　　　　　　　　　210,000

　　　　　　　　　　　　　　　　　　　　　　　　　(98003.신한은행(보통))

☐	일	번호	구분	코드	계정과목	코드	거래처	적요	차변	대변
☐	20	00001	차변	814	통신비				210,000	
☐	20	00001	대변	103	보통예금	98003	신한은행(보통)			210,000

⑤　**입력**　[전표입력/장부] – [일반전표입력] – 7월 10일

(차) 254.예수금　　　　　　　　　142,000　　(대) 103.보통예금　　　　　　　　　320,000

　　 811.복리후생비　　　　　　　178,000　　　　 (98001.국민은행(보통))

☐	일	번호	구분	코드	계정과목	코드	거래처	적요	차변	대변
☐	10	00001	차변	254	예수금				142,000	
☐	10	00001	차변	811	복리후생비				178,000	
☐	10	00001	대변	103	보통예금	98001	국민은행(보통)			320,000

※ 급여지급 시 원천징수한 금액은 '예수금'으로 회계처리한다.

⑥　**입력**　[전표입력/장부] – [일반전표입력] – 8월 13일

(차) 120.미수금　　　　　　　　 8,000,000　　(대) 208.차량운반구　　　　　　 40,000,000

　　 (00185.진웅중고차)

　　 209.감가상각누계액　　　 32,000,000

☐	일	번호	구분	코드	계정과목	코드	거래처	적요	차변	대변
☐	13	00001	차변	120	미수금	00185	진웅중고차		8,000,000	
☐	13	00001	차변	209	감가상각누계액				32,000,000	
☐	13	00001	대변	208	차량운반구					40,000,000

※ 해당 거래는 주된 영업활동(상거래) 외의 거래에서 발생한 기타채권으로 외상매출금이 아닌 미수금으로 회계처리한다.

⑦　**입력**　[전표입력/장부] – [일반전표입력] – 9월 28일

(차) 933.기부금　　　　　　　　 200,000　　(대) 101.현금　　　　　　　　　　200,000

또는 (출) 933.기부금　　　　　　200,000

☐	일	번호	구분	코드	계정과목	코드	거래처	적요	차변	대변
☐	28	00001	차변	933	기부금				200,000	
☐	28	00001	대변	101	현금					200,000

⑧　**입력**　[전표입력/장부] – [일반전표입력] – 10월 25일

(차) 101.현금　　　　　　　　　 600,000　　(대) 401.상품매출　　　　　　　 1,600,000

　　 108.외상매출금　　　　　 1,000,000

　　 (00240.러블리의류)

☐	일	번호	구분	코드	계정과목	코드	거래처	적요	차변	대변
☐	25	00001	차변	101	현금				600,000	
☐	25	00001	차변	108	외상매출금	00240	러블리의류		1,000,000	
☐	25	00001	대변	401	상품매출					1,600,000

① 조회 [전표입력/장부] – [일반전표입력] – 6월 30일

• 수정 전

□	일	번호	구분	코드	계정과목	코드	거래처	적요	차변	대변
□	30	00001	차변	822	차량유지비			승용차 자동차세	230,000	
□	30	00001	대변	103	보통예금	98000	신협은행(보통)	승용차 자동차세		230,000

• 수정 후

□	일	번호	구분	코드	계정과목	코드	거래처	적요	차변	대변
□	30	00001	차변	817	세금과공과금			승용차 자동차세	230,000	
□	30	00001	대변	103	보통예금	98000	신협은행(보통)	승용차 자동차세		230,000

※ 차량유지비는 차량 유지 및 관리를 위하여 지출하는 비용에 관련된 계정과목이다. 따라서 자동차세는 '세금과공과금' 으로 회계처리한다.

② 조회 [전표입력/장부] – [일반전표입력] – 11월 17일

• 수정 전

□	일	번호	구분	코드	계정과목	코드	거래처	적요	차변	대변
□	17	00001	차변	146	상품				14,000	
□	17	00001	대변	101	현금					14,000

• 수정 후

□	일	번호	구분	코드	계정과목	코드	거래처	적요	차변	대변
□	17	00001	차변	824	운반비				14,000	
□	17	00001	대변	101	현금					14,000

※ 상품(재고자산) 매입 시 운임(택배비)가 아닌 상품 매출 시 운임이므로 '상품'이 아닌 '운반비'로 회계처리한다.

실무수행 4 결산

① **입력** [전표입력/장부] – [일반전표입력] – 12월 31일

(차) 172.소모품   800,000   (대) 830.소모품비   800,000

☐	일	번호	구분	코드	계정과목	코드	거래처	적요	차변	대변
☐	31	00001	차변	172	소모품				800,000	
☐	31	00001	대변	830	소모품비					800,000

입력 [결산/재무제표 I] – [결산자료입력] – 1월 ~ 12월

- [매출원가 및 경비선택] 화면에서 확인(Tab) 클릭
- 상품매출원가의 기말 상품 재고액란에 47,000,000원 입력
- 우측 상단의 전표추가(F3) 를 클릭하여 결산분개를 일반전표에 추가

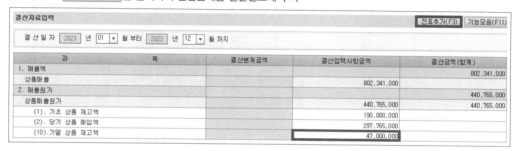

② **조회** [결산/재무제표 I] – [손익계산서] – 12월

- 우측 상단의 기능모음(F11) ▼ 을 클릭하여 '연동 – 추가(Ctrl + F2)'를 클릭하여 전표 데이터 추가

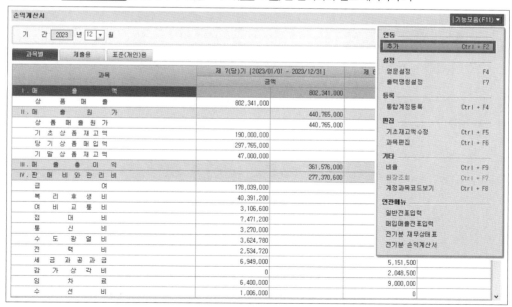

조회 [결산/재무제표 I] – [재무상태표] – 12월

재무상태표　　　　　　　　　　　　　　　　　　　　　　　　　　　　　　　　　[기능모음(F11)]

과목별	제출용	표준(개인)용

기 간 2023 년 12 ▼ 월 2023년

과목	제 7(당)기[2023/01/01 ~ 2023/12/31]		제 6(전)기[2022/01/01 ~ 2022/12/31]	
	금	액	금	액
자　　　　　　　산				
Ⅰ. 유　동　자　산		429,961,700		370,890,000
(1) 당　좌　자　산		382,161,700		180,890,000
현　　　　　금		20,701,820		7,600,000
보　통　예　금		223,738,880		78,200,000
외　상　매　출　금	113,311,000		91,000,000	
대　손　충　당　금	910,000	112,401,000	910,000	90,090,000
단　기　대　여　금		10,000,000		0
미　수　수　익		520,000		0
미　　수　　금		13,000,000		5,000,000
선　　급　　금		1,600,000		0
가　지　급　금		200,000		0
(2) 재　고　자　산		47,800,000		190,000,000
상　　　　　품		47,000,000		190,000,000
소　　모　　품		800,000		0
Ⅱ. 비　유　동　자　산		121,511,200		78,500,000
(1) 투　자　자　산		36,000,000		36,000,000
장　기　대　여　금		36,000,000		36,000,000
(2) 유　형　자　산		55,511,200		22,500,000
차　량　운　반　구	48,000,000		88,000,000	

11	12	13	14	15	16
③	②	④	④	802,000	375,950,000
17	18	19	20	21	22
20,000,000	502,000	3,704,400	420,000	③	①
23	24	25	26	27	28
802,341,000	5,840,000	④	20,701,820	47,000,000	254
29	30	31	32		
55,511,200	331,055,400	②	③		

11 조회 [기초정보관리] – [회사등록]

③ 사업장세무서는 '서대문'이고 세무서 코드는 '110'이다.

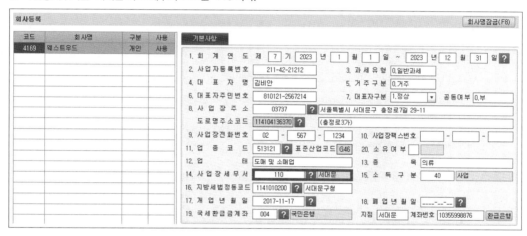

12 조회 [금융/자금관리] – [예적금현황] – 12월 31일

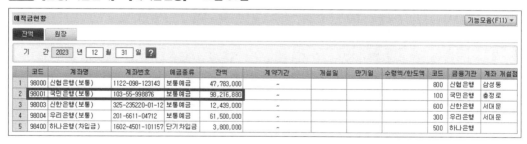

13 조회 [전표입력/장부] – [거래처원장] – 6월 1일 ～ 6월 30일

- 계정과목 : 251.외상매입금, 거래처 : 처음 ～ 끝 입력 후 조회
- 00120.(주)센스쟁이의 외상매입금 잔액은 10,000,000원이다.

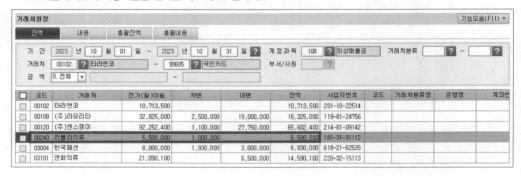

14 조회 [전표입력/장부] – [거래처원장] – 10월 1일 ～ 10월 31일

- 계정과목 : 108.외상매출금, 거래처 : 처음 ～ 끝 입력 후 조회
- 00240.러블리의류의 외상매출금 잔액은 6,500,000원이다.

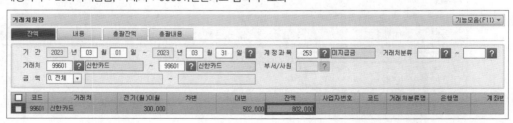

15 조회 [전표입력/장부] – [거래처원장] – 3월 1일 ～ 3월 31일

- 계정과목 : 253.미지급금, 거래처 : 99601.신한카드 입력 후 조회

16 <u>조회</u> [전표입력/장부] – [계정별원장] – 6월 1일 ~ 6월 30일

• 계정과목 : 146.상품 입력 후 조회

17 <u>조회</u> [금융/자금관리] – [지급어음현황]

• [지급은행별] 탭

– 지급은행 : 98005.국민은행(당좌), 어음구분 : 1.전체, 만기일 : 2024년 1월 1일 ~ 2024년 12월 31일 입력 후 조회

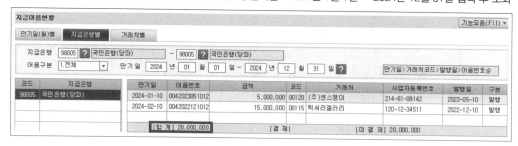

18 <u>조회</u> [전표입력/장부] – [일/월계표] – 3월 ~ 3월

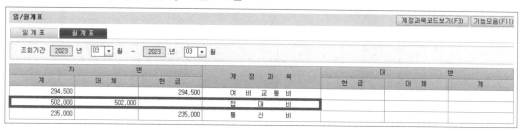

19 조회 [전표입력/장부] – [일/월계표] – 1월 ~ 6월

일/월계표

계정과목코드보기(F3) 기능모음(F11)

일 계 표	월 계 표

조회기간 2023 년 01 ▼ 월 ~ 2023 년 06 ▼ 월

차	변		계 정 과 목	대	변	
계	대 체	현 금		현 금	대 체	계
1,657,000	580,000	1,077,000	전 력 비			
524,000	230,000	294,000	세 금 과 공 과 금			
3,400,000	1,200,000	2,200,000	임 차 료			
846,000		846,000	수 선 비			
1,200,000		1,200,000	보 험 료			
3,704,400	550,000	3,154,400	차 량 유 지 비			
296,000		296,000	운 반 비			
90,000		90,000	도 서 인 쇄 비			

20~22 조회 [결산/재무제표 I] – [손익계산서] – 12월

- 20. 통신비 증가금액 = 당기분 3,270,000원 − 전기분 2,850,000원 = 420,000원
- 21. 전기분 전력비 금액은 1,250,000원이다.
- 22. 당기분 운반비 금액은 723,000원이다.

손익계산서

기능모음(F11)

기 간 2023 년 12 ▼ 월

과목별	제출용	표준(개인)용

과목	제 7(당)기 [2023/01/01 ~ 2023/12/31]	제 6(전)기 [2022/01/01 ~ 2022/12/31]
	금액	금액
IV. 판 매 비 와 관 리 비	277,370,600	199,490,000
급 여	178,039,000	113,000,000
복 리 후 생 비	40,391,200	45,000,000
여 비 교 통 비	3,106,600	8,500,000
접 대 비	7,471,200	3,730,000
통 신 비 [20]	3,270,000	2,850,000
수 도 광 열 비	3,624,780	0
전 력 비	2,534,720	1,250,000 [21]
세 금 과 공 과 금	6,949,000	5,151,500
감 가 상 각 비	0	2,048,500
임 차 료	6,400,000	9,000,000
수 선 비	1,006,000	0
보 험 료	2,600,000	2,150,000
차 량 유 지 비	7,254,100	3,210,000
운 반 비 [22]	723,000	0
도 서 인 쇄 비	240,000	0
소 모 품 비	1,200,000	0
수 수 료 비 용	1,980,000	0
광 고 선 전 비	6,920,000	0
건 물 관 리 비	3,450,000	3,600,000

23 조회 [결산/재무제표 I] – [손익계산서] – 12월

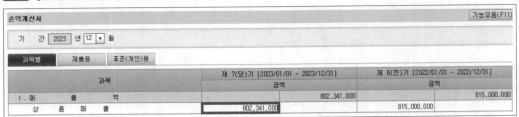

손익계산서

기능모음(F11)

기 간 2023 년 12 ▼ 월

과목별	제출용	표준(개인)용

과목	제 7(당)기 [2023/01/01 ~ 2023/12/31]	제 6(전)기 [2022/01/01 ~ 2022/12/31]
	금액	금액
I. 매 출 액	802,341,000	815,000,000
상 품 매 출	802,341,000	815,000,000

24 조회 [결산/재무제표 I] – [손익계산서] – 12월

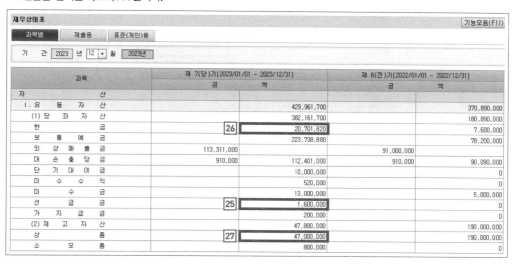

손익계산서   기능모음(F11)

기 간 2023 년 12 ▼ 월

과목별 제출용 표준(개인)용

과목	제 7(당)기 [2023/01/01 ~ 2023/12/31] 금액	제 6(전)기 [2022/01/01 ~ 2022/12/31] 금액
보 험 료	2,600,000	2,150,000
차 량 유 지 비	7,254,100	3,210,000
운 반 비	723,000	0
도 서 인 쇄 비	240,000	0
소 모 품 비	1,200,000	0
수 수 료 비 용	1,980,000	0
광 고 선 전 비	6,920,000	0
건 물 관 리 비	3,450,000	3,600,000
잡 비	211,000	0
Ⅴ. 영 업 이 익	84,205,400	155,510,000
Ⅵ. 영 업 외 수 익	8,720,000	14,500,000
이 자 수 익	8,720,000	4,000,000
수 수 료 수 익	0	10,500,000
Ⅶ. 영 업 외 비 용	5,840,000	18,300,000
이 자 비 용	5,640,000	15,000,000
기 부 금	200,000	1,800,000
기 타 의 대 손 상 각 비	0	1,500,000

25~27 조회 [결산/재무제표 I] – [재무상태표] – 12월

• 25. 선급금 잔액은 1,600,000원이다.

재무상태표   기능모음(F11)

과목별 제출용 표준(개인)용

기 간 2023 년 12 ▼ 월 2023년

과목	제 7(당)기 [2023/01/01 ~ 2023/12/31] 금	액	제 6(전)기 [2022/01/01 ~ 2022/12/31] 금	액
자 산				
Ⅰ. 유 동 자 산		429,961,700		370,890,000
(1) 당 좌 자 산		382,161,700		180,890,000
현 금	26	20,701,820		7,600,000
보 통 예 금		223,738,880		78,200,000
외 상 매 출 금	113,311,000		91,000,000	
대 손 충 당 금	910,000	112,401,000	910,000	90,090,000
단 기 대 여 금		10,000,000		0
미 수 수 익		520,000		0
미 수 금		13,000,000		5,000,000
선 급 금	25	1,600,000		0
가 지 급 금		200,000		0
(2) 재 고 자 산		47,800,000		190,000,000
상 품	27	47,000,000		190,000,000
소 모 품		800,000		0

28 조회 [결산/재무제표 I] – [재무상태표] – 12월

- 우측 상단 '기능모음(F11) – 기타 – 계정과목코드보기(Ctrl + F5)'를 클릭하여 계정과목코드 조회

재무상태표 기능모음(F11) ▼

과목별 | 제출용 | 표준(개인)용

기 간 2023 년 12 ▼ 월 2023년

과목	제 7(당)기[2023/01/01 ~ 2023/12/31]	
	금	액
부　　　　　채		
Ⅰ. 유　동　부　채		195,417,500
[251]외　상　매　입　금		73,027,500
[252]지　급　어　음		22,000,000
[253]미　지　급　금		5,027,000
[254]예　　수　　금		1,119,000
[257]가　　수　　금		8,000,000
[259]선　　수　　금		1,244,000
[260]단　기　차　입　금		85,000,000
Ⅱ. 비　유　동　부　채		25,000,000
[293]장　기　차　입　금		25,000,000
부　채　총　계		220,417,500
자　　　　　본		
Ⅰ. 자　본　금		331,055,400

설정
퇴직연금설정　　　　　　　　　F7
영문설정　　　　　　　Ctrl + F3
법인유형설정　　　　　　　　　F3
출력명칭설정　　　　　Ctrl + P

등록
임대주택자산등록　　　　　　　F4
통합계정등록　　　　　Ctrl + F10

편집
재무비율보기　　　　　Ctrl + F4

기타
원장조회　　　　　　　　　　F8
계정과목코드보기　　　　Ctrl + F5

연관메뉴
일반전표입력
매입매출전표입력
전기분 재무상태표

29 조회 [결산/재무제표 I] – [재무상태표] – 12월

재무상태표 기능모음(F11)

과목별 | 제출용 | 표준(개인)용

기 간 2023 년 12 ▼ 월 2023년

과목	제 7(당)기[2023/01/01 ~ 2023/12/31]		제 6(전)기[2022/01/01 ~ 2022/12/31]	
	금	액	금	액
(2) 유　형　자　산		55,511,200		22,500,000
차　량　운　반　구	48,000,000		88,000,000	
감 가 상 각 누 계 액	35,000,000	13,000,000	67,000,000	21,000,000
비　　　품	43,011,200		2,000,000	
감 가 상 각 누 계 액	500,000	42,511,200	500,000	1,500,000

30 조회 [결산/재무제표 I] – [재무상태표] – 12월

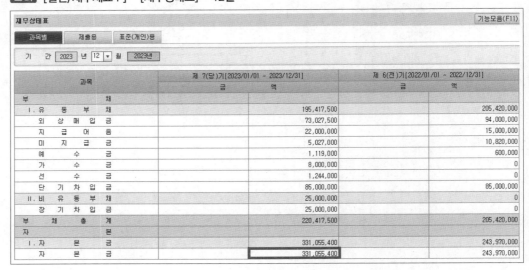

재무상태표 기능모음(F11)

과목별 | 제출용 | 표준(개인)용

기 간 2023 년 12 ▼ 월 2023년

과목	제 7(당)기[2023/01/01 ~ 2023/12/31]		제 6(전)기[2022/01/01 ~ 2022/12/31]	
	금	액	금	액
부　　　　　채				
Ⅰ. 유　동　부　채		195,417,500		205,420,000
외　상　매　입　금		73,027,500		94,000,000
지　급　어　음		22,000,000		15,000,000
미　지　급　금		5,027,000		10,820,000
예　　수　　금		1,119,000		600,000
가　　수　　금		8,000,000		0
선　　수　　금		1,244,000		0
단　기　차　입　금		85,000,000		85,000,000
Ⅱ. 비　유　동　부　채		25,000,000		0
장　기　차　입　금		25,000,000		0
부　채　총　계		220,417,500		205,420,000
자　　　　　본				
Ⅰ. 자　본　금		331,055,400		243,970,000
자　본　금		331,055,400		243,970,000

31 조회 [기초정보관리] – [전기분 재무상태표]

• 유동자산 370,890,000원, 유동부채 205,420,000원 확인

∴ (370,890,000 / 205,420,000) × 100 ≒ 180%

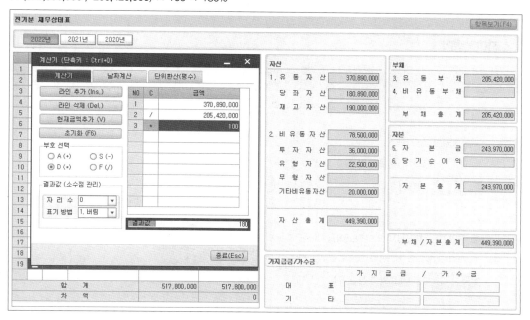

32 조회 [기초정보관리] – [전기분 재무상태표]

• 부채총계 205,420,000원, 자본총계 243,970,000원 확인

∴ (205,420,000 / 243,970,000) × 100 ≒ 84%

실무이론평가

01	02	03	04	05	06	07	08	09	10
②	②	④	③	③	②	④	①	④	②

01
- 회계처리

  (차) 여비교통비(비용의 발생)　　　　50,000　　　(대) 현금(자산의 감소)　　　　50,000

  핵심요약　거래의 8요소　　　　346p

02
② 경영자는 기업실체 외부정보이용자에게 재무제표를 작성하고 보고할 일차적인 책임을 진다. 경영자는 회계기준에 근거하여 적정한 재무제표를 작성해야 한다.

핵심요약　재무제표의 작성과 표시　　　　348p

03
④ 시산표에 대한 설명이다. 시산표는 재무제표를 작성하기 전 총계정원장의 차변과 대변 금액이 일치하는지 검증한다. 즉, 차변합계와 대변합계의 일치여부를 검증함으로써 분개와 전기가 올바르게 되었는지 검토할 수 있다.

04
- 매출채권 = 외상매출금 4,000,000원 + 받을어음 3,000,000원 = 7,000,000원

  핵심요약　매출채권과 매입채무　　　　352p

05
- 재고자산의 취득원가 = 상품 매입금액 300,000원 + 매입운반비 20,000원 = 320,000원
- 판매자 부담운임(운반비)과 광고선전비는 비용으로 처리되는 계정과목이다.

  핵심요약　재고자산의 취득원가　　　　353p

06
② 자산의 가치가 증가하거나 내용연수를 연장시키는 지출은 자본적 지출로 분류된다.
①, ③, ④의 경우 자산의 원상회복, 능률유지를 위한 지출이므로 수익적 지출에 해당된다.

핵심요약　수익적 지출과 자본적 지출　　　　354p

07   • 매출총이익 = 매출액 350,000원 − 매출원가 150,000원 = 200,000원

∴ 영업이익 = 매출총이익 200,000원 − 급여 50,000원 − 복리후생비 10,000원 − 임차료비용 30,000원 = 110,000원

※ 영업이익 = 당기순이익 50,000원 + 영업외비용 60,000원 = 110,000원

핵심요약	손익계산서의 구조	350p
	계정과목 항목찾기	357p

08   ① 배당금수익은 영업외수익으로 손익계산서에 표시되는 계정과목이다. 선수수익과 미지급비용은 유동부채, 미수수익은 당좌자산으로 재무상태표에 표시되는 계정과목이다.

핵심요약	계정과목 항목찾기	357p

09   • 대손충당금 잔액 = 전기말 대손충당금 40,000원 − 매출채권 대손발생 15,000원 + 대손상각비 계상 10,000원 = 35,000원

핵심요약	대 손	352p

10   • 현금및현금성자산 = 현금 50,000원 + 당좌예금 150,000원 + 보통예금 200,000원 = 400,000원

• 단기대여금과 받을어음은 현금(통화, 통화대용증권, 요구불예금)이나 현금성자산(취득 당시 만기(상환일)이 3개월 이내인 상품)에 속하지 않는다.

핵심요약	현금및현금성자산	351p

실무수행 1 기초정보관리의 이해

① **입력** [기초정보관리] – [거래처등록]
- [금융] 탭
  - 코드 : 98005, 금융기관명 : 하나은행(보통), 계좌번호 : 527-910004-22456, 구분 : 0.일반, 사용 : 0 입력
- [기본사항] 탭
  - 2.계좌개설점 : 500.하나은행, 서대문 입력
  - 3.예금종류 : 기업자유예금, 0.보통, 17.계좌개설일 : 2024-01-09 입력

② **입력** [기초정보관리] - [거래처별초기이월]

- [253.미지급금] 계정
  - 32012.(주)우리자동차, 금액 : 16,000,000원 입력
  - 32013.(주)하나컴퓨터, 금액 : 2,200,000원 입력

	코드	계정과목	전기분재무상태표	차 액	거래처합계금액		코드	거래처	금액
1	101	현금	7,600,000	7,600,000			32012	(주)우리자동차	16,000,000
2	103	보통예금	88,200,000		88,200,000		32013	(주)하나컴퓨터	2,200,000
3	107	단기매매증권	70,000,000	70,000,000					
4	108	외상매출금	91,000,000		91,000,000				
5	109	대손충당금	500,000	500,000					
6	110	받을어음	10,000,000		10,000,000				
7	114	단기대여금	100,000,000		100,000,000				
8	146	상품	48,000,000	48,000,000					
9	208	차량운반구	25,000,000	25,000,000					
10	209	감가상각누계액	19,400,000	19,400,000					
11	212	비품	20,000,000	20,000,000					
12	213	감가상각누계액	5,000,000	5,000,000					
13	251	외상매입금	54,000,000		54,000,000				
14	253	미지급금	18,200,000		18,200,000				
15	254	예수금	4,400,000	4,400,000					
16	293	장기차입금	40,000,000		40,000,000				
17	331	자본금	323,300,000	323,300,000					
18	962	임차보증금	5,000,000		5,000,000				

① **입력** [전표입력/장부] – [일반전표입력] – 6월 10일

(차) 829.사무용품비 28,000 (대) 101.현금 28,000

또는 (출) 829.사무용품비 28,000

□	일	번호	구분	코드	계정과목	코드	거래처	적요	차변	대변
□	10	00001	차변	829	사무용품비				28,000	
□	10	00001	대변	101	현금					28,000

② **입력** [전표입력/장부] – [일반전표입력] – 6월 30일

(차) 817.세금과공과금 345,000 (대) 101.현금 345,000

또는 (출) 817.세금과공과금 345,000

□	일	번호	구분	코드	계정과목	코드	거래처	적요	차변	대변
□	30	00001	차변	817	세금과공과금				345,000	
□	30	00001	대변	101	현금					345,000

※ 취득과 직접 관련된 제세공과금이 아니기 때문에 '차량운반구'로 회계처리 하지 않는다.

③ **입력** [전표입력/장부] – [일반전표입력] – 7월 10일

(차) 114.단기대여금 50,000,000 (대) 103.보통예금 50,000,000

(08707.(주)비발디커피) (98001.국민은행(보통))

□	일	번호	구분	코드	계정과목	코드	거래처	적요	차변	대변
□	10	00001	차변	114	단기대여금	08707	(주)비발디커피		50,000,000	
□	10	00001	대변	103	보통예금	98001	국민은행(보통)			50,000,000

※ 상환일이 1년 이내이므로 '단기대여금'으로 회계처리한다.

④ **입력** [전표입력/장부] – [일반전표입력] – 7월 20일

(차) 101.현금 2,000,000 (대) 401.상품매출 3,000,000

　 108.외상매출금 1,000,000

(00105.커피엔쿡)

□	일	번호	구분	코드	계정과목	코드	거래처	적요	차변	대변
□	20	00001	차변	101	현금				2,000,000	
□	20	00001	차변	108	외상매출금	00105	커피엔쿡		1,000,000	
□	20	00001	대변	401	상품매출					3,000,000

⑤ **입력** [전표입력/장부] – [일반전표입력] – 8월 10일

(차) 811.복리후생비 1,500,000 (대) 253.미지급금 1,500,000

(99605.삼성카드)

□	일	번호	구분	코드	계정과목	코드	거래처	적요	차변	대변
□	10	00001	차변	811	복리후생비				1,500,000	
□	10	00001	대변	253	미지급금	99605	삼성카드			1,500,000

⑥ **입력** [전표입력/장부] – [일반전표입력] – 8월 20일

(차) 103.보통예금   7,000,000   (대) 107.단기매매증권   8,000,000

     (98002.신한은행(보통))

     938.단기매매증권처분손   1,000,000

□	일	번호	구분	코드	계정과목	코드	거래처	적요	차변	대변
□	20	00001	차변	103	보통예금	98002	신한은행(보통)		7,000,000	
□	20	00001	차변	938	단기매매증권처분손				1,000,000	
□	20	00001	대변	107	단기매매증권					8,000,000

⑦ **입력** [전표입력/장부] – [일반전표입력] – 8월 25일

(차) 821.보험료   1,870,000   (대) 101.현금   1,870,000

또는 (출) 821.보험료   1,870,000

□	일	번호	구분	코드	계정과목	코드	거래처	적요	차변	대변
□	25	00001	차변	821	보험료				1,870,000	
□	25	00001	대변	101	현금					1,870,000

⑧ **입력** [전표입력/장부] – [일반전표입력] – 9월 29일

(차) 240.소프트웨어   3,000,000   (대) 253.미지급금   3,000,000

                                              (50013.(주)더존소프트)

□	일	번호	구분	코드	계정과목	코드	거래처	적요	차변	대변
□	29	00001	차변	240	소프트웨어				3,000,000	
□	29	00001	대변	253	미지급금	50013	(주)더존소프트			3,000,000

①   조회 [전표입력/장부] – [일반전표입력] – 12월 10일
　 • 수정 전

	일	번호	구분	코드	계정과목	코드	거래처	적요	차변	대변
☐	10	00001	차변	251	외상매입금	01121	(주)망고식스		26,810,000	
☐	10	00001	대변	103	보통예금	98002	신한은행(보통)			26,810,000

　 • 수정 후

	일	번호	구분	코드	계정과목	코드	거래처	적요	차변	대변
☐	10	00001	차변	251	외상매입금	01121	(주)망고식스		26,810,000	
☐	10	00001	대변	103	보통예금	98000	신협은행(보통)			26,810,000

②   조회 [전표입력/장부] – [일반전표입력] – 9월 20일
　 • 중복 입력되어 있는 전표 확인

	일	번호	구분	코드	계정과목	코드	거래처	적요	차변	대변
☐	20	00001	출금	826	도서인쇄비				24,000	현금
☐	20	00002	출금	826	도서인쇄비				24,000	현금

　 • 중복 전표 한 건을 체크하여 F5를 누른 뒤 확인(Tab)을 클릭하여 삭제

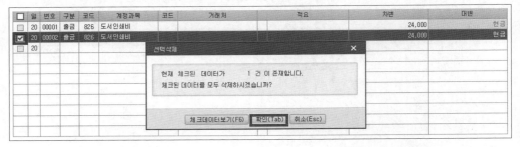

① **입력** [전표입력/장부] – [일반전표입력] – 12월 31일

(차) 172.소모품   500,000   (대) 830.소모품비   500,000

☐	일	번호	구분	코드	계정과목	코드	거래처	적요	차변	대변
☐	31	00001	차변	172	소모품				500,000	
☐	31	00001	대변	830	소모품비					500,000

입력 [결산/재무제표 I] – [결산자료입력] – 1월 ~ 12월

• [매출원가 및 경비선택] 화면에서 확인(Tab) 클릭
• 상품매출원가의 기말 상품 재고액란에 43,000,000원 입력
• 우측 상단의 전표추가(F3) 를 클릭하여 결산분개를 일반전표에 추가

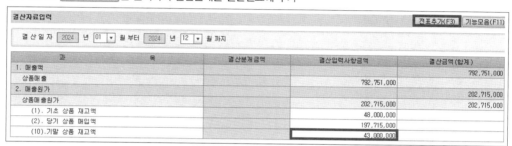

② **조회** [결산/재무제표 I] – [손익계산서] – 12월

• 우측 상단의 기능모음(F11) ▼ 을 클릭하여 '연동 – 추가(Ctrl + F2)'를 클릭하여 전표 데이터 추가

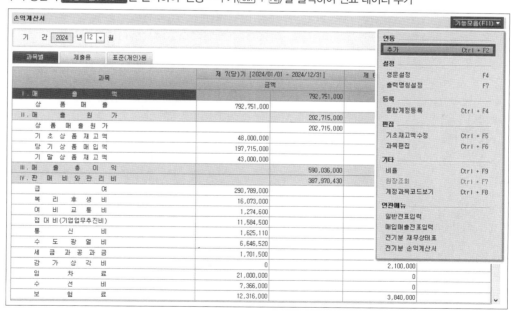

재무상태표
기능모음(F11)

과목별	제출용	표준(개인)용

기 간 2024 년 12 ▼ 월 2024년

과목	제 7(당)기 [2024/01/01 ~ 2024/12/31]		제 6(전)기 [2023/01/01 ~ 2023/12/31]	
	금	액	금	액
자 산				
Ⅰ. 유 동 자 산		716,296,700		414,300,000
(1) 당 좌 자 산		672,796,700		366,300,000
현 금		64,322,700		7,600,000
보 통 예 금		138,553,000		88,200,000
단 기 매 매 증 권		70,000,000		70,000,000
외 상 매 출 금	229,121,000		91,000,000	
대 손 충 당 금	500,000	228,621,000	500,000	90,500,000
받 을 어 음		9,700,000		10,000,000
단 기 대 여 금		160,000,000		100,000,000
선 급 금		1,600,000		0
(2) 재 고 자 산		43,500,000		48,000,000
상 품		43,000,000		48,000,000
소 모 품		500,000		0
Ⅱ. 비 유 동 자 산		119,611,200		25,600,000
(1) 투 자 자 산		0		0
(2) 유 형 자 산		61,611,200		20,600,000
차 량 운 반 구	25,000,000		25,000,000	
감 가 상 각 누 계 액	19,400,000	5,600,000	19,400,000	5,600,000
비 품	61,011,200		20,000,000	

11	12	13	14	15	16
③	②	37,000,000	7,998,200	③	34
17	**18**	**19**	**20**	**21**	**22**
821	19,456,810	6,528,500	792,751,000	②	202,715,000
23	**24**	**25**	**26**	**27**	**28**
16,073,000	1,701,500	10,661,000	70,000,000	160,000,000	500,000
29	**30**	**31**	**32**		
3,000,000	③	④	③		

11 조회 [기초정보관리] – [거래처등록]

③ 98004.농협은행(보통)의 계좌번호는 201-6611-047120이다.

12 조회 [전표입력/장부] – [거래처원장] – 12월 1일 ~ 12월 31일

• 계정과목 : 253.미지급금, 거래처 : 처음 ~ 끝 입력 후 조회
• 50013.㈜더존소프트의 미지급금 잔액은 3,000,000원이다.

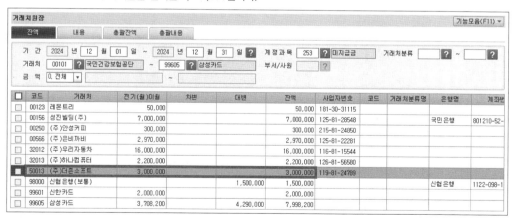

13 조회 [전표입력/장부] – [거래처원장] – 12월 1일 ~ 12월 31일

• 계정과목 : 103.보통예금, 거래처 : 98002.신한은행(보통) 입력 후 조회

14 조회 [전표입력/장부] – [거래처원장] – 12월 1일 ~ 12월 31일

• 계정과목 : 253.미지급금, 거래처 : 99605.삼성카드 입력 후 조회

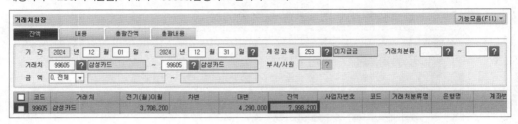

15 조회 [금융/자금관리] – [예적금현황] – 12월 31일

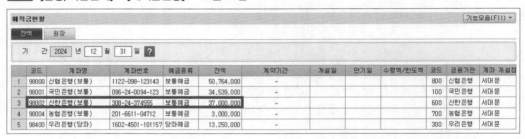

16 조회 [전표입력/장부] – [분개장] – 9월 1일 ~ 9월 30일
- 전표 : 1.일반, 선택 : 1.출금 입력 후 조회

분개장　　기능모음(F11)

기 간 2024 년 09 월 01 일 ~ 2024 년 09 월 30 일 ? 　전 표 1.일반 ▼ 　선 택 1.출금 ▼
부 서 　? 　　　~ 　? 　　　　　사 원 　? 　　　~ 　?

□	일자	전표번호	구분	코드	계정과목	차변	대변	코드	거래처	코드	적요	코드	신용
□	2024-09-03	00001	출금	813	접대비(기업업무	30,000			제일한식당		영업부 직원 야근		
□	2024-09-03	00001	출금	101	현금		30,000		제일한식당		영업부 직원 야근		
□	2024-09-04	00001	출금	822	차량유지비 (판)	55,000		00123	레몬트리	01	유류대 지급		
□	2024-09-04	00001	출금	101	현금		55,000	00123	레몬트리	01	유류대 지급		
□	2024-09-09	00001	출금	813	접대비(기업업무	185,000				04	거래처접대비 지		
□	2024-09-09	00001	출금	101	현금		185,000			04	거래처접대비 지		
□	2024-09-09	00002	출금	811	복리후생비 (판)	95,000		00108	(주)가람커피	02	직원식대		
□	2024-09-09	00002	출금	101	현금		95,000	00108	(주)가람커피	02	직원식대		
□	2024-09-09	00003	출금	822	차량유지비 (판)	55,000		00123	레몬트리	01	유류대 지급		
□	2024-09-09	00003	출금	101	현금		55,000	00123	레몬트리	01	유류대 지급		
□	2024-09-09	00004	출금	811	복리후생비 (판)	15,000				02	직원식대및차대		
□	2024-09-09	00004	출금	101	현금		15,000			02	직원식대및차대		
□	2024-09-09	00005	출금	811	복리후생비 (판)	35,000		50000	맛나식당	02	직원식대및차대		
□	2024-09-09	00005	출금	101	현금		35,000	50000	맛나식당	02	직원식대및차대		
□	2024-09-11	00001	출금	811	복리후생비 (판)	55,000		00108	(주)가람커피	02	직원식대		
□	2024-09-11	00001	출금	101	현금		55,000	00108	(주)가람커피	02	직원식대		
□	2024-09-11	00002	출금	822	차량유지비 (판)	30,000				06	통행료지급		
□	2024-09-11	00002	출금	101	현금		30,000			06	통행료지급		
□	2024-09-11	00003	출금	822	차량유지비 (판)	50,000		00123	레몬트리	01	유류대 지급		
	합계 (건수 : 34)					3,898,820	3,898,820						

17 조회 [전표입력/장부] – [일/월계표] – 8월 ~ 8월
- 우측 상단 '계정과목코드보기(F3)'를 눌러 계정과목코드 확인

일/월계표　　　　　　　　　　　　　　　　　　　　　　　　　　계정과목코드보기(F3) 기능모음(F11)

일 계 표 　월계표

조회기간 2024 년 08 ▼ 월 ~ 2024 년 08 ▼ 월

	차 변		계 정 과 목		대 변	
계	대 체	현 금		현 금	대 체	계
			[유 동 부 채]	30,000	32,310,200	32,340,200
			251 외 상 매 입 금		24,610,000	24,610,000
			253 미 지 급 금		6,446,200	6,446,200
			254 예 수 금		1,254,000	1,254,000
			259 선 수 금	30,000		30,000
			[매 출]		116,656,000	116,656,000
			401 상 품 매 출		116,656,000	116,656,000
30,802,500	27,274,000	3,528,500	[판 매 관 리 비]			
22,650,000	21,524,000	1,126,000	801 급 여			
1,500,000	1,500,000		811 복 리 후 생 비			
500,000	500,000		815 수 도 광 열 비			
62,500		62,500	817 세 금 과 공 과 금			
3,250,000	3,000,000	250,000	819 임 차 료			
2,620,000	750,000	1,870,000	821 보 험 료			
220,000		220,000	831 수 수 료 비 용			

18 조회 [전표입력/장부] – [현금출납장] – 6월 1일 ~ 6월 30일

현금출납장 기능모음(F11)

전체

기간 2024 년 06 월 01 일 ~ 2024 년 06 월 30 일 ?

전표일자	코드	적요명	코드	거래처명	입금	출금	잔액
2024-06-21	03	비품 수선비 지급				55,000	
2024-06-21	02	직원 식대	00108	(주)가람커피		13,000	30,524,310
[일 계]						68,000	
2024-06-22	01	유류대 지급	00123	레몬트리		43,000	
2024-06-22	02	직원식대및차대 지급				5,200	
2024-06-22						743,800	29,732,310
[일 계]						792,000	
2024-06-23	01	운반비 지급		달려라퀵서비스		29,000	
2024-06-23	06	통행료지급				5,500	
2024-06-23	05	시외교통비 지급				10,000	29,687,810
[일 계]						44,500	
2024-06-24	02	직원식대	00108	(주)가람커피		126,000	
2024-06-24	01	유류대 지급	00123	레몬트리		16,000	
2024-06-24		수수료현금지급				220,000	29,325,810
[일 계]						362,000	
2024-06-29	08	급여등 지급				9,524,000	19,801,810
[일 계]						9,524,000	
2024-06-30						345,000	19,456,810
[일 계]						345,000	
[월 계]					13,552,000	13,898,700	
[누 계]					185,486,000	166,029,190	

19 조회 [전표입력/장부] – [현금출납장] – 8월 1일 ~ 8월 31일

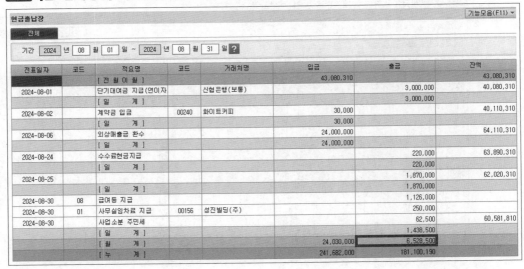

현금출납장 기능모음(F11) ▾

전체

기간 2024 년 08 월 01 일 ~ 2024 년 08 월 31 일 ?

전표일자	코드	적요명	코드	거래처명	입금	출금	잔액
		[전 월 이 월]			43,080,310		43,080,310
2024-08-01		단기대여금 지급(연이자		신협은행(보통)		3,000,000	40,080,310
[일 계]						3,000,000	
2024-08-02		계약금 입금	00240	화이트커피	30,000		40,110,310
[일 계]					30,000		
2024-08-06		외상매출금 환수			24,000,000		64,110,310
[일 계]					24,000,000		
2024-08-24		수수료현금지급				220,000	63,890,310
[일 계]						220,000	
2024-08-25						1,870,000	62,020,310
[일 계]						1,870,000	
2024-08-30	08	급여등 지급				1,126,000	
2024-08-30	01	사무실임차료 지급	00156	성진빌딩(주)		250,000	
2024-08-30		사업소분 주민세				62,500	60,581,810
[일 계]						1,438,500	
[월 계]					24,030,000	6,528,500	
[누 계]					241,682,000	181,100,190	

20 조회 [결산/재무제표 I] – [손익계산서] – 12월

손익계산서 　　　기능모음(F11)

기　간 2024 년 12 ▼ 월

과목별　　제출용　　표준(개인)용

과목	제 7(당)기 [2024/01/01 ~ 2024/12/31] 금액		제 6(전)기 [2023/01/01 ~ 2023/12/31] 금액	
I . 매　　출　　액		792,751,000		583,000,000
상　품　매　출	792,751,000		583,000,000	

21 조회 [결산/재무제표 I] – [손익계산서] – 12월

손익계산서 　　　기능모음(F11)

기　간 2024 년 12 ▼ 월

과목별　　제출용　　표준(개인)용

과목	제 7(당)기 [2024/01/01 ~ 2024/12/31] 금액		제 6(전)기 [2023/01/01 ~ 2023/12/31] 금액	
Ⅳ. 판 매 비 와 관 리 비		387,970,430		120,470,000
급　　　　　여	290,789,000		84,800,000	
복　리　후　생　비	16,073,000		6,240,000	
여　비　교　통　비	1,274,600		3,170,000	
접 대 비 (기업업무추진비)	11,584,500		520,000	
통　　신　　비	1,625,110		2,860,000	
수　도　광　열　비	6,646,520		0	
세　금　과　공　과　금	1,701,500		5,300,000	
감　가　상　각　비	0		2,100,000	
임　　차　　료	21,000,000		0	
수　　선　　비	7,366,000		0	
보　　험　　료	12,316,000		3,840,000	
차　량　유　지　비	6,594,200		8,710,000	
운　　반　　비	459,000		0	
도　서　인　쇄　비	312,000		0	
사　무　용　품　비	28,000		0	
소　　모　　품　　비	1,500,000		2,930,000	
수　　수　료　비　용	3,190,000		0	
광　고　선　전　비	5,300,000		0	
잡　　　　　비	211,000		0	

22 조회 [결산/재무제표 I] – [손익계산서] – 12월

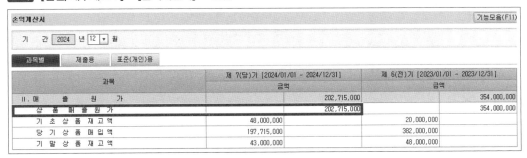

손익계산서 　　　기능모음(F11)

기　간 2024 년 12 ▼ 월

과목별　　제출용　　표준(개인)용

과목	제 7(당)기 [2024/01/01 ~ 2024/12/31] 금액		제 6(전)기 [2023/01/01 ~ 2023/12/31] 금액	
Ⅱ. 매　　출　　원　　가		202,715,000		354,000,000
상　품　매　출　원　가		202,715,000		354,000,000
기　초　상　품　재　고　액	48,000,000		20,000,000	
당　기　상　품　매　입　액	197,715,000		382,000,000	
기　말　상　품　재　고　액	43,000,000		48,000,000	

23~24 조회 [결산/재무제표 I] - [손익계산서] - 12월

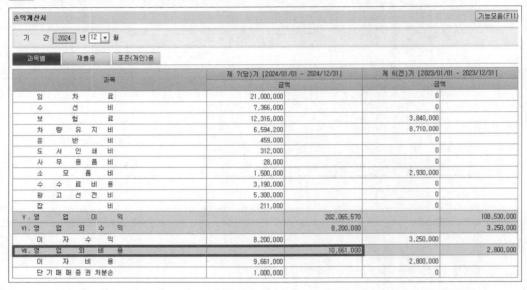

과목	제 7(당)기 [2024/01/01 ~ 2024/12/31]		제 6(전)기 [2023/01/01 ~ 2023/12/31]	
	금액		금액	
Ⅳ. 판 매 비 와 관 리 비		387,970,430		120,470,000
급 여	290,789,000		84,800,000	
복 리 후 생 비 [23]	16,073,000		6,240,000	
여 비 교 통 비	1,274,600		3,170,000	
접 대 비 (기업업무추진비)	11,584,500		520,000	
통 신 비	1,625,110		2,860,000	
수 도 광 열 비	6,646,520		0	
세 금 과 공 과 금 [24]	1,701,500		5,300,000	
감 가 상 각 비	0		2,100,000	
임 차 료	21,000,000		0	

25 조회 [결산/재무제표 I] - [손익계산서] - 12월

손익계산서   기능모음(F11)

기 간 2024 년 12 ▼ 월

과목별   제출용   표준(개인)용

과목	제 7(당)기 [2024/01/01 ~ 2024/12/31]		제 6(전)기 [2023/01/01 ~ 2023/12/31]	
	금액		금액	
임 차 료	21,000,000		0	
수 선 비	7,366,000		0	
보 험 료	12,316,000		3,840,000	
차 량 유 지 비	6,594,200		8,710,000	
운 반 비	459,000		0	
도 서 인 쇄 비	312,000		0	
사 무 용 품 비	28,000		0	
소 모 품 비	1,500,000		2,930,000	
수 수 료 비 용	3,190,000		0	
광 고 선 전 비	5,300,000		0	
잡 비	211,000		0	
Ⅴ. 영 업 이 익		202,065,570		108,530,000
Ⅵ. 영 업 외 수 익		8,200,000		3,250,000
이 자 수 익	8,200,000		3,250,000	
Ⅶ. 영 업 외 비 용		10,661,000		2,800,000
이 자 비 용	9,661,000		2,800,000	
단 기 매 매 증 권 처 분 손	1,000,000		0	

26~29 조회 [결산/재무제표 I] – [재무상태표] – 12월

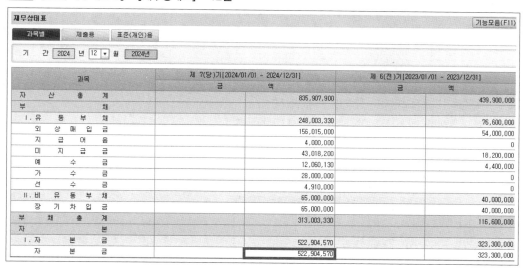

재무상태표　　　　　　　　　　　　　　　　　　　　　　　　　　　　　　　　기능모음(F11)

과목별　　제출용　　표준(개인)용

기 간 2024 년 12 ▼ 월 2024년

과목	제 7(당)기 [2024/01/01 ~ 2024/12/31] 금	액	제 6(전)기 [2023/01/01 ~ 2023/12/31] 금	액
단 기 매 매 증 권		26 70,000,000		70,000,000
외 상 매 출 금	229,121,000		91,000,000	
대 손 충 당 금	500,000	228,621,000	500,000	90,500,000
받 을 어 음		9,700,000		10,000,000
단 기 대 여 금		27 160,000,000		100,000,000
선 급 금		1,600,000		0
(2) 재 고 자 산		43,500,000		48,000,000
상 품		43,000,000		48,000,000
소 모 품		28 500,000		0
II. 비 유 동 자 산		119,611,200		25,600,000
(1) 투 자 자 산		0		0
(2) 유 형 자 산		61,611,200		20,600,000
차 량 운 반 구	25,000,000		25,000,000	
감 가 상 각 누 계 액	19,400,000	5,600,000	19,400,000	5,600,000
비 품	61,011,200		20,000,000	
감 가 상 각 누 계 액	5,000,000	56,011,200	5,000,000	15,000,000
(3) 무 형 자 산		3,000,000		0
소 프 트 웨 어		29 3,000,000		0

30 조회 [결산/재무제표 I] – [재무상태표] – 12월

재무상태표　　　　　　　　　　　　　　　　　　　　　　　　　　　　　　　　기능모음(F11)

과목별　　제출용　　표준(개인)용

기 간 2024 년 12 ▼ 월 2024년

과목	제 7(당)기 [2024/01/01 ~ 2024/12/31] 금	액	제 6(전)기 [2023/01/01 ~ 2023/12/31] 금	액
자 산 총 계		835,907,900		439,900,000
부 채				
I. 유 동 부 채		248,003,330		76,600,000
외 상 매 입 금		156,015,000		54,000,000
지 급 어 음		4,000,000		0
미 지 급 금		43,018,200		18,200,000
예 수 금		12,060,130		4,400,000
가 수 금		28,000,000		0
선 수 금		4,910,000		0
II. 비 유 동 부 채		65,000,000		40,000,000
장 기 차 입 금		65,000,000		40,000,000
부 채 총 계		313,003,330		116,600,000
자 본				
I. 자 본 금		522,904,570		323,300,000
자 본 금		522,904,570		323,300,000

31 조회 [기초정보관리] – [전기분 재무상태표]

- 유동자산 414,300,000원, 유동부채 76,600,000원 확인

∴ (414,300,000 / 76,600,000) × 100 ≒ 540%

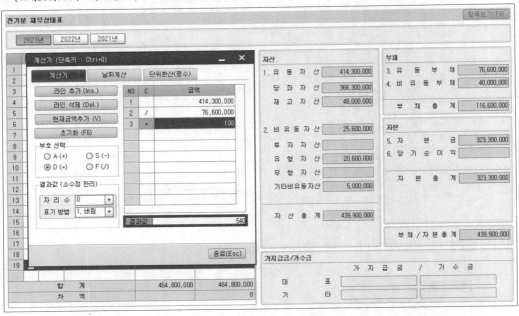

32 조회 [기초정보관리] – [전기분 손익계산서]

- 매출총이익 229,000,000원, 매출액 583,000,000원 확인

∴ (229,000,000 / 583,000,000) × 100 ≒ 39%

실무이론평가

01	02	03	04	05	06	07	08	09	10
③	③	④	②	④	④	①	①	④	④

01
- 회계처리

③	(차)	현금(자산의 증가)	500,000	(대)	대여금(자산의 감소)	500,000
①	(차)	건물(자산의 증가)	6,000,000	(대)	자산수증이익(수익의 발생)	6,000,000
②	(차)	단기차입금(부채의 감소)	300,000	(대)	현금(자산의 감소)	300,000
④	(차)	급여(비용의 발생)	2,000,000	(대)	보통예금(자산의 감소)	2,000,000

> **핵심요약** 거래의 8요소   346p

02
③ 업무용 차량의 구입을 위해 주문서를 발송한 것은 자산, 부채, 자본의 증감이나 수익, 비용을 발생시키지 않으므로 회계상의 거래에 해당하지 않는다.

> **핵심요약** 회계상 거래   346p

03
④ 경상개발비는 비용이므로 손익계산서에 표시되는 계정과목이다.
- 매출채권(외상매출금, 받을어음)과 선급비용은 당좌자산, 선수수익은 유동부채이므로 재무상태표에 표시되는 계정과목이다.

> **핵심요약** 계정과목 항목찾기   357p

04
② 보통예금(영수)과 자기앞수표(민지)는 현금및현금성자산에 해당하는 계정과목이다. 외상매출금(진우)은 매출채권, 단기매매차익을 목적으로 취득한 주식(혜민)은 단기매매증권에 해당하는 계정과목이다.

> **핵심요약** 현금및현금성자산   351p

05
- 2024년 6월 30일 건물 장부금액 = 건물 취득원가 10,000,000원 − 감가상각누계액 2,500,000원(= 2,000,000원 + 500,000원) = 7,500,000원
- ∴ 유형자산처분이익 = 처분금액 9,000,000원 − 장부금액 7,500,000원 = 1,500,000원

06 ④ 재고자산 매입과 관련된 매입할인, 매입에누리는 매입원가에서 차감하여 처리한다.

| 핵심요약 | 재고자산 매입 · 매출의 차감계정 | 353p |
| | 재고자산의 취득원가 | 353p |

07 • 매출액 = 총매출액 90,000원 − 매출할인 10,000원 − 매출에누리와 환입 5,000원 = 75,000원

| 핵심요약 | 매출원가 계산식 | 350p |
| | 재고자산 매입 · 매출의 차감계정 | 353p |

08 • 회계처리

    (차) 차량유지비　　　　　　　　　×××　　　(대) 미지급금　　　　　　　　　　×××

※ 업무용 승용차에 지출한 유류비는 차량유지비 계정으로 처리한다.

09 ④ 기말재고자산을 30,000원 과대계상한 경우 매출원가는 30,000원 과소계상되고, 당기순이익은 30,000원 과대계상된다.

| 핵심요약 | 손익계산서의 구조 | 350p |

10 • 기말 대손충당금 120,000원 = 전기이월 100,000원 − 당기 대손발생 30,000원 + 당기 대손상각비

∴ 당기 대손상각비 = 50,000원

| 핵심요약 | 대 손 | 352p |

실무수행 1 기초정보관리의 이해

① **입력** [기초정보관리] – [거래처등록]
- • [카드] 탭
  - – 코드 : 99607, 카드(사)명 : 국민카드, 카드(가맹점)번호 : 2542-1255-4150-8012, 구분 : 0.매입, 사용 : 0, 결제일 : 25일 입력

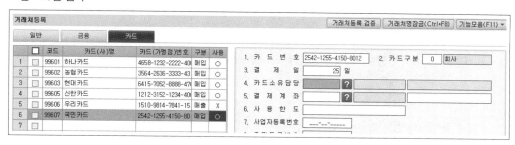

② **입력** [기초정보관리] – [거래처별초기이월]
- • [293.장기차입금] 계정 더블클릭
  - – 98004.농협은행(차입), 만기일자 : 2026-10-31, 금액 : 40,000,000원 입력
  - – 98006.카카오뱅크(차입), 만기일자 : 2026-11-30, 금액 : 50,000,000원 입력

거래처별초기이월

코드	거래처명	만기일자	차입금번호	금액
98004	농협은행(차입)	2026-10-31		40,000,000
98006	카카오뱅크(차입)	2026-11-30		50,000,000

① **입력** [전표입력/장부] - [일반전표입력] - 1월 14일

(차) 103.보통예금   2,300,000   (대) 114.단기대여금   2,000,000

     (98000.기업은행(보통))   (00102.(주)몰리스펫)

                                          901.이자수익   300,000

□	일	번호	구분	코드	계정과목	코드	거래처	적요	차변	대변
□	14	00001	차변	103	보통예금	98000	기업은행(보통)		2,300,000	
□	14	00001	대변	114	단기대여금	00102	(주)몰리스펫			2,000,000
□	14	00001	대변	901	이자수익					300,000

② **입력** [전표입력/장부] - [일반전표입력] - 2월 5일

(차) 826.도서인쇄비   20,000   (대) 101.현금   20,000

또는 (출) 826.도서인쇄비   20,000

□	일	번호	구분	코드	계정과목	코드	거래처	적요	차변	대변
□	05	00001	차변	826	도서인쇄비				20,000	
□	05	00001	대변	101	현금					20,000

③ **입력** [전표입력/장부] - [일반전표입력] - 3월 10일

(차) 146.상품   40,000,000   (대) 101.현금   10,000,000

                                          251.외상매입금   30,000,000

                                          (02003.헬로댕댕이)

□	일	번호	구분	코드	계정과목	코드	거래처	적요	차변	대변
□	10	00001	차변	146	상품				40,000,000	
□	10	00001	대변	101	현금					10,000,000
□	10	00001	대변	251	외상매입금	02003	헬로댕댕이			30,000,000

④ **입력** [전표입력/장부] - [일반전표입력] - 4월 20일

(차) 131.선급금   5,500,000   (대) 103.보통예금   5,500,000

     (00167.폴리파크)   (98003.국민은행(보통))

□	일	번호	구분	코드	계정과목	코드	거래처	적요	차변	대변
□	20	00001	차변	131	선급금	00167	폴리파크		5,500,000	
□	20	00001	대변	103	보통예금	98003	국민은행(보통)			5,500,000

⑤ **입력** [전표입력/장부] - [일반전표입력] - 5월 13일

(차) 253.미지급금   2,151,000   (대) 103.보통예금   2,151,000

     (99601.하나카드)   (98002.하나은행(보통))

□	일	번호	구분	코드	계정과목	코드	거래처	적요	차변	대변
□	13	00001	차변	253	미지급금	99601	하나카드		2,151,000	
□	13	00001	대변	103	보통예금	98002	하나은행(보통)			2,151,000

⑥   **입력** [전표입력/장부] – [일반전표입력] – 5월 28일

(차) 833.광고선전비   25,000   (대) 101.현금   25,000

또는 (출) 833.광고선전비   25,000

□	일	번호	구분	코드	계정과목	코드	거래처	적요	차변	대변
□	28	00001	차변	833	광고선전비				25,000	
□	28	00001	대변	101	현금					25,000

⑦   **입력** [전표입력/장부] – [일반전표입력] – 6월 30일

(차) 801.급여   7,000,000   (대) 254.예수금   955,610

                                           103.보통예금   6,044,390

                                         (98007.토스뱅크(보통))

□	일	번호	구분	코드	계정과목	코드	거래처	적요	차변	대변
□	30	00001	차변	801	급여				7,000,000	
□	30	00001	대변	254	예수금					955,610
□	30	00001	대변	103	보통예금	98007	토스뱅크(보통)			6,044,390

⑧   **입력** [전표입력/장부] – [일반전표입력] – 7월 31일

(차) 824.운반비   22,000   (대) 101.현금   22,000

또는 (출) 824.운반비   22,000

□	일	번호	구분	코드	계정과목	코드	거래처	적요	차변	대변
□	31	00001	차변	824	운반비				22,000	
□	31	00001	대변	101	현금					22,000

PART 3

실무수행 3　전표수정

① ［조회］ [전표입력/장부] – [일반전표입력] – 8월 15일
  • 수정 전

□	일	번호	구분	코드	계정과목	코드	거래처	적요	차변	대변
□	15	00001	출금	811	복리후생비				100,000	현금

  • 수정 후

□	일	번호	구분	코드	계정과목	코드	거래처	적요	차변	대변
□	15	00001	출금	813	접대비(기업업무추진)				100,000	현금

② ［조회］ [전표입력/장부] – [일반전표입력] – 9월 20일
  • 수정 전

□	일	번호	구분	코드	계정과목	코드	거래처	적요	차변	대변
□	20	00001	입금	108	외상매출금	00107	(주)에이스가구		현금	350,000

  • 수정 후

□	일	번호	구분	코드	계정과목	코드	거래처	적요	차변	대변
□	20	00001	입금	120	미수금	00107	(주)에이스가구		현금	350,000

※ 해당 거래는 주된 영업활동(상거래) 외의 거래에서 발생한 기타채권으로 외상매출금이 아닌 미수금으로 회계처리한다.

1   조회 [결산/재무제표 I] – [재무상태표] – 12월

• 받을어음 금액 56,900,000원 확인

• 받을어음 대손충당금 추가설정액 = 받을어음 56,900,000원 × 1% – 설정 전 대손충당금 200,000원 = 369,000원

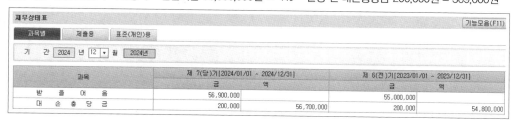

※ 받을어음에 대한 금액조회는 재무상태표 뿐만 아니라 합계잔액시산표에서도 조회 가능하다.

입력 [결산/재무제표 I] – [결산자료입력] – 1월 ~ 12월

• [매출원가 및 경비선택] 화면에서 확인(Tab) 클릭

• '4.판매비와 일반관리비 – 5).대손상각 – 받을어음'란에 369,000원 입력

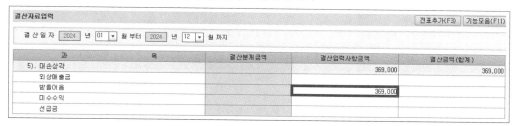

• 상품매출원가의 기말 상품 재고액란에 5,600,000원 입력

• 우측 상단의 전표추가(F3) 를 클릭하여 결산분개를 일반전표에 추가

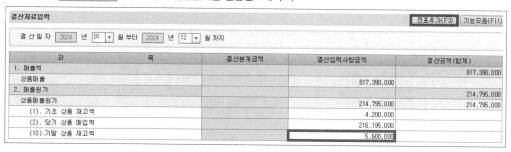

② 조회 [결산/재무제표 I] – [손익계산서] – 12월

• 우측 상단의 `기능모음(F11) ▼`을 클릭하여 '연동 – 추가 `Ctrl` + `F2`'를 클릭하여 전표 데이터 추가

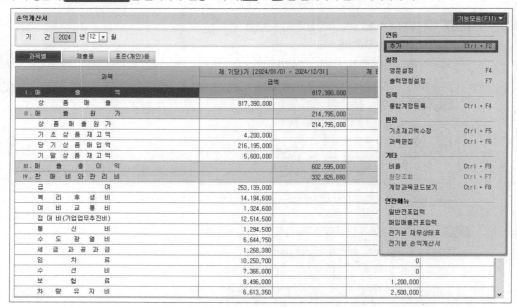

조회 [결산/재무제표 I] – [재무상태표] – 12월

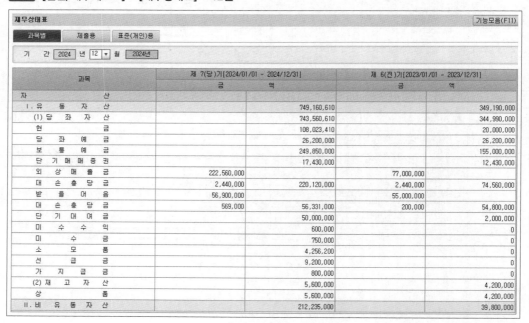

11	12	13	14	15	16
②	①	50,000,000	①	③	66,609,000
17	**18**	**19**	**20**	**21**	**22**
6,700,000	150,000	②	②	214,795,000	140,000
23	**24**	**25**	**26**	**27**	**28**
②	10,020,000	①	56,331,000	③	36,195,000
29	**30**	**31**	**32**		
5,495,490	②	③	②		

11 조회 [기초정보관리] – [거래처등록]

② 매출카드는 1개이고 매입카드는 5개이다.

12 조회 [금융/자금관리] – [예적금현황] – 12월 31일

① 98000.기업은행(보통)의 보통예금 잔액은 102,300,000원이다.

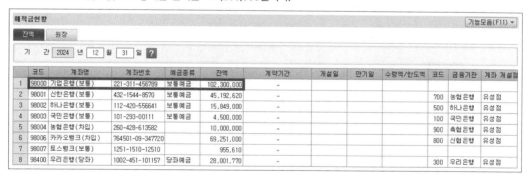

13 조회 [전표입력/장부] – [거래처원장] – 12월 1일 ~ 12월 31일

- 계정과목 : 293.장기차입금, 거래처 : 98004.농협은행(차입) 입력 후 조회

14 조회 [전표입력/장부] – [거래처원장] – 12월 1일 ~ 12월 31일

- 계정과목 : 253.미지급금, 거래처 : 99601.하나카드 입력 후 조회
- 조회 조건에 맞는 데이터가 없으므로 99601.하나카드의 미지급금 잔액은 0원이다.

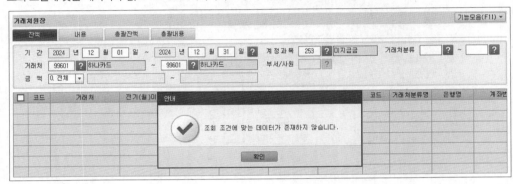

15 조회 [전표입력/장부] – [거래처원장] – 12월 1일 ~ 12월 31일

- 계정과목 : 251.외상매입금, 거래처 : 처음 ~ 끝 입력 후 조회

16 조회 [전표입력/장부] – [현금출납장] – 8월 1일 ~ 8월 31일

현금출납장 · 전체 · 기능모음(F11) ▼

기간 2024 년 08 월 01 일 ~ 2024 년 08 월 31 일

전표일자	코드	적요명	코드	거래처명	입금	출금	잔액
		[전월이월]			56,585,700		56,585,700
2024-08-03						50,000	56,535,700
		[일 계]				50,000	
2024-08-06		외상매출금 환수			24,000,000		80,535,700
		[일 계]			24,000,000		
2024-08-15						100,000	80,435,700
		[일 계]				100,000	
2024-08-24		수수료현금지급				220,000	80,215,700
		[일 계]				220,000	
2024-08-30	08	급여등 지급				9,524,000	
2024-08-30	01	사무실임차료 지급	00156	계동빌딩(주)		250,700	
2024-08-30						3,000,000	67,441,000
		[일 계]				12,774,700	
2024-08-31						460,000	
2024-08-31						372,000	66,609,000
		[일 계]				832,000	
		[월 계]			24,000,000	13,976,700	
		[누 계]			252,052,000	185,443,000	

17 조회 [전표입력/장부] – [일/월계표] – 4월 ~ 4월

일/월계표 · 계정과목코드보기(F3) · 기능모음(F11)

일계표 / 월계표

조회기간 2024 년 04 ▼ 월 ~ 2024 년 04 ▼ 월

차		변	계 정 과 목	대		변
계	대 체	현 금		현 금	대 체	계
6,700,000	6,700,000		선 급 금			

18 조회 [전표입력/장부] – [일/월계표] – 8월 ~ 8월

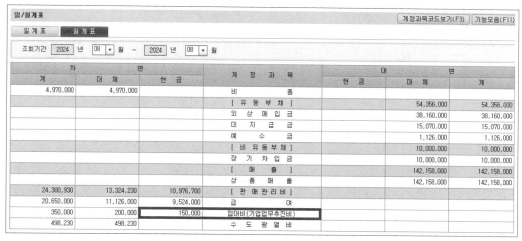

일/월계표 · 계정과목코드보기(F3) · 기능모음(F11)

일계표 / 월계표

조회기간 2024 년 08 ▼ 월 ~ 2024 년 08 ▼ 월

차		변	계 정 과 목	대		변
계	대 체	현 금		현 금	대 체	계
4,970,000	4,970,000		비 품			
			[유 동 부 채]		54,356,000	54,356,000
			외 상 매 입 금		38,160,000	38,160,000
			미 지 급 금		15,070,000	15,070,000
			예 수 금		1,126,000	1,126,000
			[비 유 동 부 채]		10,000,000	10,000,000
			장 기 차 입 금		10,000,000	10,000,000
			[매 출]		142,158,000	142,158,000
			상 품 매 출		142,158,000	142,158,000
24,300,930	13,324,230	10,976,700	[판 매 관 리 비]			
20,650,000	11,126,000	9,524,000	급 여			
350,000	200,000	150,000	접대비(기업업무추진비)			
498,230	498,230		수 도 광 열 비			

19 조회 [전표입력/장부] – [총계정원장]

• 계정과목 : 146.상품 입력 후 조회

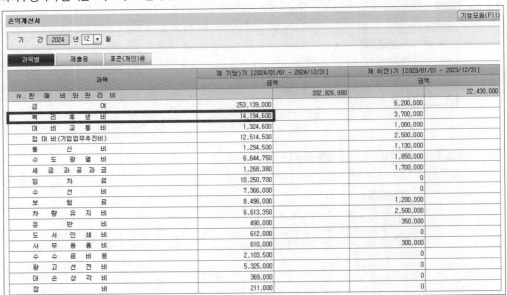

20 조회 [결산/재무제표Ⅰ] – [손익계산서] – 12월

• 복리후생비의 금액은 14,194,600원이다.

과목	제 7(당)기 [2024/01/01 ~ 2024/12/31] 금액		제 6(전)기 [2023/01/01 ~ 2023/12/31] 금액	
Ⅳ. 판 매 비 와 관 리 비		332,826,880		22,430,000
급 여	253,139,000		6,200,000	
복 리 후 생 비	14,194,600		3,700,000	
여 비 교 통 비	1,324,600		1,000,000	
접 대 비(기업업무추진비)	12,514,500		2,500,000	
통 신 비	1,294,500		1,130,000	
수 도 광 열 비	6,644,750		1,850,000	
세 금 과 공 과 금	1,268,380		1,700,000	
임 차 료	10,250,700		0	
수 선 비	7,366,000		0	
보 험 료	8,496,000		1,200,000	
차 량 유 지 비	6,613,350		2,500,000	
운 반 비	490,000		350,000	
도 서 인 쇄 비	612,000		0	
사 무 용 품 비	610,000		300,000	
수 수 료 비 용	2,103,500		0	
광 고 선 전 비	5,325,000		0	
대 손 상 각 비	369,000		0	
잡 비	211,000		0	

21 조회 [결산/재무제표 I] – [손익계산서] – 12월

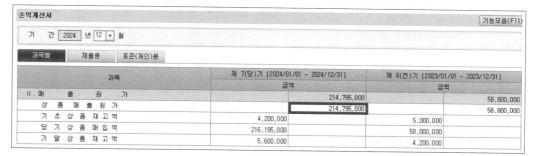

22~24 조회 [결산/재무제표 I] – [손익계산서] – 12월

• 22. 운반비의 전기 대비 증가액 = 당기 490,000원 − 전기 350,000원 = 140,000원

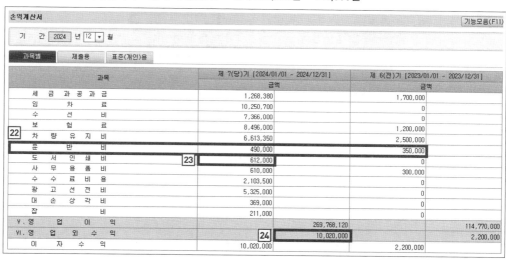

25~27 조회 [결산/재무제표Ⅰ] – [재무상태표] – 12월

- 26. 받을어음 장부금액 = 받을어음 56,900,000원 – 대손충당금 569,000원 = 56,331,000원
- 27. 미수금 잔액은 750,000원이다.

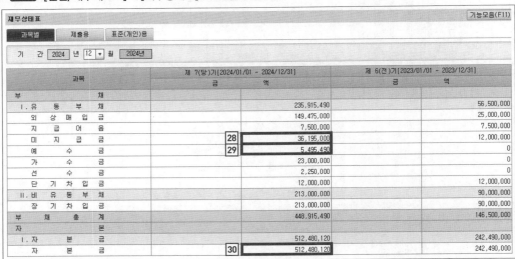

28~30 조회 [결산/재무제표Ⅰ] – [재무상태표] – 12월

31 조회 [기초정보관리] – [전기분 재무상태표]

- 부채총계 146,500,000원, 자기자본(자본총계) 242,490,000원 확인

∴ (146,500,000 / 242,490,000) × 100 ≒ 60%

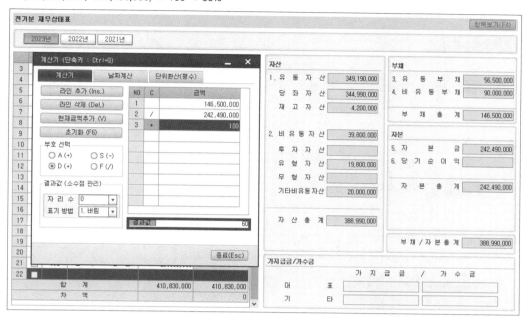

32 조회 [기초정보관리] – [전기분 손익계산서]

- 영업이익 114,770,000원, 매출액 196,000,000원 확인

∴ (114,770,000 / 196,000,000) × 100 ≒ 58%

실무이론평가

01	02	03	04	05	06	07	08	09	10
④	②	③	④	①	②	①	④	①	④

01
- 회계처리

  (차) 기계장치(자산의 증가)　　　50,000,000　　(대) 현금(자산의 감소)　　　50,000,000

  `핵심요약` 거래의 8요소　　　346p

02
- ② 판매목적으로 보유하고 있는 상품은 재고자산으로 분류된다.
- ① 정기예금, ③ 받을어음, ④ 단기매매증권은 당좌자산으로 분류된다.

  `핵심요약` 계정과목 항목찾기　　　357p

03
- 건물의 취득원가 = 취득대금 80,000,000원 + 중개수수료 1,000,000원 + 취득세 3,600,000원 = 84,600,000원
- 재산세는 유형자산 취득과 직접 관련된 제세공과금이 아니므로 당기비용으로 처리한다.

  `핵심요약` 유형자산의 취득원가　　　354p

04
- 회계처리

  (차) 현 금　　　1,000,000　　(대) 선수금　　　1,000,000
- 유형자산을 처분하기로 하고 계약금을 받았으므로 대변에 '선수금' 계정으로 회계처리한다. 유형자산을 구매하고 계약금을 지급하는 경우 차변에 '선급금' 계정으로 회계처리한다.

05
- 3월 31일 대손충당금 잔액 = 1월 1일 대손충당금 잔액 200,000원 – 매출채권 회수불능액 150,000원 = 50,000원

  `핵심요약` 대 손　　　352p

06
- 가. 매출채권(유동자산), 나. 매입채무(유동부채), 마. 선수수익(유동부채)은 재무상태표 계정과목이다.
- 다. 광고선전비(판매비와관리비), 라. 수수료수익(영업외수익)은 손익계산서 계정과목이다.

  `핵심요약` 매출채권과 매입채무　　　352p
  　　　　　계정과목 항목찾기　　　357p

07   • 매출원가 = 기초상품재고액 200,000원 + 당기 총매입액 400,000원 − 매입에누리 40,000원 − 기말상품재고액
150,000원 = 410,000원

핵심요약	매출원가 계산식	350p

08   • 회계처리

(차) 임차보증금	50,000,000	(대) 현금 등	50,000,000

• 사무실을 임차하면서 임대인에게 지급하는 보증금은 임차보증금으로 회계처리한다.

09   • 4월 1일 회계처리

(차) 현 금	2,400,000	(대) 임대료수익	2,400,000

• 결산회계처리

(차) 임대료수익	600,000	(대) 선수수익	600,000

※ 선수수익 = 2,400,000원 × 3개월/12개월 = 600,000원

10   ④ 단기매매증권처분손실은 영업외비용으로 손익계산서에 표시되는 계정과목이다.

• 개발비는 무형자산, 미지급비용과 선수수익은 유동부채로 재무상태표에 표시되는 계정과목이다.

핵심요약	계정과목 항목찾기	357p

실무수행 1   기초정보관리의 이해

① **입력** [기초정보관리] – [거래처등록]

- [기본사항] 탭
  - 5.종목 : 기계제작 → 운동기구로 수정입력

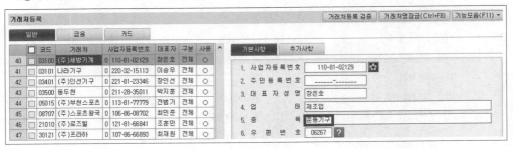

- [추가사항] 탭
  - 4.담당자메일주소 : health@naver.com → sebang@naver.com으로 수정입력

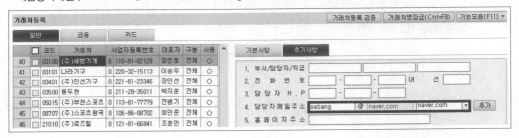

② **입력** [기초정보관리] – [거래처별초기이월]

- [108.외상매출금] 계정
  - 00106.건강지킴이 금액 : 35,000,000원 → 47,500,000원으로 수정입력
  - 03004.클라우드 금액 : 38,000,000원 → 25,500,000원으로 수정입력

	코드	계정과목	전기분재무상태표	차 액	거래처합계금액		코드	거래처	금액
1	101	현금	10,000,000	10,000,000			00106	건강지킴이	47,500,000
2	103	보통예금	254,780,000		254,780,000		00120	금강기술	22,000,000
3	108	외상매출금	95,000,000		95,000,000		03004	클라우드	25,500,000

• [253.미지급금] 계정

　− 02507.(주)소호상사 : 8,000,000원 추가입력

거래처별초기이월							기능모음(F11) ▼	
	코드	계정과목	전기분재무상태표	차　액	거래처합계금액	코드	거래처	금액
1	101	현금	10,000,000	10,000,000		00110	한얼회계법인	1,700,000
2	103	보통예금	254,780,000		254,780,000	02507	(주)소호상사	8,000,000
3	108	외상매출금	95,000,000		95,000,000			
4	109	대손충당금	9,500,000	9,500,000				
5	110	받을어음	12,928,000		12,928,000			
6	111	대손충당금	129,000	129,000				
7	146	상품	57,000,000	57,000,000				
8	208	차량운반구	60,000,000	60,000,000				
9	209	감가상각누계액	12,000,000	12,000,000				
10	212	비품	12,000,000	12,000,000				
11	251	외상매입금	29,900,000	16,200,000	13,700,000			
12	252	지급어음	5,300,000		5,300,000			
13	253	미지급금	9,700,000		9,700,000			
14	254	예수금	889,000	889,000				

① **입력** [전표입력/장부] – [일반전표입력] – 2월 6일

(차) 822.차량유지비   25,000   (대) 101.현금   25,000

또는 (출) 822.차량유지비   25,000

□	일	번호	구분	코드	계정과목	코드	거래처	적요	차변	대변
□	06	00001	차변	822	차량유지비				25,000	
□	06	00001	대변	101	현금					25,000

② **입력** [전표입력/장부] – [일반전표입력] – 3월 5일

(차) 962.임차보증금   50,000,000   (대) 103.보통예금   50,000,000

(00107.김하늘)   (98002.신한은행(보통))

□	일	번호	구분	코드	계정과목	코드	거래처	적요	차변	대변
□	05	00001	차변	962	임차보증금	00107	김하늘		50,000,000	
□	05	00001	대변	103	보통예금	98002	신한은행(보통)			50,000,000

③ **입력** [전표입력/장부] – [일반전표입력] – 4월 22일

(차) 812.여비교통비   265,000   (대) 134.가지급금   300,000

    101.현금   35,000   (02020.민경진)

□	일	번호	구분	코드	계정과목	코드	거래처	적요	차변	대변
□	22	00001	차변	812	여비교통비				265,000	
□	22	00001	차변	101	현금				35,000	
□	22	00001	대변	134	가지급금	02020	민경진			300,000

※ 4월 17일 전표 조회 시 가지급금 300,000원이 지급되었음이 확인된다.

④ **입력** [전표입력/장부] – [일반전표입력] – 5월 14일

(차) 110.받을어음   5,000,000   (대) 108.외상매출금   5,000,000

(03004.클라우드)   (03004.클라우드)

□	일	번호	구분	코드	계정과목	코드	거래처	적요	차변	대변
□	14	00001	차변	110	받을어음	03004	클라우드		5,000,000	
□	14	00001	대변	108	외상매출금	03004	클라우드			5,000,000

- 받을어음 클릭 후 F3를 눌러 어음관리 화면 활성화
- 어음종류 : 6.전자, 어음번호 : 00420240514123456789, 만기일 : 2024-07-13, 지급은행 : 100.국민은행, 지점 : 강남 입력

● 받을어음 관리								삭제(F5)
어음상태	1 보관	**어음종류**	6 전자	**어음번호**	00420240514123456789		**수취구분**	1 자수
발 행 인	03004	클라우드		**발 행 일**	2024-05-14	**만 기 일**	2024-07-13	배 서 인
지 급 은 행	100	국민은행	지 점	강남	할 인 기 관		지 점	할 인 율(%)
지급거래처					* 수령된 어음을 타거래처에 지급하는 경우에 입력합니다.			

⑤ **입력** [전표입력/장부] - [일반전표입력] - 6월 7일

(차) 107.단기매매증권　　　　　　　3,000,000　　(대) 103.보통예금　　　　　　　3,012,000

　　958.수수료비용　　　　　　　　　12,000　　　　(98005.기업은행(보통))

	일	번호	구분	코드	계정과목	코드	거래처	적요	차변	대변
☐	07	00001	차변	107	단기매매증권				3,000,000	
☐	07	00001	차변	958	수수료비용				12,000	
☐	07	00001	대변	103	보통예금	98005	기업은행(보통)			3,012,000

⑥ **입력** [전표입력/장부] - [일반전표입력] - 7월 20일

(차) 212.비품　　　　　　　　　　1,800,000　　(대) 253.미지급금　　　　　　　1,800,000

　　　　　　　　　　　　　　　　　　　　　　(01016.(주)우리전자)

	일	번호	구분	코드	계정과목	코드	거래처	적요	차변	대변
☐	20	00001	차변	212	비품				1,800,000	
☐	20	00001	대변	253	미지급금	01016	(주)우리전자			1,800,000

⑦ **입력** [전표입력/장부] - [일반전표입력] - 8월 10일

(차) 833.광고선전비　　　　　　　　240,000　　(대) 253.미지급금　　　　　　　　240,000

　　　　　　　　　　　　　　　　　　　　　　(99601.신한카드)

	일	번호	구분	코드	계정과목	코드	거래처	적요	차변	대변
☐	10	00001	차변	833	광고선전비				240,000	
☐	10	00001	대변	253	미지급금	99601	신한카드			240,000

⑧ **입력** [전표입력/장부] - [일반전표입력] - 9월 13일

(차) 103.보통예금　　　　　　　　　360,000　　(대) 259.선수금　　　　　　　　　360,000

　　(98001.국민은행(보통))　　　　　　　　　(00108.(주)가람가람)

	일	번호	구분	코드	계정과목	코드	거래처	적요	차변	대변
☐	13	00001	차변	103	보통예금	98001	국민은행(보통)		360,000	
☐	13	00001	대변	259	선수금	00108	(주)가람가람			360,000

실무수행 3 전표수정

① 조회 [전표입력/장부] – [일반전표입력] – 10월 15일
  • 수정 전

	일	번호	구분	코드	계정과목	코드	거래처	적요	차변	대변
☐	15	00001	차변	103	보통예금	98002	신한은행(보통)	단기대여금 이자입금	300,000	
☐	15	00001	대변	114	단기대여금	00102	에코전자	단기대여금 이자입금		300,000

  • 수정 후

	일	번호	구분	코드	계정과목	코드	거래처	적요	차변	대변
☐	15	00001	차변	103	보통예금	98002	신한은행(보통)	단기대여금 이자입금	300,000	
☐	15	00001	대변	901	이자수익			단기대여금 이자입금		300,000

② 조회 [전표입력/장부] – [일반전표입력] – 11월 4일
  • 수정 전

	일	번호	구분	코드	계정과목	코드	거래처	적요	차변	대변
☐	4	00001	차변	208	차량운반구			자동차세 납부	460,000	
☐	4	00001	대변	103	보통예금	98001	국민은행(보통)	자동차세 납부		460,000

  • 수정 후

	일	번호	구분	코드	계정과목	코드	거래처	적요	차변	대변
☐	4	00001	차변	817	세금과공과금			자동차세 납부	460,000	
☐	4	00001	대변	103	보통예금	98001	국민은행(보통)	자동차세 납부		460,000

※ 취득과 직접 관련된 제세공과금이 아니기 때문에 '차량운반구'로 회계처리 하지 않는다.

실무수행 4 결산

① **입력** [전표입력/장부] – [일반전표입력] – 12월 31일

(차) 116.미수수익   420,000   (대) 901.이자수익   420,000

☐	일	번호	구분	코드	계정과목	코드	거래처	적요	차변	대변
☐	31	00001	차변	116	미수수익				420,000	
☐	31	00001	대변	901	이자수익					420,000

입력 [결산/재무제표 I] – [결산자료입력] – 1월 ~ 12월
- [매출원가 및 경비선택] 화면에서 **확인(Tab)** 클릭
- 상품매출원가의 기말 상품 재고액란에 29,000,000원 입력
- 우측 상단의 **전표추가(F3)** 를 클릭하여 결산분개를 일반전표에 추가

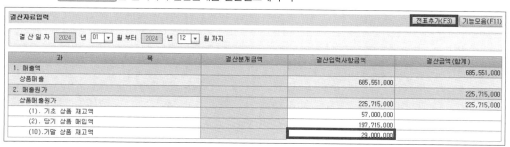

② **조회** [결산/재무제표 I] – [손익계산서] – 12월
- 우측 상단의 **기능모음(F11) ▼** 을 클릭하여 '연동 – 추가(Ctrl + F2)'를 클릭하여 전표 데이터 추가

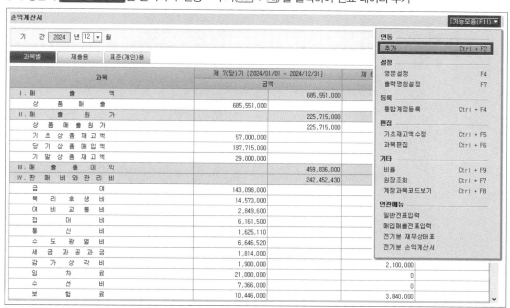

재무상태표　　　　　　　　　　　　　　　　　　　　　　　　　　　　　　　　　　　기능모음(F11)

| 과목별 | 제출용 | 표준(개인)용 |

기　간　2024　년　12　▼　월　　2024년

과목	제 7(당)기[2024/01/01 ~ 2024/12/31]		제 6(전)기[2023/01/01 ~ 2023/12/31]	
	금	액	금	액
자　　　　　　　　　산				
Ⅰ.유　동　자　산		607,259,700		420,079,000
(1) 당　좌　자　산		578,259,700		363,079,000
현　　　　　금		58,500,700		10,000,000
당　좌　예　금		7,628,000		0
보　통　예　금		321,469,000		254,780,000
단 기 매 매 증 권		11,000,000		0
외　상　매　출　금	167,571,000		95,000,000	
대　손　충　당　금	9,500,000	158,071,000	9,500,000	85,500,000
받　을　어　음	9,700,000		12,928,000	
대　손　충　당　금	129,000	9,571,000	129,000	12,799,000
단　기　대　여　금		10,000,000		0
미　수　수　익		420,000		0
선　　급　　금		1,600,000		0
(2) 재　고　자　산		29,000,000		57,000,000
상　　　　　품		29,000,000		57,000,000
Ⅱ.비　유　동　자　산		231,261,200		90,000,000
(1) 투　자　자　산		0		0
(2) 유　형　자　산		100,911,200		60,000,000
차　량　운　반　구	60,000,000		60,000,000	

11	12	13	14	15	16
②	2,119,400	5,810,000	③	03050	②
17	18	19	20	21	22
26,950,700	130,350,000	11,000,000	25,000,000	147,405,000	9,571,000
23	24	25	26	27	28
1,600,000	③	225,715,000	④	1,814,000	1,670,000
29	30	31	32		
④	8,000,000	②	①		

11　[조회] [기초정보관리] – [거래처등록]

② 03100.(주)세방기계의 메일주소는 'sebang@naver.com'이다.

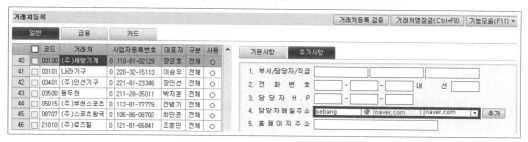

12　[조회] [전표입력/장부] – [일/월계표] – 1월 ~ 3월

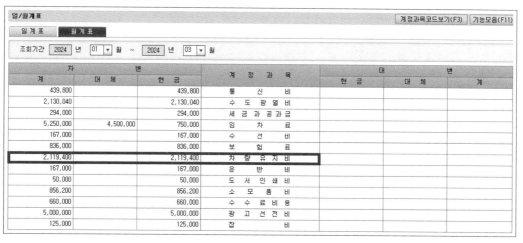

13 조회 [전표입력/장부] - [계정별원장] - 9월 1일 ～ 9월 30일

• 계정과목 : 259.선수금, 금액 : 0.전체 입력 후 조회

14 조회 [전표입력/장부] - [거래처원장] - 5월 1일 ～ 5월 31일

• 계정과목 : 108.외상매출금, 거래처 : 처음 ～ 끝 입력 후 조회

15 조회 [전표입력/장부] - [거래처원장] - 6월 1일 ～ 6월 30일

• 계정과목 : 134.가지급금, 거래처 : 처음 ～ 끝 입력 후 조회

16 조회 [전표입력/장부] – [거래처원장] – 7월 1일 ~ 7월 31일

- 계정과목 : 253.미지급금, 거래처 : 처음 ~ 끝 입력 후 조회

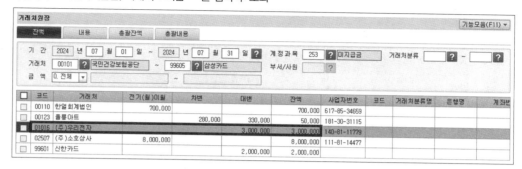

17 조회 [전표입력/장부] – [현금출납장] – 2월 1일 ~ 2월 29일

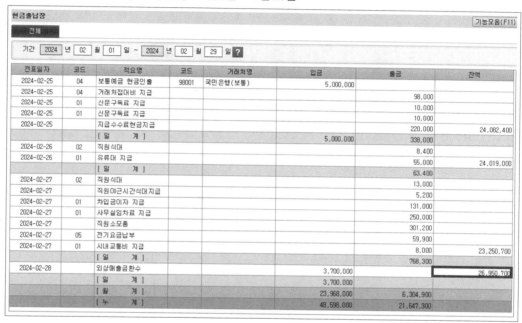

18~19 조회 [결산/재무제표 I] – [재무상태표] – 6월

재무상태표   기능모음(F11)

과목별 | 제출용 | 표준(개인)용

기 간 2024 년 06 ▼ 월 2024년

과목	제 7(당)기[2024/01/01 ~ 2024/06/30] 금	액	제 6(전)기[2023/01/01 ~ 2023/12/31] 금	액
단 기 매 매 증 권		[19] 11,000,000		0
외 상 매 출 금	163,685,000		95,000,000	
대 손 충 당 금	9,500,000	154,185,000	9,500,000	85,500,000
받 을 어 음	5,000,000		12,928,000	
대 손 충 당 금	129,000	4,871,000	129,000	12,799,000
가 지 급 금		200,000		0
(2) 재 고 자 산		182,380,000		57,000,000
상 품		182,380,000		57,000,000
II. 비 유 동 자 산		226,250,000		90,000,000
(1) 투 자 자 산		0		0
(2) 유 형 자 산		95,900,000		60,000,000
차 량 운 반 구	60,000,000		60,000,000	
감 가 상 각 누 계 액	12,000,000	48,000,000	12,000,000	48,000,000
비 품		47,900,000		12,000,000
(3) 무 형 자 산		0		0
(4) 기 타 비 유 동 자 산		[18] 130,350,000		30,000,000
임 차 보 증 금		130,000,000		30,000,000
기 타 보 증 금		350,000		0

20 조회 [결산/재무제표 I] – [재무상태표] – 6월

재무상태표   기능모음(F11)

과목별 | 제출용 | 표준(개인)용

기 간 2024 년 06 ▼ 월 2024년

과목	제 7(당)기[2024/01/01 ~ 2024/06/30] 금	액	제 6(전)기[2023/01/01 ~ 2023/12/31] 금	액
부 채				
I. 유 동 부 채		133,506,000		103,789,000
외 상 매 입 금		115,995,000		29,900,000
지 급 어 음		4,000,000		5,300,000
미 지 급 금		8,700,000		9,700,000
예 수 금		1,361,000		889,000
가 수 금		3,000,000		0
선 수 금		450,000		0
단 기 차 입 금		0		58,000,000
II. 비 유 동 부 채		25,000,000		0
장 기 차 입 금		25,000,000		0
부 채 총 계		158,506,000		103,789,000

21 조회 [결산/재무제표 I] – [재무상태표] – 9월

재무상태표   기능모음(F11)

과목별 | 제출용 | 표준(개인)용

기 간 2024 년 09 ▼ 월 2024년

과목	제 7(당)기[2024/01/01 ~ 2024/09/30] 금	액	제 6(전)기[2023/01/01 ~ 2023/12/31] 금	액
부 채				
I. 유 동 부 채		179,700,200		103,789,000
외 상 매 입 금		147,405,000		29,900,000

22~23 　조회　[결산/재무제표 I] – [재무상태표] – 12월

- 22. 받을어음 장부금액 = 받을어음 9,700,000원 – 대손충당금 129,000원 = 9,571,000원

<table>
<tr><td colspan="2" rowspan="2">재무상태표</td><td colspan="3"></td><td align="right">기능모음(F11)</td></tr>
<tr></tr>
</table>

과목별	제출용	표준(개인)용

기 간 2024 년 12 ▼ 월 2024년

과목	제 7(당)기 [2024/01/01 ~ 2024/12/31]		제 6(전)기 [2023/01/01 ~ 2023/12/31]	
	금	액	금	액
받 을 어 음	9,700,000		12,928,000	
대 손 충 당 금	129,000	9,571,000 **22**	129,000	12,799,000
단 기 대 여 금		10,000,000		0
미 수 수 익		420,000		0
선 급 금		1,600,000 **23**		0
(2) 재 고 자 산		29,000,000		57,000,000
상 품		29,000,000		57,000,000

24 　조회　[결산/재무제표 I] – [재무상태표] – 12월

재무상태표　　　　　　　　　　　　　　　　기능모음(F11)

과목별	제출용	표준(개인)용

기 간 2024 년 12 ▼ 월 2024년

과목	제 7(당)기 [2024/01/01 ~ 2024/12/31]		제 6(전)기 [2023/01/01 ~ 2023/12/31]	
	금	액	금	액
부 채				
I. 유 동 부 채		186,600,330		103,789,000
외 상 매 입 금		136,095,000		29,900,000
지 급 어 음		4,000,000		5,300,000
미 지 급 금		30,535,200		9,700,000
예 수 금		5,280,130		889,000
가 수 금		3,000,000		0
선 수 금		7,690,000		0
단 기 차 입 금		0		58,000,000
II. 비 유 동 부 채		25,000,000		0
장 기 차 입 금		25,000,000		0
부 채 총 계		211,600,330		103,789,000
자 본				
I. 자 본 금		626,920,570		406,290,000
자 본 금		626,920,570		406,290,000

25 　조회　[결산/재무제표 I] – [손익계산서] – 12월

손익계산서　　　　　　　　　　　　　　　　기능모음(F11)

기 간 2024 년 12 ▼ 월

과목별	제출용	표준(개인)용

과목	제 7(당)기 [2024/01/01 ~ 2024/12/31]	제 6(전)기 [2023/01/01 ~ 2023/12/31]
	금액	금액
II. 매 출 원 가	225,715,000	345,000,000
상 품 매 출 원 가	225,715,000	345,000,000

26~27 조회 [결산/재무제표 I] - [손익계산서] - 12월

손익계산서   기능모음(F11)

기 간 [2024] 년 [12 ▼] 월

[과목별] [제출용] [표준(개인)용]

과목	제 7(당)기 [2024/01/01 ~ 2024/12/31] 금액	제 6(전)기 [2023/01/01 ~ 2023/12/31] 금액
IV. 판 매 비 와 관 리 비	242,452,430	120,470,000
급　　　　　　여	143,098,000	84,800,000
복 리 후 생 비	14,573,000	6,240,000
여 비 교 통 비	2,849,600	3,170,000
접 　 대 　 비	6,161,500	520,000
통 　 신 　 비	1,625,110	2,860,000
수 도 광 열 비	6,646,520	0
세 금 과 공 과 금 [27]	1,814,000	5,300,000
감 가 상 각 비	1,900,000	2,100,000
임 　 차 　 료	21,000,000	0
수 　 선 　 비	7,366,000	0
보 　 험 　 료	10,446,000	3,840,000
차 량 유 지 비	6,613,700	8,710,000
운 　 반 　 비	5,930,000	0
도 서 인 쇄 비	288,000	0
소 　 모 　 품 　 비	3,200,000	2,930,000
수 수 료 비 용	3,190,000	0
광 고 선 전 비 [26]	5,540,000	0
잡 　　　 비	211,000	0

28 조회 [결산/재무제표 I] - [손익계산서] - 12월

• 이자수익 증가 금액 = 당기분 4,920,000원 - 전기분 3,250,000원 = 1,670,000원

손익계산서   기능모음(F11)

기 간 [2024] 년 [12 ▼] 월

[과목별] [제출용] [표준(개인)용]

과목	제 7(당)기 [2024/01/01 ~ 2024/12/31] 금액	제 6(전)기 [2023/01/01 ~ 2023/12/31] 금액
감 가 상 각 비	1,900,000	2,100,000
임 　 차 　 료	21,000,000	0
수 　 선 　 비	7,366,000	0
보 　 험 　 료	10,446,000	3,840,000
차 량 유 지 비	6,613,700	8,710,000
운 　 반 　 비	5,930,000	0
도 서 인 쇄 비	288,000	0
소 　 모 　 품 　 비	3,200,000	2,930,000
수 수 료 비 용	3,190,000	0
광 고 선 전 비	5,540,000	0
잡 　　　 비	211,000	0
V. 영 　 업 　 이 　 익	217,383,570	117,530,000
VI. 영 　 업 　 외 　 수 　 익	4,920,000	3,250,000
이 　 자 　 수 　 익	4,920,000	3,250,000
VII. 영 　 업 　 외 　 비 　 용	1,673,000	2,800,000
이 　 자 　 비 　 용	1,661,000	2,800,000
수 수 료 비 용	12,000	0

29 조회 [금융/자금관리] − [예적금현황] − 12월 31일

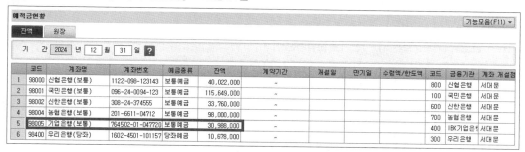

	코드	계좌명	계좌번호	예금종류	잔액	계약기간	개설일	만기일	수령액/한도액	코드	금융기관	계좌 개설점
1	98000	신협은행(보통)	1122-098-123143	보통예금	40,022,000	~				800	신협은행	서대문
2	98001	국민은행(보통)	096-24-0094-123	보통예금	115,649,000	~				100	국민은행	서대문
3	98002	신한은행(보통)	308-24-374555	보통예금	33,760,000	~				600	신한은행	서대문
4	98004	농협은행(보통)	201-6611-04712	보통예금	98,000,000	~				700	농협은행	서대문
5	98005	기업은행(보통)	764502-01-047720	보통예금	30,988,000	~				400	IBK기업은행	서대문
6	98400	우리은행(당좌)	1602-4501-101157	당좌예금	10,678,000	~				300	우리은행	서대문

30 조회 [금융/자금관리] − [받을어음현황]

• 조회구분 : 1.일별, 1.만기일 : 2024년 1월 1일 ~ 2024년 12월 31일, 거래처 : 처음 ~ 끝 입력 후 조회

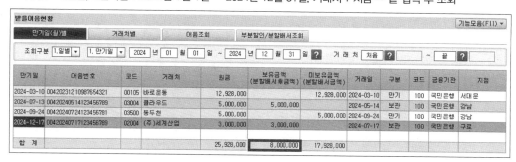

만기일	어음번호	코드	거래처	원금	보유금액 (분할배서후금액)	미보유금액 (분할배서금액)	거래일	구분	코드	금융기관	지점
2024-03-10	00420231210987654321	00105	바로운동	12,928,000		12,928,000	2024-03-10	만기	100	국민은행	서대문
2024-07-13	00420240514123456789	03004	클라우드	5,000,000	5,000,000		2024-05-14	보관	100	국민은행	강남
2024-09-24	00420240724123456781	03500	동두천	5,000,000		5,000,000	2024-09-24	만기	100	국민은행	강남
2024-12-17	00420240717123456789	02004	(주)세계산업	3,000,000	3,000,000		2024-07-17	보관	100	국민은행	구로
합 계				25,928,000	8,000,000	17,928,000					

31 조회 [기초정보관리] – [전기분 손익계산서]

- 매출총이익 238,000,000원, 매출액 583,000,000원 확인

∴ (238,000,000 / 583,000,000) × 100 ≒ 40%

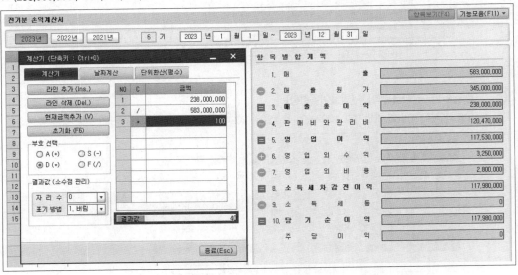

32 조회 [기초정보관리] – [전기분 손익계산서]

- 영업이익 117,530,000원, 매출액 583,000,000원 확인

∴ (117,530,000 / 583,000,000) × 100 ≒ 20%

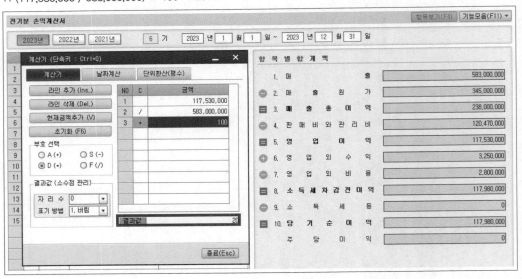

부 록

핵심요약집
[이론 + 실무]

CHAPTER 01 회계원리

CHAPTER 02 실무 TIP

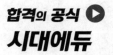
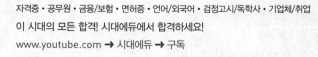

01 회계원리

01 기본개념

(1) 재무회계와 관리회계 비교

구 분	재무회계	관리회계
목 적	외부정보이용자의 경제적 의사결정에 유용한 정보 제공(투자결정, 신용결정 등)	경영자의 관리적 의사결정에 유용한 정보 제공
정보이용자	주주, 투자자, 채권자 등 외부정보이용자	경영자, 종업원 등 내부정보이용자
보고양식	재무제표	일정한 양식 없음
작성근거	일반적으로 인정된 회계원칙	일정한 양식 없음

(2) 재무정보의 질적특성

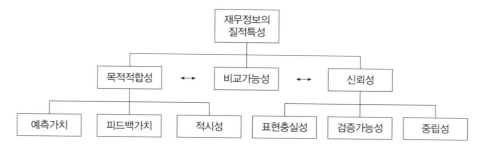

(3) 회계상 거래 [기출] 63-2, 68-2, 73-2

회계상 거래란 기업의 경영활동에서 자산 · 부채 · 자본의 증감, 수익 · 비용의 발생을 일으키는 모든 사건으로 화폐단위로 측정이 가능한 거래를 말한다.

구 분	내 용	일상거래
회계상 거래 ○	• 상품의 화재 · 도난 · 파손 • 현금의 분실 • 건물 · 차량 등의 가치 감소 • 채권의 회수불능 등	×
	• 상품의 매입 · 매출 • 현금의 수입 · 지출 • 비용의 지급 • 수익의 수입 등	○
회계상 거래 ×	• 건물의 임대차계약 • 상품의 매매계약 • 상품의 주문 • 약 속 • 종업원의 고용 • 부동산의 담보설정 등	○

(4) 거래의 종류 [기출] 69-2

교환거래	자산, 부채, 자본의 변동에만 영향을 미치는 거래
손익거래	수익과 비용에 영향을 미치는 거래
혼합거래	교환거래와 손익거래가 혼합되어 발생하는 거래

(5) 거래의 8요소 [기출] 59-1, 59-8, 59-10, 61-1, 65-1, 65-2, 66-1, 68-1, 68-10, 69-2, 71-1, 73-1, 75-1

차 변	대 변
자산의 증가	자산의 감소
부채의 감소	부채의 증가
자본의 감소	자본의 증가
비용의 발생	수익의 발생

(6) 회계의 순환과정 기출 66-4

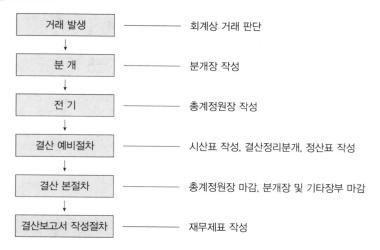

거래 발생	———	회계상 거래 판단
↓		
분 개	———	분개장 작성
↓		
전 기	———	총계정원장 작성
↓		
결산 예비절차	———	시산표 작성, 결산정리분개, 정산표 작성
↓		
결산 본절차	———	총계정원장 마감, 분개장 및 기타장부 마감
↓		
결산보고서 작성절차	———	재무제표 작성

(7) 재무제표의 종류와 정의

종 류	정 의
재무상태표	일정 시점의 재무상태(자산, 부채, 자본)를 나타내는 보고서
손익계산서	일정 기간의 경영성과(수익, 비용)를 나타내는 보고서
자본변동표	일정 기간의 자본의 크기·변동에 관한 포괄적 정보를 나타내는 보고서
현금흐름표	일정 기간의 현금흐름(유입과 유출)을 나타내는 보고서
주 석	재무상태표상 과목 또는 금액에 기호나 번호를 붙여 보충설명하는 것

(8) 회계등식 기출 66-7

종 류	계산식
재무상태표 등식	자산 = 부채 + 자본
손익계산서 등식	수익 − 비용 = 당기순이익
재산법 등식	기초자본 + 당기순이익 = 기말자본 기초자본 = 기말자본 + 당기순손실
시산표 등식	기말자산 + 총비용 = 기말부채 + 기초자본 + 총수익

(9) 회계의 기본가정 `기출` 66-3

구 분	내 용
기업실체의 가정	• 기업을 소유주와는 독립적으로 존재하는 회계단위로 간주 • 이 회계단위의 관점에서 그 경제활동에 대한 재무정보를 측정 · 보고하는 것
계속기업의 가정	• 기업실체는 그 목적과 의무를 이행하기에 충분할 정도로 장기간 존속한다고 가정하는 것 • 기업실체는 그 경영활동을 청산하거나 중대하게 축소시킬 의도가 없을 뿐 아니라 청산이 요구되는 상황도 없다고 가정
기간별 보고의 가정	기업실체의 존속기간을 일정한 기간 단위로 분할하여 각 기간별로 재무제표를 작성하는 것

---

02   재무제표

(1) 재무제표의 기본요소 `기출` 59-10, 61-2, 66-2

자 산	과거 사건의 결과로 기업이 통제하고 있고, 미래 경제적 효익이 기업에 유입될 것으로 기대되는 자원
부 채	과거 사건에 의해 발생하였으며, 경제적 효익이 내재된 자원이 기업으로부터 유출됨으로써 이행될 것으로 기대되는 현재 의무
자 본	기업의 자산에서 부채를 차감한 후의 잔여지분으로서, 순자산 또는 기업실체의 자산에 대한 소유주의 잔여청구권
수 익	자산의 유입이나 증가 또는 부채의 감소에 따라 자본의 증가를 초래하는 특정 회계기간 동안에 발생한 경제적 효익의 증가
비 용	자산의 유출이나 소멸 또는 부채의 증가에 따라 자본의 감소를 초래하는 특정 회계기간 동안에 발생한 경제적 효익의 감소

(2) 재무제표의 작성과 표시 `기출` 63-1, 71-2

구 분	내 용
계속기업	• 재무제표 작성 시 계속기업으로서의 존속가능성을 평가할 것 • 청산 · 중단 등의 불확실성이 있는 경우 이를 공시
책 임	• 재무제표의 작성책임과 공정한 표시에 대한 책임은 경영진에게 있음 • 일반기업회계기준에 따라 적정하게 작성된 재무제표는 공정하게 표시된 재무제표
구분과 통합표시	• 중요항목 : 구분표시 • 중요하지 않은 항목 : 성격이나 기능이 유사한 항목과 통합표시
상계처리	원칙적으로 자산과 부채, 수익과 비용은 상계하지 않음
보고빈도	전체 재무제표는 적어도 1년마다 작성 · 보고
기간별 비교가능성	• 전기 재무제표의 모든 정보를 당기와 비교하는 형식으로 표시 • 재무제표 항목의 표시와 분류는 특수한 경우를 제외하고는 매기 동일해야 함

기재사항	재무제표는 이해하기 쉽도록 간단하고 명료하게 표시하고 다음이 기재되어야 함
	– 재무제표 명칭 – 기업명 – 보고기간종료일 또는 회계기간 – 보고통화 및 금액단위

(3) 재무상태표의 작성과 표시 `기출` 65-3, 69-8

구 분	내 용
구분표시	자산, 부채, 자본으로 구분
총액주의	자산과 부채는 원칙적으로 상계하여 표시하지 않고 총액으로 표시
1년 기준	자산과 부채는 1년을 기준으로 유동·비유동을 구분
유동성 배열법	자산과 부채는 유동성이 큰 항목부터 배열
잉여금 구분	• 주주와의 거래에서 발생한 잉여금 : 자본잉여금 • 영업활동에서 발생한 잉여금 : 이익잉여금
구분과 통합표시	• 중요항목 : 구분표시 • 중요하지 않은 항목 : 성격이나 기능이 유사한 항목과 통합표시
미결산 표시금지	미결산 항목은 적절한 과목으로 표시하고 자산·부채항목으로 표시하지 않음

(4) 재무상태표의 구조 `기출` 59-4

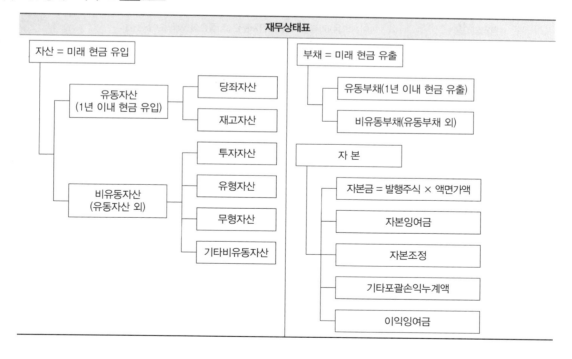

재무상태표

자산 = 미래 현금 유입
  유동자산 (1년 이내 현금 유입) — 당좌자산 / 재고자산
  비유동자산 (유동자산 외) — 투자자산 / 유형자산 / 무형자산 / 기타비유동자산

부채 = 미래 현금 유출
  유동부채(1년 이내 현금 유출)
  비유동부채(유동부채 외)

자 본
  자본금 = 발행주식 × 액면가액
  자본잉여금
  자본조정
  기타포괄손익누계액
  이익잉여금

(5) 손익계산서의 작성과 표시 기출 63-7, 68-7, 69-8

구 분	내 용
발생주의	현금 수수에 관계없이 그 발생시점에 수익과 비용을 인식하는 기준 • 수익 : 입금여부와 관계없이 발생될 때 인식하여 장부에 기록 • 비용 : 출금여부와 관계없이 발생될 때 인식하여 장부에 기록
실현주의	• 발생주의가 대전제이며, 수익에 대해서는 구체적으로 실현주의를 채택 • 수익창출활동이 완료되거나 실질적으로 거의 완료되고 수익 획득과정으로 인한 현금수입을 합리적 으로 측정할 수 있을 때 수익을 인식하는 것
수익 · 비용 대응의 원칙	수익을 창출하기 위하여 발생한 비용을 관련 수익에 대응하여 인식하는 것
총액주의	수익과 비용은 원칙적으로 상계하여 표시하지 않고 총액으로 표시
구분계산의 원칙	손익계산서 작성은 매출총손익, 영업손익, 법인세비용차감전계속사업손익, 중단사업손익, 당기순손익 으로 구분하여 손익계산 표시

(6) 손익계산서의 구조 기출 61-10, 63-9, 65-7, 71-7, 73-9

```
        매출액            … 상품매출, 제품매출
 －     매출원가          (= 기초상품재고액 + 당기상품순매입액 − 기말상품재고액)
        매출총이익
 －     판매비와관리비     … 보험료, 임차료, 접대비, 급여, 감가상각비, 도서인쇄비 등
        영업이익
 ＋     영업외수익         … 이자수익, 배당금수익 등
 －     영업외비용         … 이자비용, 기부금, 유형자산처분손실, 잡손실, 재해손실 등
        법인세비용차감전순이익
 －     법인세비용
        당기순이익
```

(7) 매출원가 계산식 기출 59-7, 61-3, 63-8, 69-7, 73-7, 75-7

```
매출액 − 매출원가 = 매출총이익
         └ = 기초상품재고액 + 당기상품순매입액 − 기말상품재고액
                           └ = 상품총매입액 − 매입에누리 · 매입환출 · 매입할인
                                         └ = 상품매입금액 + 매입부대비용
```

(1) 회계정책 · 추정의 변경

구 분	회계정책의 변경	회계추정의 변경
의 의	회계정책을 다른 회계정책으로 바꾸는 것	회계적 추정치의 근거와 방법 등을 바꾸는 것
적용방법	소급법	전진법
사 례	• 재고자산 평가방법 변경 • 유가증권의 취득단가 산정방법 변경 • 표시통화의 변경 • 유형자산의 평가모형 변경	• 감가상각자산의 내용연수 또는 감가상각방법의 변경, 잔존가액의 추정 등 • 대손의 추정 • 재고자산의 진부화 여부에 대한 판단과 평가 • 우발부채의 추정

(1) 현금및현금성자산 [기출] 61-4, 71-10, 73-4

구 분		내 용
현 금	통 화	지폐, 주화
	통화대용증권	타인발행당좌수표, 자기앞수표, 송금환, 만기가 도래한 공 · 사채이자표, 만기가 도래한 어음, 배당금 지급통지표 등
	요구불예금	보통예금, 당좌예금
현금성자산		큰 거래비용 없이 현금으로 전환이 용이하며, 취득 당시 만기(상환일)가 3개월 이내인 금융상품

(2) 현금과부족 [기출] 69-9

현금과부족이란 현금의 장부상 잔액과 실제 잔액이 일치하지 않을 경우 원인이 판명될 때까지 일시적으로 처리하는 임시계정이다. 결산일까지 원인을 알 수 없는 경우 아래와 같이 대체하고 결산재무제표에 현금과부족 잔액은 반영되지 않는다.

기중 현금부족액이 결산일까지 원인불명	잡손실 대체
기중 현금과잉액이 결산일까지 원인불명	잡이익 대체
결산 당일 현금과부족액 발생	즉시 잡이익(잡손실) 처리

(3) 매출채권과 매입채무 [기출] 69-3, 71-4, 75-6

(4) 대 손 [기출] 59-9, 65-10, 66-9, 71-9, 73-10, 75-5

- **대손의 정의**

  매출채권이 채무자의 파산 등의 이유로 받게 되지 못한 경우를 의미한다. 이 때 매출채권을 회수하지 못할 것으로 확정된 것을 대손이라 표현하고, 결산시점에 이를 대비해서 비용처리하는 것을 대손상각비라고 한다.

- **회계처리**

설정 시		(차) 대손상각비	(대) 대손충당금
확정 시	대손충당금 잔액 충분한 경우	(차) 대손충당금	(대) 매출채권
	대손충당금 잔액 충분하지 않은 경우*1	(차) 대손충당금 　　 대손상각비	(대) 매출채권
	대손충당금 잔액 0	(차) 대손상각비	(대) 매출채권
회수 시*2		(차) 현 금	(대) 대손충당금

*1 대손 확정 시 대손충당금 잔액이 있는 경우, 해당 잔액을 우선 상계하고 나머지 잔액을 대손상각비로 처리한다.
*2 대손처리한 채권을 추후에 다시 회수하는 경우, 회수액만큼 대손충당금을 증가시킨다.

- **대손상각비와 기타의대손상각비**

구 분	내 용	계정과목
대손상각비(판매비와관리비)	매출채권에 대한 대손 관련 비용	매출채권(외상매출금, 받을어음)
기타의대손상각비(영업외비용)	매출채권 외의 채권에 대한 대손 관련 비용	대여금, 미수금, 선급금

- 매출채권(외상매출금, 받을어음)에 대한 대손 관련 비용 : 대손상각비(판매비와관리비)
- 매출채권 외의 채권(단기대여금)에 대한 대손 관련 비용 : 기타의대손상각비(영업외비용)

(5) 단기매매증권과 매도가능증권의 회계처리

구 분	단기매매증권	매도가능증권
취득부대비용	수수료비용(비용)	취득원가에 포함
평가손익	당기손익	기타포괄손익(자본)
처분손익	당기손익	당기손익

(6) 재고자산 매입 · 매출의 차감계정 기출 61-6, 68-8, 73-6, 73-7

다음의 재고자산 매입 · 매출의 차감계정은 매출원가와 매입원가에서 차감하여 처리한다.

매입액의 차감계정	매출액의 차감계정	조정내용
매입환출	매출환입	품질불량 등의 사유로 반품(수량 감소)
매입에누리	매출에누리	하자가 미미하여 대금 일부를 에누리
매입할인	매출할인	결제대금을 조기에 상환 시 일부 할인

(7) 재고자산의 취득원가 기출 63-4, 68-8, 69-4, 71-5, 73-6

재고자산의 취득원가는 당해 재고자산이 판매 가능한 상태에 있기까지 소요된 모든 지출액이 된다.

> 재고자산의 취득원가 = 매입가격 + 취득 시 부대비용 − 매입환출 − 매입에누리 − 매입할인
>   └ 매입 시 운임, 매입 시 수수료, 하역비, 수입 시 관세 등 취득과정에서 발생되는 지출

(8) 기말재고자산 포함여부 기출 59-6

운송중인 재고자산 (미착상품)	선적지 인도조건	선적된 시점에 소유권이 매입자에게 이전되므로 매입자의 재고자산에 포함
	도착지 인도조건	목적지에 도착하여 매입자가 인수하는 시점에 소유권이 매입자에게 이전되므로 판매자의 재고자산에 포함
적송품(위탁상품)		수탁자가 위탁품을 판매하기 전까지 수탁자가 보관하고 있는 적송품은 위탁자의 재고자산
할부판매상품		재고자산을 고객에게 인도하고 대금은 미래에 분할하여 회수하기로 한 경우, 판매기준을 적용하여 대금의 회수여부에 관계없이 상품의 판매시점에 매입자의 재고자산으로 인식
시송품		고객이 구매의사를 밝히기 전까지는 판매자의 재고자산
저당상품		담보를 제공한 자의 재고자산
반품률이 높은 재고자산	반품률 추정 가능 시	매입자의 재고자산
	반품률 추정 불가능 시	반품기간 종료 또는 구매자의 인수수락 시점까지는 판매자의 재고자산

(9) 단가 결정방법 기출 61-5, 68-5

개별법	각각의 재고자산에 대한 매출원가 기록
선입선출법	먼저 입고된 자산이 먼저 판매된다고 가정
후입선출법	나중에 입고된 자산이 먼저 판매된다고 가정
총평균법	일정 기간 동안의 단위당 평균단가 산출
이동평균법	자산을 취득할 때마다 평균단가를 산정

(10) 단가 산정방법

물가가 상승, 재고자산의 수량이 일정하게 유지된다는 가정하에 단가 산정방법 비교

> - **기말재고금액, 매출총이익, 당기순이익, 법인세비용**
>   선입선출법 > 이동평균법 > 총평균법 > 후입선출법
>
> - **매출원가**
>   선입선출법 < 이동평균법 < 총평균법 < 후입선출법

(11) 유형자산의 취득원가 `기출` 65-5, 66-6, 75-3

유형자산의 취득원가 = 매입가액 + 취득 시 부대비용 − 매입할인

> 〈취득 시 부대비용〉
> 1. 설치장소 준비지출
> 2. 운송 및 취급비 예 취득 시 운임 등
> 3. 설치비
> 4. 설계 관련하여 전문가에게 지급하는 수수료 예 중개, 법률자문수수료 등
> 5. 국·공채 매입금액과 현재가치의 차액
> 6. 자본화대상 차입원가
> 7. 취득과 직접 관련된 제세공과금
> 8. 복구원가
> 9. 정상작동 시험 과정 발생 원가
>   (단, 시험과정에서 생산된 재화의 순매각금액은 당해 원가에서 차감)

(12) 수익적 지출과 자본적 지출 `기출` 63-6, 71-6

- **수익적 지출과 자본적 지출**

구 분	수익적 지출	자본적 지출
내 용	자산의 원상회복, 능률유지를 위한 지출	자산의 가치가 증가하거나 내용연수를 연장시키는 지출
회계처리	수선비 등 당기비용 처리	자산의 취득원가로 계상

- **수익적 지출과 자본적 지출의 오류**

오류 유형	자 산	비 용	당기순이익
수익적 지출을 자본적 지출로 잘못 처리한 경우	과대계상	과소계상	과대계상
자본적 지출을 수익적 지출로 잘못 처리한 경우	과소계상	과대계상	과소계상

(13) 감가상각방법 기출 61-9, 68-6, 69-10

방법	계산식
정액법	(취득원가 − 잔존가치) ÷ 내용연수
정률법	(취득원가 − 감가상각누계액) × 감가상각률
생산량비례법	(취득원가 − 잔존가치) × $\dfrac{\text{당기 실제 생산량}}{\text{추정 총생산량}}$
연수합계법	(취득원가 − 잔존가치) × $\dfrac{\text{미상각 내용연수}}{\text{내용연수 합계}}$

※ 건설중인자산과 토지는 감가상각대상에서 제외한다.

※ 건설중인자산은 유형자산의 건설을 위한 재료비, 노무비, 경비 및 취득하기 위하여 지출한 계약금 및 중도금을 포함한다.

(14) 무형자산의 상각방법

구 분	내 용	감가상각방법
원 칙	자산의 경제적 효익이 소비되는 형태를 반영하여 체계적이고 합리적인 방법을 선택	정액법, 정률법, 연수합계법, 생산량비례법 등
예 외	합리적인 상각방법을 정할 수 없는 경우	정액법

05 부 채

(1) 유동부채와 비유동부채

유동부채	비유동부채
• 매입채무(외상매입금, 지급어음) • 미지급금, 미지급비용 • 예수금 • 당좌차월 • 가수금 • 선수금, 선수수익 • 단기차입금 • 미지급세금 • 유동성장기부채 • 부가세예수금 등	• 사 채 • 장기차입금 • 임대보증금 • 퇴직급여충당부채 • 퇴직연금충당부채 • 장기미지급금 등

(2) 유동성장기부채

> 본래 비유동부채로 분류되었으나 시간이 경과하여 결산일로부터 1년 이내에 상환하여야 하는 부채
> • 기말 결산 시점에 장기차입금 중 1년 이내 상환일이 도래하는 부분에 대한 회계처리
>
> (차) 장기차입금 ××× (대) 유동성장기부채 ×××

06 자 본

(1) 자본의 분류

구 분	계정과목
자본금	자본금, 출자금, 인출금 등
자본잉여금	주식발행초과금, 감자차익, 자기주식처분이익 등
이익잉여금	이익준비금, 임의적립금 등
자본조정	주식할인발행차금, 자기주식, 감자차손, 자기주식처분손실 등
기타포괄손익	매도가능증권평가손익, 재평가잉여금 등

(2) 주식발행 회계처리

> • **액면발행** (차) 현 금 ××× (대) 자본금 ×××
> • **할증발행** (차) 현 금 ××× (대) 자본금 ×××
> 　　　　　　　　　　　　　　　　　　　　　주식발행초과금 (자본잉여금) ×××
>
> • **할인발행** (차) 현 금 ××× (대) 자본금 ×××
> 　　　　　　　　주식할인발행차금 (자본조정) ×××

07 수익과 비용

(1) 결산 시 수익과 비용의 이연과 발생 [기출] 68-10

구 분	회계처리	관련 계정과목
비용의 이연	선급비용(자산)	미지급임차료, 미지급이자 등
수익의 이연	선수수익(부채)	미수임대료, 미수이자 등
비용의 발생	미지급비용(부채)	선급임차료, 선급이자, 선급보험료 등
수익의 발생	미수수익(자산)	선수임대료, 선수이자, 선수수수료 등

02 실무 TIP

실무수행 1　기초정보관리의 이해

(1) 계정과목 항목찾기 `기출` 59-4, 59-8, 61-10, 63-3, 65-6, 69-6, 71-7, 71-8, 73-3, 75-2, 75-6, 75-10

방법 1. 계정과목이 어떤 항목인지, 어떤 재무제표에 들어가는지 혼동될 때 실무프로그램의 '기초정보관리 – 계정과목및적요등록'을 통해 계정과목이 어떤 항목에 있는지 찾을 수 있다.

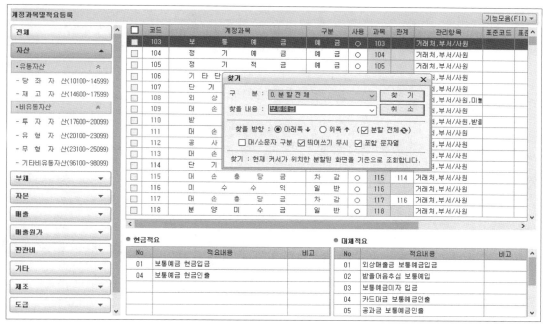

※ [Ctrl] + F를 눌러 찾고자 하는 계정과목을 검색하고 계정과목 코드를 확인한 뒤 왼쪽의 각 항목을 클릭하여 계정과 목 코드가 포함되어 있는 항목을 찾는다.

방법 2. 재무상태표나 손익계산에서 [기능모음(F11) ▼]을 눌러 [기타 – 계정과목코드보기]를 통해 계정과목코드를 확인하여 계정과목을 찾을 수 있다.

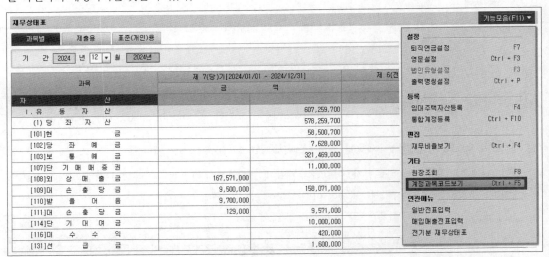

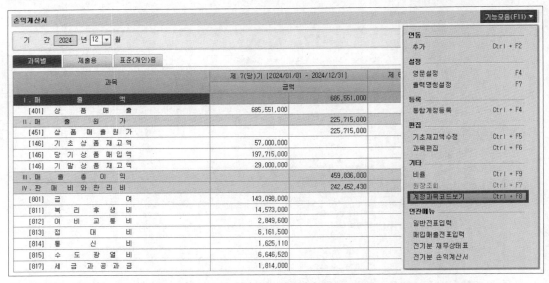

※ 손익계산서의 경우 'Ctrl + F8', 재무상태표의 경우 'Ctrl + F5'를 눌러 계정과목코드를 바로 확인할 수 있다.

(2) 계정과목명 변경점

2024년 시험부터 '접대비' 계정과목이 '접대비(기업업무추진비)'로 변경되었다. 따라서 2024년 이전의 시험의 경우 전표입력 시 '접대비'로, 2024년 시험(71회)부터 '접대비(기업업무추진비)'로 계정과목을 입력하여 학습하여야 한다.

(3) 회사등록 · 거래처등록

사업자등록번호, 대표자명, 사업장 소재지, 업태 · 종목, 메일주소 등 사업자등록증 내 기재되어 있는 사항을 회사등록 · 거래처등록에 입력한다.

(4) 전기분 재무제표

• 전기분 재무상태표

전기분 재무상태표의 경우 문제풀이 후 차액이 0원으로 되어있는지 반드시 확인해야 한다.

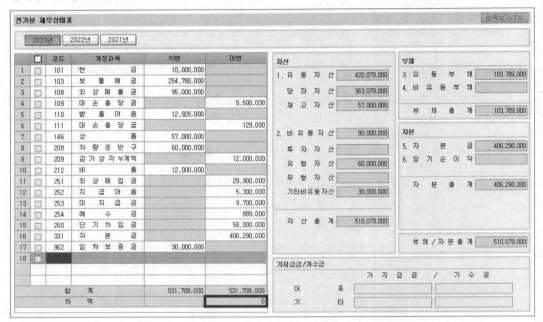

• 전기분 손익계산서

전기분 손익계산서에서 기말상품재고액을 수정해야 하는 문제가 나올 경우 [전기분 재무상태표]의 '상품'
계정을 수정하면 상품매출원가에 자동으로 반영된다.

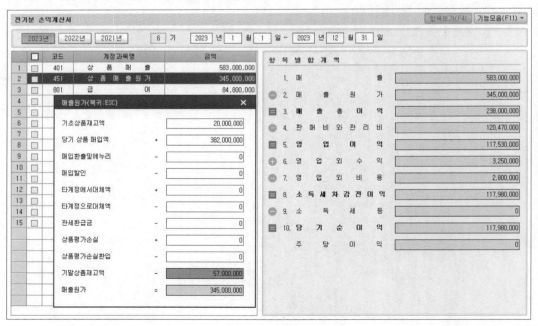

(5) 대손충당금 · 감가상각누계액

대손충당금과 감가상각누계액의 계정과목코드는 관계되는 계정과목코드 아래의 코드를 선택한다.

대손충당금 계정과목코드								감가상각누계액 계정과목코드							

(예) 108.외상매출금 – 109.대손충당금

코드	계정과목	구분	사용	과목	관계	관리항목	표준코드	표
108	외 상 매 출 금	일 반	○	108		거래처,부서/사원,미불		
109	대 손 충 당 금	차 감	○	109	108	거래처,부서/사원		
110	받 을 어 음	일 반	○	110		거래처,부서/사원,받을		
111	대 손 충 당 금	차 감	○	111	110	거래처,부서/사원		
112	공 사 미 수 금	일 반	○	112		거래처,부서/사원		
113	대 손 충 당 금	차 감	○	113	112	거래처,부서/사원		
114	단 기 대 여 금	일 반	○	114		거래처,부서/사원		
115	대 손 충 당 금	차 감	○	115	114	거래처,부서/사원		
116	미 수 수 익	일 반	○	116		거래처,부서/사원		
117	대 손 충 당 금	차 감	○	117	116	거래처,부서/사원		
118	분 양 미 수 금	일 반	○	118		거래처,부서/사원		
119	대 손 충 당 금	차 감	○	119	118	거래처,부서/사원		
120	미 수 금	일 반	○	120		거래처,부서/사원		
121	대 손 충 당 금	차 감	○	121	120	거래처,부서/사원		
122	소 모 품	일 반	○	122		거래처,부서/사원,카드		
123	매 도 가 능 증 권	유가증권	○	123		거래처,부서/사원		

(예) 202.토지 – 203.감가상각누계액

코드	계정과목	구분	사용	과목	관계	관리항목	표준코드	표
201	토 지	비상각	○	201		거래처,부서/사원		
202	건 물	상 각	○	202		거래처,부서/사원,카드		
203	감 가 상 각 누 계 액	차 감	○	203	202	거래처,부서/사원		
204	구 축 물	상 각	○	204		거래처,부서/사원,카드		
205	감 가 상 각 누 계 액	차 감	○	205	204	거래처,부서/사원		
206	기 계 장 치	상 각	○	206		거래처,부서/사원		
207	감 가 상 각 누 계 액	차 감	○	207	206	거래처,부서/사원		
208	차 량 운 반 구	상 각	○	208		거래처,부서/사원,카드		
209	감 가 상 각 누 계 액	차 감	○	209	208	거래처,부서/사원		
210	공 구 와 기 구	상 각	○	210		거래처,부서/사원,카드		
211	감 가 상 각 누 계 액	차 감	○	211	210	거래처,부서/사원		
212	비 품	상 각	○	212		거래처,부서/사원,카드		
213	감 가 상 각 누 계 액	차 감	○	213	212	거래처,부서/사원		
214	건 설 중 인 자 산	임 시	○	214		거래처,부서/사원,카드		
215	미 착 기	상 각	○	215		거래처,부서/사원,카드		
216	감 가 상 각 누 계 액	차 감	○	216	215	거래처,부서/사원		

(6) 계정과목및적요등록

계정과목 등록 및 수정 시 검정색인 계정과목은 해당 계정과목 클릭 후 수정할 수 있으며, 붉은색으로 되어있는 계정과목은 'Ctrl+F1'을 누른 후 수정할 수 있다.

계정과목및적요등록 — 기능모음(F11)

사이드 메뉴: 전체 / 자산 / 부채 / 자본 / 매출 / 매출원가 / 판관비 / 기타 / 제조 / 도급 / 분양

코드	계정과목	구분	사용	과목	관계	관리항목	표준코드	표준
101	현 금	일 반	○	101		거래처,부서/사원		
102	당 좌 예 금	예 금	○	102		거래처,부서/사원,당조		
103	보 통 예 금	예 금	○	103		거래처,부서/사원		
104	정 기 예 금	예 금	○	104		거래처,부서/사원		
105	정 기 적 금	예 금	○	105		거래처,부서/사원		
106	기 타 단 기 금 융 상 품	예 금	○	106		거래처,부서/사원		
107	단 기 매 매 증 권	유가증권	○	107		거래처,부서/사원		
108	외 상 매 출 금	일 반	○	108		거래처,부서/사원,미불		
109	대 손 충 당 금	차 감	○	109	108	거래처,부서/사원		
110	받 을 어 음	일 반	○	110		거래처,부서/사원,받을		
111	대 손 충 당 금	차 감	○	111	110	거래처,부서/사원		
112	공 사 미 수 금	일 반	○	112		거래처,부서/사원		
113	대 손 충 당 금	차 감	○	113	112	거래처,부서/사원		
114	단 기 대 여 금	일 반	○	114		거래처,부서/사원		
115	대 손 충 당 금	차 감	○	115	114	거래처,부서/사원		
116	미 수 수 익	일 반	○	116		거래처,부서/사원		

(7) 거래처별초기이월

- 받을어음, 지급어음, 차입금의 경우 해당 계정과목란을 더블클릭하여 입력한다.
- 그 외 계정과목은 계정과목 클릭 후 주어진 내용을 수정 · 추가입력한다.(코드, 거래처, 금액)

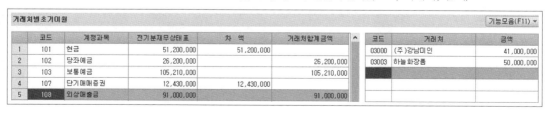

거래처별초기이월 — 기능모음(F11) ▼

	코드	계정과목	전기분재무상태표	차 액	거래처합계금액
1	101	현금	51,200,000	51,200,000	
2	102	당좌예금	26,200,000		26,200,000
3	103	보통예금	105,210,000		105,210,000
4	107	단기매매증권	12,430,000	12,430,000	
5	108	외상매출금	91,000,000		91,000,000

코드	거래처	금액
03000	(주)강남미인	41,000,000
03003	하늘화장품	50,000,000

(1) 전표입력

전표입력 시 [구분]란에 출금항목은 1.출금, 입금항목은 2.입금, 차변항목은 3.차변, 대변항목은 4.대변을 입력한다. 단, 현금거래가 아닌 이상 대부분의 문제는 3.차변, 4.대변으로 입력되므로 현금거래에서 입·출금 입력이 혼동될 경우 1.출금, 2.입금은 사용하지 않아도 무방하다.

예 현금 거래 시 전표입력

• 출금 거래 시

	일	번호	구분	코드	계정과목	코드	거래처	적요	차변	대변
☐	01	00001	출금	830	소모품비				30,000	현금

	일	번호	구분	코드	계정과목	코드	거래처	적요	차변	대변
☐	01	00001	차변	830	소모품비				30,000	
☐	01	00001	대변	101	현금					30,000

• 입금 거래 시

	일	번호	구분	코드	계정과목	코드	거래처	적요	차변	대변
☑	01	00001	입금	208	차량운반구				현금	5,000,000

	일	번호	구분	코드	계정과목	코드	거래처	적요	차변	대변
☑	01	00001	차변	101	현금				5,000,000	
☐	01	00001	대변	208	차량운반구					5,000,000

(2) 거래처코드 입력 계정과목

일반전표입력 시 아래의 계정과목은 문제 내에 거래처가 존재하는 경우 반드시 거래처코드를 입력해야 한다. 단, 문제에서 거래처가 주어져 있지 않거나 거래처코드 입력을 생략하라고 제시되어 있는 경우 거래처코드 입력을 하지 않아도 된다.

종 류	계정과목
채 권	외상매출금, 받을어음, 단기대여금, 미수금 등
채 무	외상매입금, 지급어음, 단기차입금, 미지급금 등
예 금	당좌예금, 보통예금 등

예 거래처 화이트커피의 상품 외상매출대금이 농협은행 보통예금 계좌에 입금된 거래

	일	번호	구분	코드	계정과목	코드	거래처	적요	차변	대변
☐	10	00001	차변	103	보통예금	98004	농협은행(보통)		4,500,000	
☐	10	00001	대변	108	외상매출금	00240	화이트커피			4,500,000

(3) 받을어음 · 지급어음

- 받을어음 · 지급어음 관련 전표입력 후 계정과목에서 [F3]을 눌러 어음관리 화면 활성화
- 어음상태, 어음종류, 발행일, 만기일, 지급은행 등을 확인 후 수정
- 등록된 어음을 사용할 경우 [F2]를 눌러 문제와 동일한 어음번호의 어음 사용, 등록된 어음이 없을 경우 수동으로 어음번호 입력

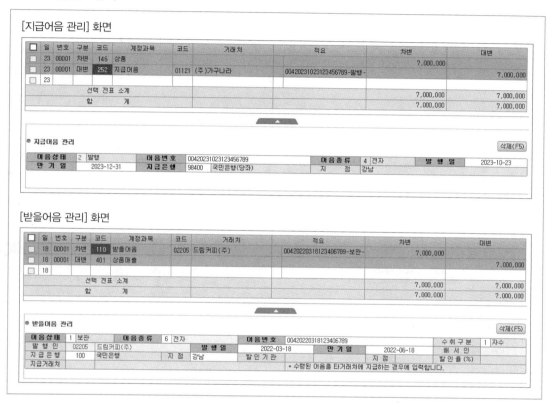

[지급어음 관리] 화면

[받을어음 관리] 화면

(1) 입력자료 수정

입력자료 수정 시 해당 거래의 날짜, 계정과목, 금액, 거래처를 자세히 확인하여 알맞게 수정해야 한다.

예 에코전자의 단기대여금에 대한 이자를 신한은행 보통예금 계좌에 입금받은 내역의 전표수정

- 수정 전

	일	번호	구분	코드	계정과목	코드	거래처	적요	차변	대변
☐	15	00001	차변	103	보통예금	98002	신한은행(보통)	단기대여금 이자입금	300,000	
☐	15	00001	대변	114	단기대여금	00102	에코전자	단기대여금 이자입금		300,000

• 수정 후

	일	번호	구분	코드	계정과목	코드	거래처	적요	차변	대변
☐	15	00001	차변	103	보통예금	98002	신한은행(보통)	단기대여금 이자입금	300,000	
☐	15	00001	대변	901	이자수익			단기대여금 이자입금		300,000

(2) 거래일자 변경

거래일자를 잘못 입력하여 수정하는 문제의 경우 두 가지의 방법으로 전표를 수정할 수 있다.

예 9월 13일 상품매입 거래가 7월 14일로 잘못 입력된 경우

방법 1.

• [일반전표입력]에서 7월 14일에 입력된 전표를 체크한 뒤 우측 상단 '이동(Ctrl+F4)' 클릭

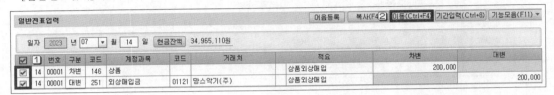

• 전표이동일자 : 2023년 9월 13일 입력 후 '이동(F3)' 클릭

• 9월 13일 전표에 이동되어 입력되었는지 확인

일반전표입력								어음등록	복사(F4)	이동(Ctrl+F4)	기간입력(Ctrl+8)	기능모음(F11) ▼

일자 2023 년 09 ▼ 월 13 일   현금잔액 9,271,860원

	일	번호	구분	코드	계정과목	코드	거래처	적요	차변	대변
☐	13	00001	차변	146	상품			상품외상매입	200,000	
☐	13	00001	대변	251	외상매입금	01121	망스악기(주)	상품외상매입		200,000

방법 2.

• [일반전표입력]에서 7월 14일에 입력된 전표를 체크한 뒤 F5를 누른 뒤 [선택삭제] 팝업창에서 '확인(Tab)'
  을 눌러 전표 삭제

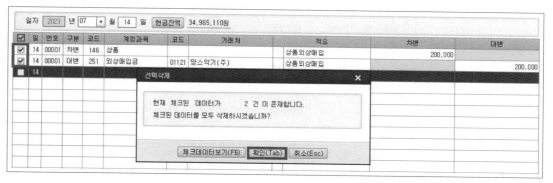

• 9월 13일 전표를 직접 입력하여 반영

실무수행 4   결 산

(1) 수동결산분개

구 분	결산정리사항	차 변		대 변	
비용의 이연	보험료 선급분 계상	선급비용	×××	보험료	×××
수익의 이연	이자수익 선수분 계상	이자수익	×××	선수수익	×××
비용의 발생	임차료 미지급분 계상	임차료	×××	미지급비용	×××
수익의 발생	임대료 미수분 계상	미수수익	×××	임대료	×××
소모품의 정리	구입 시 자산으로 처리	소모품비	×××	소모품	×××
	구입 시 비용으로 처리	소모품	×××	소모품비	×××
단기매매증권 평가	장부금액 < 공정가치	단기매매증권	×××	단기매매증권평가이익	×××
	장부금액 > 공정가치	단기매매증권평가손실	×××	단기매매증권	×××
매도가능증권 평가	장부금액 < 공정가치	매도가능증권	×××	매도가능증권평가이익	×××
	장부금액 > 공정가치	매도가능증권평가손실	×××	매도가능증권	×××
재고자산감모	비정상적인 감모	재고자산감모손실	×××	재고자산 (적요8.타계정으로 대체액)	×××

부가가치세 정리	매출세액 > 매입세액	부가세예수금	×××	부가세대급금	×××	
				미지급세금	×××	
	매출세액 < 매입세액	부가세예수금	×××	부가세대급금	×××	
		미수금	×××			
선납세금정리	선납세금 법인세대체	법인세등	×××	선납세금	×××	
외화자산평가	장부금액 > 기말평가액	외화환산손실	×××	외화예금	×××	
	장부금액 < 기말평가액	외화예금	×××	외화환산이익	×××	
외화부채평가	장부금액 >기말평가액	외화차입금	×××	외화환산이익	×××	
	장부금액 < 기말평가액	외화환산손실	×××	외화차입금	×××	
대손충당금환입	대손충당금잔액 > 설정액	대손충당금	×××	대손충당금환입	×××	

(2) 결산자료입력

결산자료입력 후 '전표추가(F3)'와 손익계산서의 '기능모음 – 연동 – 추가(Ctrl + F2)'를 하지 않을 경우 실무 수행평가 답안 입력 시 옳은 답이 나오지 않으므로 반드시 추가했는지 확인한다.

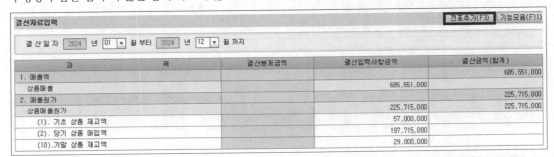

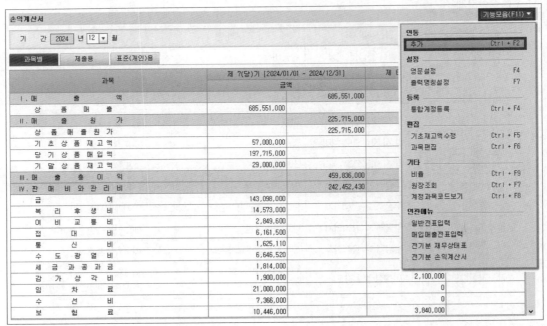

• 결산자료입력 후 '전표추가(F3)'과 손익계산서 '기능모음 – 연동 – 추가(Ctrl + F2)'를 완료한 후 일반전표
입력을 조회하면 수동결산분개 하단에 자동결산자료에 대한 분개자료가 입력된다.

| 일자 2024 년 12 ▼ 월 31 일 | 현금잔액 58,500,700원 |

☐	일	번호	구분	코드	계정과목	코드	거래처	적요	차변	대변
☐	31	00001	차변	116	미수수익				420,000	
☐	31	00001	대변	901	이자수익					420,000
☐	31	00002	결차	451	상품매출원가			01 상품매출원가 대체	225,715,000	
☐	31	00002	결대	146	상품			04 상품매출원가 대체		225,715,000
☐	31	00003	차변	401	상품매출			손익계정에 대체	685,551,000	
☐	31	00003	차변	901	이자수익			손익계정에 대체	4,920,000	
☐	31	00003	대변	400	손익			수익에서 대체		690,471,000
☐	31	00004	차변	400	손익			비용에서 대체	469,840,430	
☐	31	00004	대변	451	상품매출원가			손익계정에 대체		225,715,000
☐	31	00004	대변	801	급여			손익계정에 대체		143,098,000
☐	31	00004	대변	811	복리후생비			손익계정에 대체		14,573,000
☐	31	00004	대변	812	여비교통비			손익계정에 대체		2,849,600
☐	31	00004	대변	813	접대비			손익계정에 대체		6,161,500
☐	31	00004	대변	814	통신비			손익계정에 대체		1,625,110
☐	31	00004	대변	815	수도광열비			손익계정에 대체		6,646,520
☐	31	00004	대변	817	세금과공과금			손익계정에 대체		1,814,000
☐	31	00004	대변	818	감가상각비			손익계정에 대체		1,900,000
☐	31	00004	대변	819	임차료			손익계정에 대체		21,000,000
☐	31	00004	대변	820	수선비			손익계정에 대체		7,366,000
		선택 전표 소계								
		합 계							1,607,077,000	1,607,077,000

FAT 2급 기출문제해설 10회 + 핵심요약집

개정1판1쇄 발행	2025년 01월 10일 (인쇄 2024년 10월 22일)
초 판 발 행	2021년 01월 05일 (인쇄 2020년 09월 24일)
발 행 인	박영일
책 임 편 집	이해욱
저 자	세무회계연구소
편 집 진 행	김준일 · 백한강 · 김홍석
표지디자인	박수영
편집디자인	박지은 · 고현준
발 행 처	(주)시대고시기획
출 판 등 록	제10-1521호
주 소	서울시 마포구 큰우물로 75 [도화동 538 성지 B/D] 9F
전 화	1600-3600
팩 스	02-701-8823
홈 페 이 지	www.sdedu.co.kr

I S B N	979-11-383-8031-7 (13320)
정 가	18,000원

시대에듀와 함께하는
합격의 STEP

Step. 1 회계를 처음 접하는 당신을 위한 도서

★☆☆☆☆
회계 입문자

최신 기출복원문제가 수록된
hoa 전산회계운용사
3급 필기

무료 동영상으로 학습하는
hoa 전산회계운용사
3급 실기

핵심이론+기출문제 8회
hoa 회계관리 2급
한권으로 끝내기

자격증, 취업, 실무를 위한
회계 입문서
왕초보 회계원리

Step. 2 회계의 기초를 이해한 당신을 위한 도서

★★☆☆☆
회계 초급자

최신 기출복원문제가 수록된
hoa 전산회계운용사
2급 필기

실기이론+모의고사
hoa 전산회계운용사
2급 실기

기출 핵심요약집을 제공하는
[기출이 답이다]
FAT 1급

무료 동영상으로 학습하는
[기출이 답이다]
전산회계 1급